税博士微讲堂100

中财讯瑞昌财学院　编著

中国税务出版社

图书在版编目（CIP）数据

税博士微讲堂 / 中财讯瑞昌财学院编著 .
-- 北京：中国税务出版社，2017.5
ISBN 978-7-5678-0560-6

Ⅰ . ①税… Ⅱ . ①中… Ⅲ . ①税收管理 – 中国
Ⅳ . ① F812.423

中国版本图书馆 CIP 数据核字（2017）第 107341 号

书　　名：税博士微讲堂
作　　者：中财讯瑞昌财学院　编著
责任编辑：刘淑民　孙晓萍
实习编辑：马学刚
责任校对：于　玲
技术设计：刘冬珂
出版发行：中国税务出版社
北京市丰台区广安路 9 号国投财富广场 1 号楼 11 层
邮政编码：100055
http: //www.taxation.cn
E-mail: swcb@taxation.cn
发行中心电话：（010）83362083/86/89
传真：（010）83362046/47/48/49
经　　销：各地新华书店
印　　刷：保定市中画美凯印刷有限公司
规　　格：787 毫米 ×1092 毫米　1/16
印　　张：18.75
字　　数：321000 字
版　　次：2017 年 5 月第 1 版　2017 年 5 月第 1 次印刷
书　　号：ISBN 978-7-5678-0560-6
定　　价：60.00 元

目 录

第 1 集　个人投资到底要不要交税?

本集提示：个人投资要交税吗？

如何计算所得额？

怎样做分期缴纳计划？

本集撰稿：周华洋

本集人物：

公司会计

税博士

税博士，您好！向您请教一个税务上的问题！我公司老板私人名下有一层商业房产，现在要将这层房产投资到北京某商业有限公司，听说要交个人所得税，真的吗？

是的，自 2015 年 4 月 1 日起，要交个人所得税。

那怎么交呀？

你老板什么时候买的房产？有发票吗？

2012 年 5 月买的，有发票！

发票上是多少钱？

5200 万元！

你老板准备什么时候投到北京某商业有限公司呢？

2015 年 5 月份。

你老板的房产现在值多少钱？

2015 年 4 月 15 日，我老板请了评估公司进行了评估，评估价 8200 万元。

请评估公司进行评估，花了多少钱？

花了 10 万元。

你老板应交598万元个人所得税！

这么多呀！您是怎样算出来的呢？

这是以公允价值确认为非货币性资产转让收入，减除该资产原值及合理税费后的余额为应纳税所得额。也就是（8200－5200－10）×20%=598（万元）。

您要是这么个算法，如果不评估，以5200万元作投资，就不用交税了吗？

你很聪明！这个问题问得好！依据税收法规的规定，是可以的！

问题是我老板不想吃亏，仍要以8200万元作为投资额，今后多分利润，但现在只是投资，又没有收到钱，哪有钱交税呢？

对呀，是没钱交税！所以你就要帮你老板做好一个分期缴纳计划！

怎样做分期缴税计划？

按5年分期做计划来交税！我这里有一个“分期缴纳个人所得税”计划表，按这张表填好即可。

填这张表有技巧吗？

有技巧！而且非常重要！关键点在“计划”二字！你要和老板沟通，事先判断什么时候能收到钱！如果前几年根本收不回钱，那么前几年缴纳计划可以是零，等后两年收回钱时再计划缴纳！

那您的意思是不是说，前几年估计收不到钱，都可以计划成零交税，后一两年全部交清598万元就行？可以不需要按5年平均计算来交税，即每年119.6万元来交税？

你真聪明！依据税收法规的规定是这样的！

为什么？税务局会同意吗？

因为考虑投资阶段确实没有收到钱，所得没有真正实现，无现金流对应，故允许前期不交，后期收回钱时再交！当然，投资交易过程中取得现金，应优先用于缴税；后面只要收到了钱，就要先用于缴税，直到交完598万元为止！

如果5年都未收到钱，或者没有收够598万元，那是不是就要在第五年一次性交齐呢？

你太厉害了！依据《税收征管法》的有关规定，我个人认为最多可以再向税务机关申请延期一年交完598万元税款！

啊！明白了！

我还要补充一点，你必须告诉你老板，应于取得北京某商业有限公司股权之日的次月 15 日内，将制定好的缴税计划向房屋所在地税务机关报送非货币性资产投资分期缴纳个人所得税备案表、纳税人身份证明、投资协议、非货币性资产评估价格证明材料、能够证明非货币性资产原值及合理税费的相关资料；同时，北京某商业有限公司应将你老板以房屋投入本企业取得股权的情况，于股权确认后 15 日内向主管税务机关报告，并协助税务机关执行公务。否则要按照税收征管法及有关规定处理。

税博士，您说这么多，有法律依据吗？

你放心，绝不敢乱讲，有税收文件规定！那就是：财税〔2015〕41 号和国家税务总局公告 2015 年第 20 号。

非常感谢您！我去给老板交差啦！

不客气！欢迎有问题再来咨询，再见！

政策链接

- 《财政部　国家税务总局关于个人非货币性资产投资有关个人所得税政策的通知》（财税〔2015〕41 号）
- 《国家税务总局关于个人非货币性资产投资有关个人所得税征管问题的公告》（国家税务总局公告 2015 年第 20 号）

第 2 集　个人炒股交什么税？

本集提示：炒股真的不用交个人所得税吗？

还要缴纳印花税？

盈亏都要交税吗？

本集撰稿：周华洋

本集人物：

A 女士

税博士

税博士，您好！最近股市很火爆，我也想去炒炒！上个月我朋友在上交所花 20 万元买 4 万股股票，32 万元卖出，赚了 12 万元，接近我一年的工资。而我的工资还要交个人所得税，请问炒股所得要交个人所得税吗？

月有阴晴圆缺，股有横盘涨跌；入市有风险，投资需谨慎。至于你说的在股市上买卖股票所得，目前是暂免征收个人所得税的。

我要是在股市上赚了 100 万元也不交个人所得税？

是的。

难怪股市这么疯狂！赚钱不交税！

不是不交税，是暂免征收个人所得税。

那还要交什么税呀？

交印花税呀！

怎么交印花税呢？

按照成交金额的 1‰计缴印花税，而且是卖方交，买入方不交。你那位同学应该交 320 元印花税。

交那么一点点！

不少呀！因为亏损也要交！你的那位朋友如果是38万元买进，32万元卖出，同样要交320元印花税。此外还要交一些费用。

还要交费用？什么费用？

过户费，买卖上交所股票才收取，每1000股收取1元，低于1000股也收取1元。你那位同学应该交40元。券商交易佣金，买卖双方都要交，为成交金额的1‰～3‰，最低5元起，单笔交易佣金不满5元按5元收取。你那位朋友又该交320元。

过户费和券商交易佣金，个人炒股亏了也要交吗？

是的，个人炒股亏了也要交。

原来是这样！交易所和券商可是只赚不赔，而且总是希望股市火爆，买卖的人越多，他们赚得就越多！

你很聪明！是这样的！所以说，少追涨，勿杀跌，夜安眠，不应有恨！

税博士，个人炒股不交个人所得税，难道营业税也不交吗？

对呀，个人（包括个体工商户）从事股票等金融商品买卖业务取得的收入，暂免征收营业税。[①]

税博士，您老是说“暂免”“暂免”，难道是现在暂时不交，以后会交吗？

是的，目前我国税收法规是规定个人炒股暂时免征个人所得税和营业税，随着股市的成熟和火爆，有可能就要征收个人所得税和营业税，这取决于国家对股市的管控需要。

那就趁着有好的免税政策，好好地炒一把！

我要再次提醒你，市场变化永无止境，高深莫测，切勿太乐观！淹死的，都是会游泳的；踏空的，都是看K线的；站岗的，都是玩波段的。

按您的意思，没有只涨不跌的股票，也没有只跌不涨的股票！如果我买进股票以后，发现跌了，我不卖就是了呗！

你真聪明！可以这样做！这就是炒股炒成了股东，年底还可以从上市公司分回股利！

要是个人从上市公司分回股利，交不交个人所得税？

要交个人所得税，但有优惠政策！

什么优惠政策？

① 自2016年5月1日起，在全国范围内全面推开营业税改征增值税试点。

自 2013 年 1 月 1 日起，个人投资者从公开发行和转让市场取得的上市公司股票的股息红利，持股期限在 1 个月以内（含 1 个月）的，其股息红利所得全额计入应纳税所得额；持股期限在 1 个月以上至 1 年（含 1 年）的，暂减按 50% 计入应纳税所得额；持股期限超过 1 年的，暂减按 25% 计入应纳税所得额。上述所得统一适用 20% 的税率计征个人所得税。

啊！明白了！就是说持股期限在 1 个月以内（含 1 个月）的，按 20% 的税率计征个人所得税；持股期限在 1 个月以上至 1 年（含 1 年）的，暂减按 10% 的税率计征个人所得税；持股期限超过 1 年的，暂减按 5% 的税率计征个人所得税。

你真聪明！

税博士，您说这么多，有法律依据吗？

你放心，绝不敢乱讲，有税收文件规定！

暂免征收个人所得税的文件是财税字〔1998〕55 号和财税字〔1998〕61 号。

暂免征收营业税的文件是财税〔2009〕111 号。

个人从上市公司取得股息红利的优惠政策文件是财税〔2012〕85 号。

非常感谢您！我回去想一想，到底炒不炒股！

不客气！欢迎再来咨询，再见！

政策链接

- 《财政部　国家税务总局　证监会关于实施上市公司股息红利差别化个人所得税政策有关问题的通知》（财税〔2012〕85 号）
- 《财政部　国家税务总局关于个人金融商品买卖等营业税若干免税政策的通知》（财税〔2009〕111 号）
- 《财政部　国家税务总局关于个人转让股票所得继续暂免征收个人所得税的通知》（财税字〔1998〕61 号）
- 《财政部　国家税务总局关于证券投资基金税收问题的通知》（财税字〔1998〕55 号）

第 3 集　企业炒股交什么税?

本集提示：企业炒股营业税、企业所得税、印花税都要交吗?

营改增后怎么办?

如何计算应纳税额呢?

本集撰稿：周华洋

本集人物：

商贸公司会计

税博士

税博士，您好！现在股市牛气冲天，我公司作为商贸企业也想投资股市买卖金融产品，不知需要交什么税?

你公司在股票市场上的买卖所得当然需要交税，主要交以下 3 种税：营业税、企业所得税和印花税。

营业税？不是说非金融机构买卖金融商品不征收营业税吗?

过去是不用的。但是，自 2009 年 1 月 1 日起，所有单位纳税人从事股票转让等金融商品买卖业务取得收益，均应缴纳营业税。原非金融机构买卖金融商品不征收营业税的规定取消。

那营业税怎么交呢?

根据相关税收政策规定，股票买卖业务的营业额为股票卖出原价减去买入原价的差价收入，按照 5% 的税率交营业税。

计算营业额的价差有什么特殊规定吗?

营业额买卖价差的计算分为两种情况。一种是根据不同取得方式和价格来确定股票买卖价格。在第二种情况下，对于纳税人所持股票因上市公司分红派息出现除权或除息，导致股票数量和价格有所变动，需要经过相应调整来确定买入价。

哦，第一种情况我知道。比如从二级证券交易市场买100万元的股票，卖出价格为200万元，可以按成交价格200减去100来确定营业额。也就是要交 $100\times5\%=5$ 万元的营业税。

是的，你真聪明！但是不全面。税收文件规定以合同、协议方式买卖股票的，要以记载约定的交易价格为依据；以拍卖、抵债方式买卖股票的，要以拍卖成交价或抵债金额作为依据；参与新股、增发申购、配股认购取得股票的，以发行和增发价格、配股价格确认为买入价格；公司上市后形成的原始股，以发行价确定买入价格；

哦！那第二种情况呢？

第二种情况，假如你公司花了1000万元以每股10元的价格买了一家上市公司100万股股票，成为这家公司的股东。这家上市公司分红10派2，也就是每10股送2元（每1股送0.2元），在除息日前（也就是股权登记日）收盘价为10元，则除息日的开盘基准价为9.8元（每股要减掉0.2元的分红）。

哦，是这样呀！那现在全国正在推行营改增政策，以后是不是就要交增值税了呢？

你真聪明！是这样的，营改增以后，就要改交增值税。

上面您还说要交所得税？

是的，根据企业所得税法及其实施条例的规定，企业转让财产（股权、债券）收入，股息、红利等权益性投资收益，利息收入等都是要按照总额征收企业所得税的。

去年我们公司花3000万元，买了一家上市公司乙公司500万股的股票，拥有乙公司3%的股权，今年我们与乙公司达成股权重组意向，同意以6000万元价款将乙公司的股权转让给乙公司，乙公司当期的资产负债表期末未分配利润余额是5600万元，盈余公积余额是8300万元，长期应付款余额1000万元（我公司债权），我公司应该怎样交企业所得税？

在签订股权转让协议之前，可要求乙公司先偿付以及兑现你公司的债权和留存收益分配权，通过股东大会批准出售协议后，再与乙公司签订股权转让协议，协议价款为4583万元，应交的企业所得税是395.75万元。

怎么算的呢？

也就是你公司在取得4583万元股权转让费用之前，应先收回债权1000万元，分回股利 5600×3%=168（万元），盈余公积分得 8300×3%=249（万元），应纳税所得额就是 6000-1000-168-249-3000=1583（万元），应交的企业所得税 =1583×25%=395.75（万元）。

这么复杂啊！

是的，但具体情况还要具体分析！

那要是投资的企业经营不好，导致了亏损，我们公司该怎么缴税呢？

如果你公司投资的企业发展不好，出现了亏损，那么你公司缴纳的方式也发生变化。国家税务总局公告 2011 年第 25 号文件规定，你公司发生的损失可以清单申报的方式向主管税务机关申报扣除；某些专项股权、债权等投资损失应以专项申报的方式办理税前扣除申报手续。

嗯，我明白了。对了，您刚才说还有印花税？

是的，也要交印花税。

嗯，那印花税也这么复杂吗？

印花税很简单。

那怎么交印花税呢？

财税明电〔2008〕2 号文件规定，经国务院批准，财政部、国家税务总局决定从 2008 年 9 月 19 日起，调整证券（股票）交易印花税征收方式，将现行的对买卖、继承、赠与所书立的 A 股、B 股股权转让书据按 1‰的税率对双方当事人征收证券（股票）交易印花税，调整为单边征税，即对买卖、继承、赠与所书立的 A 股、B 股股权转让书据的出让方按 1‰的税率征收证券（股票）交易印花税，对受让方不再征税。

也就是说，现在股权转让，只要出让方缴纳 1‰的印花税就可以了。受让方不再征收，可以减少一方的税负压力。

你真聪明，理解得真快！

税博士，您说这么多，有法律依据吗？

你放心，绝不敢乱讲，有税收文件规定！

营业税政策依据：营业税暂行条例及其实施细则、国家税务总局公告 2013 年第 63 号、财税〔2003〕16 号。

企业所得税政策依据：企业所得税法及其实施条例、财税〔2009〕60 号、国税函〔2010〕79 号、国家税务总局公告 2010 年第 6 号、国家税务总局公告 2011 年第 34 号、国家税务总局公告 2011 年第 25 号。

印花税政策依据：国税发〔1991〕155号、财税明电〔2008〕2号。

非常感谢您！我回去想一想，怎么和我老板汇报。

不客气！欢迎再来咨询，再见！

政策链接

- 《国家税务总局关于企业所得税若干问题的公告》（国家税务总局公告2011年第34号）
- 《国家税务总局关于发布〈企业资产损失所得税税前扣除管理办法〉的公告》（国家税务总局公告2011年第25号）
- 《国家税务总局关于贯彻落实企业所得税法若干税收问题的通知》（国税函〔2010〕79号）
- 《国家税务总局关于企业股权投资损失所得税处理问题的公告》（国家税务总局公告2010年第6号）
- 《财政部　国家税务总局关于企业清算业务企业所得税处理若干问题的通知》（财税〔2009〕60号）
- 《财政部　国家税务总局关于证券交易印花税改为单边征收问题的通知》（财税明电〔2008〕2号）
- 《国家税务局关于印花税若干具体问题的解释和规定的通知》（国税发〔1991〕155号）

第4集 企业所得税优惠政策——农林业有何优惠？

本集提示：农林牧渔业有什么所得税优惠政策？
享受税收优惠时成本费用如何核算？

本集撰稿：中财讯编辑部

本集人物：

公司会计

税博士

税博士，您好！我公司股东会决定实行多元化发展战略，准备成立一家林业和养殖生态开发有限公司，主要是进行林木和渔业的种植、养殖和出售等。听说这类企业都有税收优惠政策，是真的吗？

是的。我国对农林牧渔业都有税收优惠政策，主要是基于对这些行业的扶持，因为中国是农业大国。

那么请问有哪些税收优惠政策？

我国在流转税和所得税方面都有税收优惠政策，你想知道哪个方面？

我想了解企业所得税方面的税收优惠政策。

好的。根据企业所得税法第二十七条第（一）项的规定，企业从事农、林、牧、渔业项目的所得，可以免征、减征企业所得税，你公司的主业正好在享受优惠政策范围内，从事林木的培育和种植所得免征企业所得税。

这项优惠怎么计算呀？成本费用都是一起核算的吗？

当然不是。假如你公司种植林木的营业额是8000万元，内陆养殖的营业额是6000万元，相关成本费用分别为种植林木4500万元、内陆养殖3600万元，那么应纳税所得额分别为3500万元、2400万元，种植林木免征所得税，养殖业减半征收所得税。因此，企业应缴纳的企业所得税为

（2400×25%）÷2=300（万元）。

企业应合理划分不同项目的各项成本、费用支出，分别核算各项目的所得，并各按适用的政策享受税收优惠。

如果会计人员没有把种植林木项目和内陆养殖项目的成本费用单独核算，那是不是就不能享受免征企业所得税优惠政策？

是的，不能。

如果是这样的话，是不是还能都按减半征收所得税来交税呢？

你太厉害了！这个问题在实际工作中，有不同认识！有人认为不能享受减免优惠政策；有人认为不能享受免征优惠政策，但全部可以享受减半优惠政策。

税博士，您认为哪一种是符合税收法规的呢？

我认为税收法规有从高征税原则，即不能分清两种税率的成本、费用支出时，应按高一级的税率征税。前面案例中就应该按（3500万+2400万）×25%÷2来计算，应交737.5万元企业所得税。

我的天呐！就因为会计人员没有划分不同项目的成本、费用支出，就要多交437.5万元企业所得税，幸亏我向您请教了！

不仅如此，如果你没有就减免税项目向税务机关进行备案，就不得享受减免税优惠政策，前面案例中就应该按（3500万+2400万）×25%来计算，应交1475万元企业所得税。

哦，是这样呀！太可怕了！那什么是备案管理呀？

我国企业所得税优惠政策，均实行备案管理。备案管理的具体方式有事先备案和事后报送相关资料两种。事先备案的税收优惠，纳税人应事先向税务机关报送相关资料，提请备案，经税务机关登记备案后执行。对需要事先向税务机关备案而未按规定备案的，纳税人不得享受税收优惠。

备案原来这么重要啊！我听说是要税务机关批准才能享受企业所得税减免优惠，这与您讲的不一样啊！

你讲得对，原来是要税务机关批准后才能享受，但现在告诉你一个好消息，从2015年开始，从事农林牧渔业项目所得享受所得税优惠不用税务机关审批了。

真的吗？这可不能开玩笑啊！

是的，千真万确！国务院正在大力推进大众创业万众创新呢，根据税总发

〔2015〕74号文件的规定，取消了农林牧渔业项目所得税优惠核准审批事项，企业从事农林牧渔项目享受所得税优惠，不需要再去税务机关审批了。

说是不用审批，但会不会有其他办法，变相去审批呀？

不会的。国家有明文规定，《国务院关于取消非行政许可审批事项的决定》中明确规定各单位要认真贯彻执行国务院决定，全面落实取消非行政许可审批事项，不得以任何形式保留或者变相审批！

哦，这样我就放心了！税博士，《国务院关于取消非行政许可审批事项的决定》颁布，是不是意味着我们什么都不用做，就可以直接享受减免政策了呢？

当然不是，你公司在做账的时候，季报、年报中要列示清楚应享受减免的数额，根据这些数据，来计算你公司应享受多少减免额。

哦，那就是说，我公司只是不用再去税务机关进行审批了，前期该准备的东西还得做好，对吧！

是的，你真聪明！

谢谢您，您的知识太渊博了，真不愧为税博士！我赶紧回去把这个好消息告诉我老板！

好的！欢迎下次再来咨询！

政策链接

- 《国家税务总局关于贯彻落实〈国务院关于取消非行政许可审批事项的决定〉的通知》（税总发〔2015〕74号）

第 5 集 企业所得税优惠政策——固定资产可加速折旧居然也有优惠？

本集提示：更新固定资产设备还有哪些税收优惠？

享受这项优惠政策需要办什么手续呢？

本集撰稿：中财讯编辑部

本集人物：

公司会计 

税博士 

税博士，您好！我公司有一台发电专用设备，已经使用了 5 年，折旧年限为 10 年，还有 5 年才能折旧完。现在市场出现了新的节能减排发电专用设备，董事会决定更新设备。这种更新设备有没有什么优惠政策？

是的，国家对更新固定资产设备是有优惠政策的。

怎么个优惠法？

首先，原设备报废也好，出售也罢，其净损失可以在企业所得税前一次性扣除；其次是新购进的节能减排发电专用设备，可享受固定资产加速折旧优惠政策。

真的吗？太好了，这项税收优惠政策是怎么规定的？

根据《企业所得税法》第三十二条及其实施条例第九十八条的相关规定，企业拥有并用于生产经营的主要或关键的固定资产，由于以下原因确需加速折旧的，可以缩短折旧年限或者采取加速折旧的方法：

- 由于技术进步，产品更新换代较快的；
- 常年处于强震动、高腐蚀状态的。

企业采取缩短折旧年限方法的，对其购置的新固定资产，最低折旧年限不得低于实施条例第六十条规定的折旧年限的 60%；若为购置已使用过的固定资产，其最低折旧年限不得低于实施条例规定的最低折旧年限减去已使用年限后剩余年限的60%。最低折旧年限一经确定，一般不得变更。

根据你公司的实际情况分析，购置的新固定资产，折旧年限最低不能少于6年。

也就是说，我公司今年如果花2000万元买一台新设备，预计净残值是20万元，原税法规定折旧年限是10年，现税法优惠政策可以按6年提折旧。原折旧费用每年是180万元，现在每年的折旧费用是300万元。

是这样的，你真聪明！折旧是一项费用，折旧额越大，企业的应纳税所得越小，税负就越轻。从总数上，加速折旧并不能减轻企业的税负，政府在税收上也没损失。但是，由于后期企业所提的折旧额小于前期，故后期税负较重。所以，对于你们公司来说，虽然总税负未变，但税负是前轻后重，有税收递延缴纳之利，这就相当于向政府借了一笔无息贷款，所以对你们公司来讲是很有利的。

那我们公司享受这项优惠政策要办什么手续呢？

以前，企业确需对固定资产采取缩短折旧年限或者加速折旧方法的，应在取得该固定资产后一个月内，向其企业所得税主管税务机关备案，并报送以下资料：

（1）固定资产的功能、预计使用年限短于实施条例规定计算折旧的最低年限的理由、证明资料及有关情况的说明；

（2）被替代的旧固定资产的功能、使用及处置等情况的说明；

（3）固定资产加速折旧拟采用的方法和折旧额的说明；

（4）主管税务机关要求报送的其他资料。

还需要填写一个主表就是《纳税人减免税申请审批表》，以及《企业所得税税收优惠备案表》等相关资料。

要提交这么多资料啊？又要加班了！

是的，不过现在不用了。根据最新规定，企业享受符合条件的固定资产加速折旧或者缩短折旧年限所得税优惠的核准不需要再报税务局审批。

真是太好了，那也就是说我公司不用再向税务局报送资料审批，就能直接享受缩短折旧年限所得税优惠了吗？

是的，但是虽然不用去税务局审批，你们公司在做账的时候，还是要在报表中列示清楚的。

哦，是这样呀。您说这些有什么依据吗？

你放心，有税收文件规定。一个是《国家税务总局关于贯彻落实〈国务院关于取消非行政许可审批事项的决定〉的通知》，另一个是《国家税务总局关于企业固定资产加速折旧所得税处理有关问题的通知》。

非常感谢您，税博士！我赶紧回去整理一下，看看怎么做账！

不客气，欢迎下次再来咨询！

政策链接

- 《国家税务总局关于贯彻落实〈国务院关于取消非行政许可审批事项的决定〉的通知》（税总发〔2015〕74 号）
- 《国家税务总局关于企业固定资产加速折旧所得税处理有关问题的通知》（国税发〔2009〕81 号）

第 6 集 企业所得税优惠政策——小微企业有何优惠?

本集提示：小微企业到底都享受哪些税收优惠?

如何计算应纳税所得额?

享受这些优惠需要满足什么条件?

本集撰稿：秦梁红

本集人物：

软件公司会计

税博士

税博士，您好！今天特向您请教一个税务上的问题！我公司是一家 2015 年新创办的软件开发企业，投资额 200 万元，目前只有员工 15 个人，营业收入也非常少。请问我公司能享受哪些税收优惠政策?

针对小微企业，我国出台了一系列的税收优惠政策。

您能说得具体一些吗?

好的。在企业所得税方面，自 2015 年 1 月 1 日至 2017 年 12 月 31 日，对年应纳税所得额低于 20 万元（含 20 万元）的小型微利企业，其所得减按 50% 计入应纳税所得额，按 20% 的税率缴纳企业所得税。

怎么计算的呢?

比如你公司 2015 年度年应纳税所得额为 18 万元，则应纳企业所得税 $=18\times50\%\times20\%=1.8$（万元）。需要强调的是：要享受这样的优惠政策，必须符合税收法规相关规定。

这么复杂呀，要符合什么条件?

《企业所得税法实施条例》第九十二条规定：符合条件的小型微利企业，是指从事国家非限制和禁止行业，并符合以下条件：

（1）工业企业，年度应纳税所得额不超过 30 万元，从业人数不超过 100 人，资产总额不超过 3000 万元；

（2）其他企业，年度应纳税所得额不超过 30 万元，从业人数不超过 80 人，资产总额不超过 1000 万元。

你公司是软件开发企业，不属于国家禁止和非限制行业，从业人员只有 15 人、资产总额目前只有 200 万元，如果 2015 年应纳税所得额不超过 30 万元的话，在季度预缴企业所得税时可以按小型微利企业享受优惠政策。

难道不需要税务机关审批吗？

早就不需要审批了！国家税务总局规定：符合规定条件的小型微利企业，在预缴和年度汇算清缴企业所得税时，可以按照规定自行享受小型微利企业所得税优惠政策，无需税务机关审核批准，但在报送企业年度所得税申报表时，应同时将相关资料报税务机关备案。

如何报税务机关备案呢？

一定要填报好《年度企业所得税申报表》中的《企业基础信息表》，有两个指标的计算非常关键、非常重要。

具体是哪两个指标？这些指标怎样计算呢？

从业人数和资产总额指标。从业人数包括与企业建立劳动关系的职工人数和企业接受的劳务派遣用工人数。从业人数和资产总额指标，应按企业全年的季度平均值确定。具体计算公式如下：

季度平均值 =（季初值＋季末值）÷2

全年季度平均值 = 全年各季度平均值之和 ÷4

年度中间开业或者终止经营活动的，以其实际经营期作为一个纳税年度确定上述相关指标。

明白了。小微企业还有其他优惠政策吗？

有，多着呢。国家规定自 2014 年 10 月 1 日起至 2015 年 12 月 31 日，对月销售额 2 万元至 3 万元的增值税小规模纳税人，免征增值税；对月营业额 2 万元至 3 万元的营业税纳税人，免征营业税。

也就是说，我公司月营业额不超过 3 万元，就可以免征增值税。是吗？

是的，增值税营业税免了，城建税也免了，而且还可以免征教育费附加、地方教育附加、水利建设基金、文化事业建设费。你公司 2015 年刚刚成立，在职职工只有 15 人，还可以免征残疾人就业保障金。

非常感谢您，税博士！回去后，我一定会把国家给我们小微企业的优惠政策用足用好，让企业发展更有后劲。

还有一项优惠政策！你公司向金融机构借款，签订借款合同，还可以免征印花税。

税博士，您说这么多，有法律依据吗？

你放心，绝不敢乱讲，有税收文件规定！那就是：财税〔2015〕34 号，财税〔2014〕122 号，财税〔2014〕71 号，以及国家税务总局公告 2014 年第 23 号。

谢谢您，税博士！今天收获真大。

不客气，欢迎你再来咨询。

政策链接

- 《财政部　国家税务总局关于小型微利企业所得税优惠政策的通知》（财税〔2015〕34 号）
- 《财政部　国家税务总局关于对小微企业免征有关政府性基金的通知》（财税〔2014〕122 号）
- 《财政部　国家税务总局关于进一步支持小微企业增值税和营业税政策的通知》（财税〔2014〕71 号）
- 《国家税务总局关于扩大小型微利企业减半征收企业所得税范围有关问题的公告》（国家税务总局公告 2014 年第 23 号）

注释：全文废止。参见：《国家税务总局关于贯彻落实扩大小型微利企业减半征收企业所得税范围有关问题的公告》，国家税务总局公告 2015 年第 17 号。

第7集　企业上“新三板”的税务风险如何化解？

本集提示：企业上“新三板”的过程中最严重的税务问题是什么？如何化解严重的税务问题？

本集撰稿：简生仁

本集人物：

公司会计

税博士

税博士，您好！我公司在今年“新三板”挂牌过程中，引进一家风投，各项工作进展非常顺利，但在对我公司税务情况尽调后说存在非常严重的税务问题，最终放弃了投资，为什么？

其实，很多在“新三板”挂牌的企业都存在这个问题，很值得关注。因为这类风投企业希望借助资本市场实现股份流通，取得几倍的丰厚回报，当被投资企业存在非常严重税务问题时，风投企业梦想难以实现，自然放弃了投资。

什么样的税务问题，才是风投企业认为严重的税务问题呢？

因为要在“新三板”挂牌的企业，必须要有两个完整年度的经济活动，因此，企业在挂牌前存在欠缴税款行为，就是严重的税务问题。

欠缴税款行为的税务风险如何化解？

正确的化解对策是及时申报缴纳税款，如果企业因为特定的原因不能及时缴纳税款，可以按照税收法规的规定申请延期缴纳税款，最多只有两次延期申报缴纳的机会，否则，会受到相应的税收处罚，并会成为挂牌“新三板”的障碍。

我知道了，企业存在欠缴税款行为的，把税补了不就得了呗！

也不尽然。企业挂牌前补交大量税款，需要有合理的说明，否则会产生其他的税务问题，构成挂牌“新三板”的障碍因素。例如，部分企业挂牌前为了提高账面利润，调增利润，从而补交税款，就可能导致税务风险。而对于因会计差错，补交少量的税款，一般不会影响“新三板”挂牌。

哦，原来是这样，还有吗？

当然还有。那就是存在偷逃税。企业在过去的经营过程中存在偷逃税的行为。

怎样化解呢？

企业如果具有主观故意的偷逃税行为，会构成“新三板”审核中的实质性障碍，应避免偷逃税的发生。万一真的存在，就必须通过自查自纠的方式，将税款补交了，千万不能等税务机关来查处。

哦，我明白了，就这三条吗？

还有第四条发票问题。发票无小事，无论是“股改”过程中发现不合规发票入账的历史遗留问题，还是在挂牌后出现的发票问题，都有可能招致“行政处罚”甚至是“刑事处罚”，尤其是营改增后，增值税专用发票引发的“刑事风险”无论对公司高管还是公司本身，都具有不可估计的破坏力。

这么严重呀？那应该如何解决呢？

企业应当加强公司内部发票的规范性管理，尤其在开具、接收过程中，严格按照发票管理的程序，重点审核“账”“票”的一致性。

这四条我记住了，还有第五条吗？

第五条就是企业将盈余公积、未分配利润转增股本时未缴纳个人所得税，尤其在“股改”过程中，个人股东将累积的盈余公积、未分配利润转增股本，未按照规定缴纳个人所得税。

这条的对策总该是要用交税来解决吧？

你理解得真快！按照税法规定，该情形下应视同进行利润分配，需要按照20%的税率缴纳个人所得税。但自2015年4月1日起，可分5年来缴纳，具体情况在“税博士讲堂第一集”讲过，在此就不多说。

我回去后将“税博士讲堂第一集”学习一下。还有其他事项吗？

最后一条就是因涉税事项被税务机关处罚，企业过去经营中因为违反税法相关规定，被税务机关行政处罚过。

这肯定麻烦，有没有解决的办法？

有办法，就是要判断处罚行为是否构成重大违法违规行为，具体需要结合主观方面、涉案的金额等作出判别和说明，由律师出具法律意见书，税务机关出具证明。

税博士，您说这么多，有法律依据吗？

你放心，绝不敢乱讲，有税收文件规定！那就是财税〔2014〕47 号、财税〔2014〕48 号和财税〔2009〕167 号等文件。

非常感谢您！我赶快回去依照您所说的方式，解决这些非常严重的税务问题，规划企业重新上市！

不客气！祝你企业早日上市成功！欢迎有问题再来咨询，再见！

政策链接

- 《财政部　国家税务总局　证监会关于实施全国中小企业股份转让系统挂牌公司股息红利差别化个人所得税政策有关问题的通知》（财税〔2014〕48 号）
- 《财政部　国家税务总局关于在全国中小企业股份转让系统转让股票有关证券（股票）交易印花税政策的通知》（财税〔2014〕47 号）
- 《财政部　国家税务总局　证监会关于个人转让上市公司限售股所得征收个人所得税有关问题的通知》（财税〔2009〕167 号）

第 8 集　出售旧固定资产如何交税？

本集提示：出售自己使用过的固定资产所得税怎么计算缴纳？
一般纳税人和小规模纳税人出售旧固定资产如何缴纳增值税呢？

本集撰稿：边志广

本集人物：

公司会计

税博士

税博士，您好！向您请教一个税务上的问题！公司出售已使用过的旧固定资产交什么税？

根据税收法律法规之规定，主要是涉及增值税和企业所得税。

那企业所得税怎么算？怎么交呀？

企业所得税按出售旧固定资产的收入，减去出售过程中发生的费用和旧固定资产的折余价值，其结果纳入到企业当年应纳税所得额，合并来计算缴纳企业所得税。

您是说出售旧固定资产不需要单独来计算缴纳企业所得税？

是的！

明白了！那增值税怎么算？又怎么交呀？

这关键要看公司是否是一般纳税人？什么时间购买的固定资产？购买的什么固定资产？

我公司是一般纳税人，2008 年 10 月 8 日购买的机器设备。

根据新税法规定，2008 年 12 月 31 日前购买的固定资产（不包含应征消费税的小汽车、摩托车和游艇），按 3% 作为征收率，减按 2% 计算缴纳增值税。

如何理解按3%作为征收率，减按2%计算缴纳增值税？有计算公式吗？

有的，是按含税售价除以（1+3%），再乘以2%。计算公式如下：

销售额 = 含税销售额 ÷（1+3%）

应纳税额 = 销售额 ×2%

能举个例子吗？

可以啊，比如公司是一般纳税人，2008年10月8日购买的一台机器，原值30万元，已提折旧18万元，现在出售价10.3万元，计算缴纳增值税2000元。

销售额 = 含税销售额 ÷（1+3%）=10.3÷（1+3%）=10（万元）

应纳税额 = 销售额 ×2%=100000×2%=2000（元）

如果是2009年9月9日后购买的呢？

根据新税法规定，2008年12月31日后购买的固定资产，就要按17%计算销项税额缴纳增值税。

如果出售公司的小轿车呢？

也要看你们公司什么时间购买的，如果是2013年8月1日前购买的，也按3%作为征收率，减按2%计算缴纳增值税；如果是2013年8月1日后购买的固定资产，就要按17%计算销项税额缴纳增值税。

公司出售旧固定资产能开发票吗？

能开，但是要注意以下两点：

一是如果出售2008年12月31日前购买的固定资产或2013年8月1日前购买的小轿车，只能开普通发票，开普通发票要选择3%的税率；

二是如果出售2008年12月31日后购买的固定资产或2013年8月1日后购买的小轿车，可以开增值税专用发票，但不是必须开，对方是一般纳税人就开专用发票，对方是小规模纳税人或一般消费者，开普通发票就行了，不管开专用发票还是普通发票，都要选择17%的税率。

公司如果出售的是小规模纳税人的时候购买的固定资产怎么纳税呢？

根据税法规定，也按简易办法依3%征收率减按2%计算缴纳增值税。计算公式跟前面的一样。

增值税小规模纳税人出售旧固定资产如何缴纳增值税呢？

小规模纳税人销售自己使用过的固定资产，要注意不能到国税局代开增值税专用发票，也是按 3% 征收率减按 2% 征收率征收增值税。计算公式也跟前面的一样。

另外我再咨询一下，营改增的企业出售旧固定资产如何缴纳增值税呢？

企业营改增之后已认定为一般纳税人的，销售自己使用过的营改增之前购进或者自制的固定资产，按照 3% 征收率减按 2% 的政策计算纳税；销售自己使用过的营改增之后购进或者自制的固定资产，按照 17% 计算销项税额征收增值税。

税博士，您说这么多，有法律依据吗？

你放心，都有税收文件规定！那就是：财税〔2013〕106 号、财税〔2014〕57 号和国家税务总局公告 2014 年第 36 号。

哦，听了您的解答，我彻底明白了出售旧固定资产的纳税处理方法，非常感谢您。

不客气！欢迎有问题再来咨询，祝你工作顺利，再见！

政策链接

- 《财政部　国家税务总局关于简并增值税征收率政策的通知》（财税〔2014〕57 号）
- 《国家税务总局关于简并增值税征收率有关问题的公告》（国家税务总局公告 2014 年第 36 号）
- 《财政部　国家税务总局关于将铁路运输和邮政业纳入营业税改征增值税试点的通知》（财税〔2013〕106 号）

第 9 集　企业所得税优惠政策——企业重组有何优惠?

本集提示：企业重组时适用特殊性税务处理需要满足哪些条件？
应该如何计算缴纳所得税？
是否需要去税务局备案？

本集撰稿：中财讯编辑部

本集人物：

集团公司会计 

税博士 

税博士，您好！我公司是一家控股集团有限公司，为了获得更好的发展，2015 年 8 月把旗下的 A 汽车有限公司卖给了 B 汽车制造企业。想知道是否符合特殊性税务处理条件？要不要交税？

你们当初拥有 A 汽车有限公司多少股权？每股资产的公允价值和计税基础分别都是多少？

我们公司持有 A 汽车有限公司 95% 的股权，共计是 3000 万股，全部转让给了 B 汽车制造企业，转让当天 A 公司股权每股资产的公允价值是 12 元，每股资产的计税基础是 10 元。

那获得的支付的对价呢？

B 汽车制造企业在收购对价中，以股权形式支付 32400 万元，以银行存款支付 3600 万元。而且连续 12 个月内不改变重组资产原来的实质性经营活动，主要股东也不会在未来一年内转让所得股权。

根据规定企业重组同时符合下列条件的，适用特殊性税务处理规定：

（一）具有合理的商业目的，且不以减少、免除或者推迟缴纳税款为主要目的。

（二）被收购、合并或分立部分的资产或股权比例符合本通知规定的比例。（见财税〔2009〕59号）

（三）企业重组后的连续12个月内不改变重组资产原来的实质性经营活动。

（四）重组交易对价中涉及股权支付金额符合本通知规定比例。（见财税〔2009〕59号）

（五）企业重组中取得股权支付的原主要股东，在重组后连续12个月内，不得转让所取得的股权。

B汽车制造企业取得A汽车公司的股权比例是95%，股权支付的比例是32400÷（32400+3600）×100%=90%，其他条件也符合。

所以你们公司的企业重组使用特殊性税务处理。

这样啊，那我们要交税吗？

当然要交税。你们公司取得收购企业股权的计税基础，以被收购股权的原有计税基础确定，所以股权支付的部分，不得确认所得和损失。对于非股份支付的部分，要按照规定确认所得和损失，依法计算缴纳企业所得税。

交多少呢？

你们公司转让股权的应纳税所得额为3000×（12−10）×3600÷（32400+3600）=600（万元），所以应缴纳企业所得税600×25%=150（万元）。

既然我们符合特殊性税务处理条件，要如何进行特殊性税务处理呢？去年这家汽车公司是亏损的，大概有500万元，是B汽车制造企业给弥补吗？

可以，但是有一定的限额。B企业可弥补的该汽车企业的亏损不得超过该汽车企业净资产公允价值乘以截至合并业务发生当年年末国家发行的最长期限的国债利率。

哦，特殊性税务处理需要去税务局备案吗？

告诉你一个好消息，现在不需要去税务局进行审核备案了。因为2015年5月14日国家税务总局发布了《关于贯彻落实〈国务院关于取消非行政许可审批事项的决定〉的通知》，其中规定取消企业符合特殊性税务处理规定条件业务的核准事项。

取消审批后就不用审核了吗？

当然不是，新减免税办法实施后，对于核准类减免税，纳税人仍需要提出申请，经依法具有批准权限的税务机关核准确认后方能执行，对于备案类减免税纳税人可在首次享受减免税的申报阶段，在纳税申报表中附列或者附送材料进行备案，也可以在申报征期后的其他规定期限内提交报备资料进行备案。不过不管是哪一类减免税事项，如果未按规定申请或虽申请但未经批准权限的税务机关核准确认的，抑或未按规定进行备案，纳税人不得享受减免税。

原来是这样呀，今天真的是如沐春风，受益匪浅呀，太感谢您了，税博士。我要赶快回去给我老板交差啦！

不客气，欢迎下次再来咨询！

政策链接

- 《国家税务总局关于贯彻落实〈国务院关于取消非行政许可审批事项的决定〉的通知》（税总发〔2015〕74号）

第 10 集 车辆购置税有何税收优惠?

本集提示：车的种类不同，税率或者优惠有什么区别?
享受税收优惠是否需要去税务局备案?

本集撰稿：中财讯编辑部

本集人物：

工业企业会计

税博士

税博士，您好！我公司是一家工业企业，2015 年 8 月 8 日从一家汽车销售公司买了一辆小汽车供自己使用，当天又在另一家公司买了一台平衡重式柴油叉车，想请教您，买这些车要交什么税?

你好，你公司要交车辆购置税。小汽车自用在车辆购置税的征税范围内，所以要交车辆购置税。但你公司购买的叉车属于设有固定装置的非运输车辆，所以叉车可以免税。

车辆购置税怎么计算呢?

你公司购买的小汽车多少钱?

购买小汽车时含增值税税款的价格是 20 万元，另外还支付了代收临时牌照费 600 元，代收保险费 2500 元，购买工具件和零配件价款 4500 元，车辆装饰费 2400 元，汽车销售公司给开具了机动车销售统一发票和相关票据。

车辆购置税实行统一比例税率，税率为 10%，同时是实行从价定率的方法计算。根据你刚说的各项费用，你公司购买小汽车的计税依据为（200000+600+2500+4500+2400）=21（万元）。车辆购置税的应纳税额为 21×10%=2.1（万元）。

哦，是这样呀。刚刚您说购买叉车可以免税? 是真的吗?

是的。根据车辆购置税减免税规定，我国车辆购置税实行法定减免，减免税范围的具体规定是：

1. 外国驻华使馆、领事馆和国际组织驻华机构及其外交人员自用的车辆，免税。

2. 中国人民解放军和中国人民武装警察部队列入军队武器装备订货计划的车辆，免税。

3. 设有固定装置的非运输车辆，免税。

4. 在外留学人员（含香港、澳门地区）回国服务的，购买 1 辆国产小汽车，免税。

5. 来华定居专家进口自用的 1 辆小汽车，免税。

6. 防汛部门和森林消防部门用于指挥、检查、调度、报汛（警）、联络的设有固定装置的指定型号的车辆。

7. 城市公交企业自 2012 年 1 月 1 日起至 2015 年 12 月 31 日止，购置的公共汽电车辆免征车辆购置税。

8. 自 2004 年 10 月 1 日起，对农用三轮运输车免征车辆购置税。

9. 有国务院规定予以免税或者减税的其他情形的，按照规定免税或者减税。

而你们公司购买的叉车正好属于设有固定装置的非运输车辆，符合第三条规定，所以可以免税。

太好了。对了，这种免税优惠政策要不要去税务局审批呀？

不需要审批了！ 2015 年 5 月 14 日，《国务院关于取消非行政审批事项的决定》（国发〔2015〕27 号）公布取消 49 项非行政许可审批事项中就包括设有固定装置的非运输车辆免征车辆购置税的审核。

真的吗？那我们该怎么做才能享受这项优惠？

取消审批并不是无需审核，对于你公司这种核准类减免税，你们公司需要提出申请，填好纳税申报表和车辆购置税免（减）税申报表以及准备好叉车车内和外观彩色 5 寸照片等相关资料，经依法具有审批权限的税务机关核准确认后方能执行。只是不需要先由税务机关进行实地验车了。

税博士，您说这么多，有法律依据吗？

你放心，绝不敢乱讲，有税收文件规定！那就是：国家税务总局令第 33 号和税总发〔2015〕74 号。

真是太好了，我要赶紧回去把这个好消息告诉我老板，然后做好相应的准备工作，今天真是收获不小，税博士，谢谢您！

不客气，欢迎下次再来咨询！

政策链接

- 《国务院关于取消非行政许可审批事项的决定》（国发〔2015〕27 号）
- 《国家税务总局关于贯彻落实〈国务院关于取消非行政许可审批事项的决定〉的通知》（税总发〔2015〕74 号）
- 《车辆购置税征收管理办法》（国家税务总局令第 33 号）

第 11 集　网络红包谁交税?

本集提示：个人获得企业网络派发的现金红包是否缴纳个人所得税?
代扣代缴个人所得税申报时间如何确定?

本集撰稿：刘德春

本集人物：

公司会计 

税博士 

税博士，您好！今天向您请教一个税务上的问题！我们公司准备通过微信派发现金红包的形式宣传公司业务，类似于自媒体宣传，企业通过微信支付红包给个人是否要代扣代缴个人所得税?

是的，2015 年 7 月 28 日国家税务总局发文强调了此事，要交个人所得税。

如何代扣代缴个人所得税呀?

税总函〔2015〕409 号文件规定，个人取得企业派发的现金网络红包，应当按照偶然所得计算缴纳个人所得税，税款由派发红包的企业代扣代缴。税率为 20%，不得扣除任何费用，直接计征税款。

比如自然人张三随机通过微信摇一摇抢到你们派发的网络现金红包 100 元，这 100 元属于张三税后偶然所得，要将其换算为税前所得，计算过程是 100 ÷（1－20%）得出数据为 125 元，再用 125 元税前所得乘以 20% 得出代扣代缴个人所得税为 25 元。

哦，我明白了，但是代扣代缴个人所得税要向税务机关申报具体的姓名、身份等信息，但我们不知道具体是哪个人抢到我们的现金红包，况且每次微信现金红包活动可能上万人哄抢，我们无法向税务机关申报这些人的基本信息呀！况且抢红包的参与者也不会主动告诉我们呀！

没关系，可以通过微信网络信息查出抢现金红包的微信号，具体操作时填写微信号就可以，只要你们代扣代缴了个人所得税，没有造成国家税收流失就可以。

税博士，再请教一下，代扣代缴个人所得税申报时间如何确定呀？

根据个人所得税法规定，代扣代缴个人所得税的义务时间是支付时，也就是抢红包的参与者获得微信现金红包的当天。在次月 15 日前向主管税务机关申报即可。

哦，明白了！如果抢红包的人将抢到的微信现金红包在向我公司购买商品时抵货款，派发的微信现金红包也要代扣代缴个人所得税吗？

是的。不过我可以给你公司提供一个好的建议，供你参考。

谢谢！请赐教！

你们公司可以采取先销售货物后派发微信现金红包，即凡是一次购买货物到达一定金额的，现场派发微信现金红包。此种情况属于现金折扣，根据财税〔2011〕50 号、税总函〔2015〕409 号文件规定就不用代扣代缴个人所得税了。

啊！明白了！非常感谢您！我去给老板交差啦！

不客气！欢迎有问题再来咨询，再见！

政策链接

- 《国家税务总局关于加强网络红包个人所得税征收管理的通知》（税总函〔2015〕409 号）
- 《财政部　国家税务总局关于企业促销展业赠送礼品有关个人所得税问题的通知》（财税〔2011〕50 号）

第 12 集 异地施工人员怎样交个人所得税?

本集提示：异地施工作业人员在哪儿申报个人所得税？

异地税务机关是核定征收还是全员申报？

本集撰稿：刘德春

本集人物：

建筑企业会计

税博士

税博士，您好！向您请教一个税务上的问题！我们建筑安装业异地工程作业人员，过去都是在我公司所在地交个人所得税。最近异地项目经理回单位给我讲，当地税务局要求在当地交个人所得税，有这回事吗？如何缴纳呢？

有这回事！自 2015 年 9 月 1 日起，异地工程作业人员应向工程作业所在地税务机关申报缴纳个人所得税。

当地税务局要求是正确的！那么，派往异地的所有人员的工资薪金都在施工地申报个人所得税吗？

是的，国家税务总局公告 2015 年第 52 号文件规定：总承包企业、分承包企业派驻跨省异地工程项目的管理人员、技术人员和其他工作人员在异地工作期间的工资、薪金所得个人所得税，由总承包企业、分承包企业依法代扣代缴并向工程作业所在地税务机关申报缴纳。

哦，我明白了，我们公司派往异地的工作人员还有部分是劳务派遣公司的，这部分人群异地工资薪金个人所得税该如何确定申报地点呢？

该文件还规定：总承包企业和分承包企业通过劳务派遣公司聘用劳务人员跨省异地工作期间的工资、薪金所得个人所得税，由劳务派遣公司依法代扣代缴并向工程作业所在地税务机关申报缴纳。

税博士，再请教一下，原来我们一直在总公司全员申报，现在异地施工人员在异地申报，异地税务机关会核定征收还是全员申报呢？

根据国家税务总局公告2015年第52号文件规定：跨省异地施工单位应就其所支付的工程作业人员工资、薪金所得，向工程作业所在地税务机关办理全员全额扣缴明细申报。凡实行全员全额扣缴明细申报的，工程作业所在地税务机关不得核定征收个人所得税。

哦，明白了！可是我还有一个问题，异地申报个人所得税后，回到总机构是不是不用再重复申报，异地已经申报的个人所得税，总机构税务局如何认可呢？

关于这个问题，根据国家税务总局公告2015年第52号文件规定：总承包企业、分承包企业和劳务派遣公司机构所在地税务机关需要掌握异地工程作业人员工资、薪金所得个人所得税缴纳情况的，工程作业所在地税务机关应及时提供。总承包企业、分承包企业和劳务派遣公司机构所在地税务机关不得对异地工程作业人员已纳税工资、薪金所得重复征税。两地税务机关应加强沟通协调，切实维护纳税人权益。

因此，异地申报个人所得税后，回到总机构是不用再重复申报，有了完税凭证，税务机关会自动认可。

啊！明白了！非常感谢您！我去给老板交差啦！

不客气！欢迎有问题再来咨询，再见！

政策链接

- 《国家税务总局关于建筑安装业跨省异地工程作业人员个人所得税征收管理问题的公告》（国家税务总局公告2015年第52号）

第 13 集 企业上市有哪些利与弊？

本集提示：企业上市有哪些益处？

上市又有哪些不利之处需要避免呢？

本集撰稿：中财讯编辑部

本集人物：

物流公司会计

税博士

税博士，您好！我公司从事物流配送，现在处于高速发展期，每年业务量都在不断增大，但是所需资金仍然满足不了支出需求，公司决定通过 2017 年上市来募集资金，促进企业发展。请问企业如何做好上市工作？

你公司的想法很好，最近这几年因为国家给予的政策比较宽松，所以上市比较容易。不过，企业上市是有利有弊的，不是所有的公司都适合上市。你公司要衡量自身的情况选择最佳的上市时机和方式。

嗯，原来是这样呀！您刚才说上市有利有弊，那公司上市益处有哪些呢？

公司上市益处第一点就是获得资金，企业通过上市，可以获得更多的资金，同时融资成本相对较低。和私募股权融资相比，相同股份在上市时会获得更高的溢价。

这点正是我公司老板所看重的。老板就是想通过资本市场实现企业的跳跃式发展。那么您说的上市益处第二点呢？

你刚才所说就是第二点。现在我和你讲讲第三点，第三点是上市有助于提高企业知名度，扩大品牌效应，带来宣传效果，节省上亿元的宣传广告费用。

按您这么说，我公司就算不用专门做广告，也可以为企业带来很高的知名度，提升行业竞争力了。

你真聪明，在同一个行业之内，上市公司比非上市公司更能赢得消费者信赖，竞争力也会显著增强，市场份额也会相应扩大。这就是第四点的益处。

这样的话公司经营规模不断扩大，是不是可以通过建立奖励机制给员工派送股权和期权，留住优秀人才呢？

你说得太对了！确实可以这样，但留住优秀人才仅仅靠这些还不行，还需要最重要的一点，规范公司的治理机构。

怎么规范呢？您快讲讲。

因为法律法规对上市企业治理结构有严格要求，所以，公司需要披露公司的关联交易、资金运用、薪酬制定、财务审计等多方面的信息，这就要求企业完善自身的治理结构，保持长足发展的动力，才能留住优秀人才，这也是企业上市带来的好作用。

哦，我懂了。看来企业上市还是利处多多呢，既能实现融资，也能提高品牌知名度，增加竞争力；给员工派送股权还能留住优秀人才，真是一个不错的选择呀。

上市确实可以带来很多好处，但是也有很多不利之处需要避免。上市是把双刃剑，关键看企业为什么要上市。

明白，那您再说说还有哪些不利之处呢？我好比较比较。

首先，上市需要一定的成本，包括承销费用、会计师费用、信息披露费等，例如上“新三板”，前期总费用在 200 万元左右。上创业板和主板前期总费用在 400 万元左右，上市成功后费用在 3000 万元左右。

原来要交这么多的费用呢？那需要企业盈利能力很好才行。

你说得没错，所以企业上市需要选择在收益大于成本的时候才是最经济的方法。

哦，这点我懂了，还有其他不利之处吗？

当然有，那就是企业上市，原有的企业控制权会从原有的创始人决断到董事会决断，企业的控制权利被稀释，企业被要求严格按照上市的规定来经营，也就是说老板用钱不自由了，用钱不能再任性。

这样做的话虽然权利会被稀释，但是会让企业朝更加有利的方向发展，不是很好的吗？所谓团队的智慧胜过一个人的智慧。

你说得很对，所以企业要依靠团体的智慧做出更明智的选择。企业上市的其他弊端就是信息必须要透明，企业的运行要规范化，同时也会增加上市成本，这些都是需要提前知晓的。

税博士，谢谢您说了这么多。上市的这些弊端对每家公司都一样，所以还是能够注意到的。

上市需要经过深思熟虑而非武断决定，只有在收益大于成本的前提下，上市才是一个好的决定。

那么企业什么时候上市最合适呢？

我认为，2015年、2016年、2017年这3年是中国民营企业上市的最佳时期。因为每个企业都要经历初创期、发展期、成熟期和转型期四个阶段，所以，企业在发展期、发展期向成熟期过渡、成熟期、成熟期向转型期过渡这四个阶段均适合做上市。当然，企业上市的最佳时期是发展期向成熟期过渡这个阶段。

税博士，谢谢您！我会尽快回去向老板说明一切，帮助我公司早点解决上市的问题。

好的，祝你公司早日上市成功！欢迎再来咨询！再见！

第 14 集　企业上市的关键点都有哪些？

本集提示：企业上市需要关注哪些点？
成本核算体系在其中的作用是什么？

本集撰稿：中财讯编辑部

本集人物：

公司会计

税博士

税博士，您好！我公司计划 2017 年上市，但是对上市的一些财务问题还不太清楚，您能给我讲解一下吗？

好的。上市是一项复杂的工程，而财务问题往往直接关系上市成败。据统计，大多数企业因财务问题与上市仅一步之隔。所以必须认真处理好财务问题。

财务问题那么多，具体该关注哪些点呢？

你问的很关键。首先，你要关注企业的持续盈利能力，这是企业上市的一项基本要求。

这个持续盈利能力就是要关注收入的结构组成和增减变动、毛利率的构成和各期增减、利润来源的连续性和稳定性等 3 个方面。

你说得很对。不仅如此，持续盈利能力还受到内部因素和外部因素影响。

具体有哪些内部因素和外部因素呢？

内部因素就要看核心业务、核心技术、主要产品及其主要产品的用途和原料供应等方面。外部因素就是要看所处行业环境、行业中所处地位、市场空间、公司的竞争特点及产品的销售情况、主要消费群体等方面。

看来企业的商业模式是否适应市场环境，是否具有可复制性，这些都决定了企业的扩张能力和快速成长的空间。

你真聪明，确实如此。给你举个例子：某公司创业板上市被否决，其原因是其主营产品为药芯焊丝，报告期内，钢带的成本占原材料成本比重约为60%。最近三年，由于钢材价格的波动，直接导致该公司主营业务毛利率在18.45%~27.34%之间大幅波动。原材料价格对公司的影响太大，而公司没有提出如何规避及提高议价能力的措施，最后没上成!

看来企业的盈利质量和税收优惠、政府补助等非经常性损益，客户和供应商的集中度，以及对重大客户和供应商的依赖性都有很大的关系。

你说得很对，所以需要在上市过程中，认真规划好企业持续盈利能力。

税博士，您刚才说还要关注的第二点是什么呢?

第二点是企业的收入。企业的营业收入是利润表的重要科目，反映了公司创造利润和现金流量的能力。无论在“新三板”，还是在主板及创业板上市，都有营业收入的指标要求。影响企业营业收入的主要是公司的销售模式、渠道和收款方式。

也就是说企业销售的网络情况、行业的发展趋势、新产品和新客户的开发情况和收入的完整性等都是关注重点呗，您说是吧?

你真聪明，这些因素看似简单，实则相当复杂，希望你公司能够好好处理这些问题，以确保上市成功。

成本费用关系到企业的毛利率和利润，影响企业的规范、合规性和盈利能力，照理，我是不是更加应该注意这些问题呢?

确实如此。一些打算上市的企业，它们的成本核算非常混乱，最后距离上市只差一步之遥，十分可惜。

呀，这么严重呀，那应该怎么做才能避免这些情况呢?

这是可以避免的，首先，企业的成本核算方法要规范，核算政策要一致。其次，企业的费用报销流程要规范，相关管理制度要健全，票据取得要合法，并且依法纳税。这样就可以避免成本费用核算混乱问题。

我公司之前的核算方法和如今的核算方法不一致，是不是需要解决那些历史遗留问题才行?

是的，你公司应参考企业的历史成本，结合技术人员的测算作为产成品、在产品、半成品的估计单价。问题解决之后，应立即着手建立健全存货与成本内部控制体系以及成本核算体系。

哦，我懂了，看来建立一套成本核算体系是非常重要的呢。您刚才说了两点，还有第三点吗？

还有最后一点，就是需要关注企业的采购模式、供应商管理制度和价格机制、发票是否规范等问题。解决好这些，你公司上市就能减少许多障碍。

哦，我懂了，我公司在上市途中，只要把这些障碍扫清了，就可以尽快上市，对吗？

是的，你理解得真快！只要把这些问题全部都解决了，那你公司就可以尽早上市了。同时提醒你，最好在你公司消除了上述风险以后，再请券商、会计师事务所和律师事务所进来，切记！

非常感谢您，我会尽快向老板说明一切，帮助我公司早点解决上市的问题。

好的，祝你公司早日上市成功！欢迎再来咨询！再见！

第 15 集　各项补贴如何进行税前扣除？

本集提示：伙食补贴、交通补贴、通讯补贴、住房补贴都可以在所得税前扣除吗？

关于各项补贴所得税有哪些具体规定？

本集撰稿：刘德春

本集人物：

公司会计

税博士

税博士，您好！最近听说伙食补贴、交通补贴、通讯补贴、住房补贴等都可以在计算企业所得税时直接扣除，不知是真是假？敬请您指点！

不客气！确有此事！

具体规定是怎样的呢？

国家税务总局 2015 年规定，2014 年度及以后年度企业所得税汇算清缴时，列入企业员工工资薪金制度、固定与工资薪金一起发放的福利性补贴，在符合条件的前提下，可作为企业发生的工资薪金支出，按规定在税前扣除。

税博士，您讲的符合条件，是符合什么条件呀？

这个符合条件是指企业按照股东大会、董事会、薪酬委员会或相关管理机构制订的工资薪金制度规定实际发放给员工的伙食补贴、交通补贴、通讯补贴、住房补贴等。

那么，要是工资薪金制度没有这个规定，那该怎样处理呢？

要是不符合上述条件的伙食补贴、交通补贴、通讯补贴、住房补贴等，应作为职工福利费，按 14% 的限额规定计算税前扣除。

要是这么讲，那就一定要在工资薪金制度中加上这个规定呗！

你说得对，是这样！千万要修改企业工资薪金制度。

照你这样说，我们公司只要工资薪金制度规定每月随工资一起发放的伙食补贴、交通补贴、通讯补贴、住房补贴等在企业所得税税前扣除方面均按工资薪金处理，可以不再计入职工福利费？

是的，只要随同工资一起支付的上述补贴计入工资薪金，不计入职工福利费，也就不受14%的比例限制。

那么，这部分补贴计入工资薪金是否可以用于计算3项费用的基数呢？

可以！我给你举个例吧，你公司2015年全年支付职工工资薪金1000万元，同时随工资薪金支付的上述补贴100万元，应计入企业所得税工资薪金税前扣除基数为1100万元，只要实际发生的其他职工福利费不超过1100×14%=154（万元）的部分就可以据实扣除；同时拨缴的工会经费不超过1100×2%=22（万元）也可以税前扣除；同样职工教育经费不超过1100×2.5%=27.5（万元）也可以税前扣除。

哦，这样的结果与原来相比，实际税前扣除的数额就增加了呗！

是的，所以你的公司要充分利用好这个政策。

再请教一下，上述补贴要缴纳个人所得税吗？

要缴纳个人所得税！个人所得税方面不区分工资薪金与职工福利费，将二者合并为工资薪金报酬。

个人所得税有哪些具体规定呢？

我一个一个给你解释吧。

首先，企业支付给职工的住房补贴。根据规定，企业以现金形式发给个人的住房补贴，应全额计入领取人的当期工资、薪金收入计征个人所得税。但对外籍个人以实报实销形式取得的住房补贴，根据规定暂免征收个人所得税。

其次，企业支付给职工的通讯补贴与交通补贴。根据规定，个人因公务用车和通讯制度改革而取得的公务用车、通讯补贴收入，扣除一定标准的公务费用后，按照“工资、薪金”所得项目计征个人所得税。按月发放的，并入当月“工资、薪金”所得计征个人所得税；不按月发放的，分解到所属月份并与该月份“工资、薪金”所得合并后计征个人所得税。

第三，企业支付给职工的伙食补贴，根据规定，不征税的误餐补助，是指按财政部门规定，个人因公在城区、郊区工作，不能在工作单位或返回就餐，确实需要在外就餐的，根据实际误餐顿数，按规定的标准领取的误餐费。一些单位以误餐补助名义发给职工的补贴、津贴，应并入当月工资薪金所得计征个人所得税。

再请教一下，我们公司租入套房分配给高管及其家属居住是否要缴纳个人所得税？

要缴纳个人所得税。根据个人所得税法实施条例的规定，公司为员工租房发生的费用应计入员工工资薪金所得征收个人所得税；但对外籍个人以非现金形式或实报实销形式取得的合理住房补贴、伙食补贴和洗衣费免征个人所得税，应由纳税人在初次取得上述补贴或上述补贴数额、支付方式发生变化的月份的次月进行工资薪金所得纳税申报时，向主管税务机关提供上述补贴的有效凭证，由主管税务机关核准确认免税。

我公司包吃包住这部分费用也要分摊给职工缴纳个人所得税吗？

不用缴纳个人所得税！根据相关规定，职工食堂的补贴个人没有受益之前不涉及个人所得税，只有对职工实际受益的利益金额确定时，才需要在受益当月，作为职工工资薪金所得计征个人所得税。

税博士，您说这么多，有法律依据吗？

有税收文件规定！那就是：国家税务总局公告2015年第34号、国税函〔2009〕3号、财税字〔1997〕144号、财税字〔1994〕20号、国税发〔1999〕58号、财税字〔1995〕82号、国税发〔1997〕54号、财企〔2009〕242号等文件。

非常感谢您！我去给老板交差啦！

不客气！欢迎有问题再来咨询，再见！

政策链接

- 《国家税务总局关于企业工资薪金和职工福利费等支出税前扣除问题的公告》（国家税务总局公告2015年第34号）
- 《财政部关于企业加强职工福利费财务管理的通知》（财企〔2009〕242号）
- 《国家税务总局关于企业工资薪金及职工福利费扣除问题的通知》（国税函〔2009〕3号）
- 《国家税务总局关于个人所得税有关政策问题的通知》（国税发〔1999〕58号）

- 《财政部　国家税务总局关于住房公积金医疗保险金、养老保险金征收个人所得税问题的通知》（财税字〔1997〕144号）
- 《国家税务总局关于外籍个人取得有关补贴征免个人所得税执行问题的通知》（国税发〔1997〕54号）
- 《财政部　国家税务总局关于误餐补助范围确定问题的通知》（财税字〔1995〕82号）
- 《财政部　国家税务总局关于个人所得税若干政策问题的通知》（财税字〔1994〕20号）

第 16 集　个人出售住房如何纳税?

本集提示：出售住房应该如何纳税?

纳税人申报时，出具房屋产权证和契税完税证明且二者所注明的时间不一致应该怎么办?

本集撰稿：秦梁红

本集人物：

公司白领

税博士

税博士，您好！我在北京有一套住房想出售，听说最近国家出台了新的税收政策，我这套房产出售该如何纳税?

是的，国家对个人住房转让营业税进行了调整。自 2015 年 3 月 31 日起，个人将购买不足 2 年的住房对外销售的，全额征收营业税；个人将购买 2 年以上（含 2 年）的非普通住房对外销售的，按照其销售收入减去购买房屋的价款后的差额征收营业税；个人将购买 2 年以上（含 2 年）的普通住房对外销售的，免征营业税。

我的住房 2012 年 12 月签订合同，2013 年 1 月支付首付款，算来应该是 2 年以上，对吗?

不一定喔，个人购买住房以取得的房屋产权证或者契税完税证明上注明的时间作为购买房屋的时间，不是签合同日期和支付首付款日期。

我房屋产权证上注明的时间是 2013 年 2 月 15 日，契税完税证明上注明的时间是 2013 年 3 月 20 日，以哪一个为准呢?

你应该以房屋产权证书上注明的日期 2013 年 2 月 15 日的购买日期为准。

因为纳税人申报时，同时出具房屋产权证和契税完税证明且二者所注明的时间不一致的，按照“孰先”的原则确定购买房屋的时间。

2013 年 2 月到现在，符合 2 年以上这个标准。我的住房面积 168 平方米，是否属于普通住房呢？

普通住房应同时满足以下 3 个条件：一是单套建筑面积在 144 平方米以下；二是住宅小区建筑容积率在 1.0 以上；三是实际成交价格低于同级别土地住房平均交易价格的 1.44 倍以下。就面积这一点，你的住房面积 168 平方米，应该是非普通住房。

就是说，我的住房如果出售，将要按售价减去买价的差额征收营业税。

是的，你说得很对。

我该如何去办理纳税事宜呢？

对个人购买的非普通住房超过 2 年（含 2 年）对外销售的，在向地方税务部门申请按其售房收入减去购买房屋价款后的差额缴纳营业税时，需提供购买房屋时取得的税务部门监制的发票作为差额征税的扣税凭证。

明白了，办理差额纳税时，必须提供买房时的发票。那我出售住房时可以开具发票吗？

可以。个人对外销售住房，应持依法取得的房屋权属证书，到主管地税机关申请开具发票。

税博士，除营业税以外，还有其他税收吗？

还有城建税、教育费附加。城建税税率 7%，教育费附加 3% 以及地方教育附加 2%，是以实际缴纳的营业税乘以税率来计算的。

明白了。税博士，听说还要缴纳个人所得税，是吗？

是的。个人所得税征收方法有两种，核实征收和核定征收。

什么是核实征收呢？

核实征收是指个人转让住房取得收入应按照“财产转让所得”项目，适用 20% 的税率计算缴纳个人所得税。在计算个人所得税应纳税所得额时，纳税人可凭原购房合同、发票等有效凭证，经税务机关审核后，允许从其转让收入中减除房屋原值、转让住房过程中缴纳的税金及有关合理费用。

你的意思是说，假如我的住房出售 1000 万元，如果我可以提供购房合同和购房发票 600 万元，经税务机关审核后就可以扣减 600 万元，还可以扣除缴纳的税金和交易费用。是这样理解吗？

是的，你真聪明。

核定征收又是怎样计算呢？

核定征收是指纳税人未提供完整、准确的房屋原值凭证，不能正确计算房屋原值和应纳税额的，税务机关可根据税法规定，对其实行核定征税，即按纳税人住房转让收入 1% ~ 3% 核定应纳个人所得税额。北京市内住房转让收入按 1% 核定应纳个人所得税。

如果我不能提供购房合同和发票，就要按 1000 乘以 1%，要缴纳 10 万元的个人所得税。税博士，交这么多税，是否有税收优惠政策可以享受？

个人转让自用 5 年以上、并且是家庭唯一生活用房取得的所得免征个人所得税。

也就是说，我的这套住房不符合免税条件？

是的。但是个人出售住房暂免征收印花税和土地增值税。

税博士，您说这么多，有法律依据吗？

你放心，绝不敢乱讲，有税收文件规定！那就是：财税〔2015〕39 号、国税发〔2005〕89 号、国税发〔2005〕172 号、财税字〔1999〕278 号、财税〔2008〕137 号等文件。

非常感谢您！我明白了。

不客气！欢迎再来咨询，再见！

政策链接

- 《财政部　国家税务总局关于调整个人住房转让营业税政策的通知》（财税〔2015〕39 号）
- 《财政部　国家税务总局关于调整房地产交易环节税收政策的通知》（财税〔2008〕137 号）
- 《国家税务总局　财政部　建设部关于加强房地产税收管理的通知》（国税发〔2005〕89 号）
- 《国家税务总局关于房地产税收政策执行中几个具体问题的通知》（国税发〔2005〕172 号）
- 《财政部　国家税务总局　建设部关于个人出售住房所得征收个人所得税有关问题的通知》（财税字〔1999〕278 号）

第 17 集 老板借企业钱如何纳税？

本集提示：老板向公司借款用途不同，是否个人所得税缴纳的方式也不同？

老板借企业钱应该注意避免什么？

本集撰稿：刘德春

本集人物：

公司会计

税博士

税博士，您好！今特向您请教一个税务上的问题！听朋友说老板向公司借款要缴纳个人所得税？

是的，财政部、国家税务总局发布的财税〔2003〕158 号文件规定，纳税年度内个人投资者从其投资企业（个人独资企业、合伙企业除外）借款，在该纳税年度终了后既不归还，又未用于企业生产经营的，其未归还的借款可视为企业对个人投资者的红利分配，依照“利息、股息、红利所得”项目计征个人所得税。

这样呀，照你这样说，我们公司老板出差向公司借款作为备用金就不用视同利润分配缴纳个人所得税？

是的，老板出差向公司借款作为备用金，属于用于企业生产经营，况且短期报销费用，不属于财税〔2003〕158 号文件规定的视同利润分配的情形。

哦！我还以为凡是老板向公司借款均要缴纳个人所得税。不过老板确有向公司借款到年底还未归还的情况。

你们老板向公司借款的用途是什么呢？

不知道，我只是小会计，老板他也不告诉我，反正账务上只挂了其他应收款。

这样呀，我告诉你吧，你们公司老板可能存在需要缴纳个人所得税的风险。

请问只要老板借款没有用于公司经营，年底未归还马上就要缴纳个人所得税吗？

不完全是这样，财税〔2003〕158 号文件从字面理解是年底马上缴纳个人所得税，但是国税发〔2005〕120 号文件规定，加强个人投资者从其投资企业借款的管理，对期限超过一年又未用于企业生产经营的借款，严格按照有关规定征税。结论是，借款之日满一年后才要视同利润分配缴纳个人所得税。

我们公司还没有利润，也要视同利润分配吗？

是的，上述文件规定视同利润分配，不再区分企业有无实际利润。

哦！这个问题我明白了！可是前两年公司老板用公司的钱购买房屋、汽车、家具、电脑等，将其产权登记在老板个人名下，是否也视同利润分配缴纳个人所得税呢？

是的，根据财税〔2003〕158 号与财税〔2008〕83 号文件规定，除个人独资企业、合伙企业以外的其他企业的个人投资者，以企业资金为本人、家庭成员及其相关人员支付与企业生产经营无关的消费性支出及购买汽车、住房等财产性支出，视为企业对个人投资者的红利分配，依照“利息、股息、红利所得”项目计征个人所得税。

这些财产能在公司所得税前扣除吗？

根据财税〔2003〕158 号文件规定，企业的上述支出不允许在所得税前扣除。

这些财产虽然在老板个人名下，但实际上公司在使用，也要视同利润分配缴纳个人所得税吗？

是的，根据财税〔2008〕83 号与财税〔2003〕158 号文件的有关规定，符合该情形的房屋或其他财产，不论所有权人是否将财产无偿或有偿交付企业使用，其实质均为企业对个人进行了实物性质的分配，应依法计征个人所得税。

这些财产如果登记在老板家属名下，也要视同利润分配缴纳个人所得税吗？

是的，财税〔2003〕158 号文件规定，企业出资购买房屋及其他财产，将所有权登记为投资者个人、投资者家庭成员或企业其他人员的，其实质均为企业对个人进行了实物性质的分配，应依法计征个人所得税。

这么严重呀，前几年，老板以我小会计的名义向企业借款，资金最后又由老板使用，没有用于公司经营，我会有税务风险吗？

有，根据财税〔2008〕83号文件规定，对企业其他人员取得的上述所得，按照"工资、薪金所得"项目计征个人所得税。会计属于"企业其他人员"，包括在此范围内，应按工资薪金缴纳个人所得税。

天哪！我也有问题，真可怕！以前总认为帮老板一个忙，没什么关系，这是一个教训呀！

以后注意不要再有类似问题发生。

啊！明白了！非常感谢您！我去给老板交差啦！

不客气！欢迎有问题再来咨询，再见！

政策链接

- 《财政部　国家税务总局关于企业为个人购买房屋或其他财产征收个人所得税问题的批复》（财税〔2008〕83号）
- 《国家税务总局关于印发〈个人所得税管理办法〉的通知》（国税发〔2005〕120号）
- 《财政部　国家税务总局关于规范个人投资者个人所得税征收管理的通知》（财税〔2003〕158号）

第 18 集　将房产低价卖给职工，怎样纳税？

本集提示：房产低价卖给职工如何缴纳个人所得税？

房产低价卖给职工会计上形成亏损，税法上认可吗？

本集撰稿：刘德春

本集人物：

房地产企业会计

税博士

税博士，您好！我公司是房地产开发企业，现想把商品房低价卖给职工，用于补偿职工收入，会涉及个人所得税吗？

会的，而你所说的低价想低到什么程度呢？

是这样的，我公司开发一楼盘，现在也不好卖，老板为了奖励职工，开发成本 82 万元，市场价 100 万元，卖给自己的职工只收取 70 万元。

关于这个问题，根据住房制度改革政策的有关规定，国家机关、企事业单位及其他组织在住房制度改革期间，按照所在地县级以上人民政府规定的房改成本价格向职工出售公有住房，职工因支付的房改成本价格低于房屋建造成本价格或市场价格而取得的差价收益，免征个人所得税。

哦，是这样呀！我公司今年 7 月这么做，明显是不在国家规定的住房制度改革期间，能免征个人所得税吗？

你问得很好！不在国家规定的住房制度改革期间，单位按低于购置或建造成本价格出售住房给职工，职工因此而少支出的差价部分，属于个人所得税应税所得，应按照“工资、薪金所得”项目缴纳个人所得税。

那么，我们这个业务按多少金额作为职工个人所得税的计税基础呢？

根据税收法规之规定，你公司职工按建造成本价 82 万元减去职工实际支付房款 70 万元后，职工个人所得税的所得按 12 万元作为计税基础。

税博士，这个 12 万元属于税前所得还是税后所得呢？

根据税收法规规定，应确定为税前所得。

哦，明白了！那怎么计算个人所得税呢？

根据税收法规之规定，对职工取得的上述应税所得，比照个人取得全年一次性奖金等计算征收个人所得税方法，计算征收个人所得税，即先将全部所得数额除以 12，按其商数并根据个人所得税法规定的税率表，确定适用的税率和速算扣除数，再根据全部所得数额、适用的税率和速算扣除数，按照税法规定计算征税。

这么难懂呀！您能具体讲讲如何计算吗？

别急，我给你演示一下。首先用 120000 元除以 12，得出商数 10000 元，根据税收法规规定，个人所得税税率为 25%，速算扣除数为 1005 元，再用 $120000\times25\%-1005=28995$（元），因此要代扣代缴个人所得税 28995 元。

这个钱由公司还是由职工个人出呢？

由公司代扣代缴，实际纳税人是职工，应当由职工出资。也就是说，职工购买房屋支付 70 万元，另外还要再支付 28995 元给公司用于代扣代缴个人所得税。

可是，我们公司当时没有收取职工的 28995 元个人所得税，况且该政策执行时也没有说到此税问题，那该怎么办呢？

别急，如果职工不出应承担的个人所得税，只能由公司承担。这样一来，职工的所得 120000 元就变成了不含税的税后所得额。根据国家税务总局的规定，雇主为雇员负担全年一次性奖金部分个人所得税款，属于雇员又额外增加了收入，应将雇主负担的这部分税款并入雇员的全年一次性奖金，换算为应纳税所得额后，按照规定方法计征个人所得税。

这样就越来越复杂了，具体又将如何计算呢？

国家税务总局对此有规定，未含雇主负担税款的全年一次性奖金收入除以 12，根据其商数找出不含税级距对应的适用税率 A 和速算扣除数 A。

应纳税所得额 =（未含雇主负担税款的全年一次性奖金收入 − 当月工资薪金低于费用扣除标准的差额 − 不含税级距的速算扣除数 A× 雇主负担比例）÷（1− 不含税级距的适用税率 A× 雇主负担比例）

$120000\div12=10000$（元），不含税 10000 元对应的税率 25%，速算扣

除数 1005 元。

应纳税所得额 =（未含雇主负担税款的全年一次性奖金收入 120000 − 不含税级距的速算扣除数 1005 × 雇主负担比例 100%）÷（1 − 不含税级距的适用税率 25% × 雇主负担比例 100%）= 158660（元）。

再用上述计算的税前 158660/12 得出商 13221.67 元，对应的税率还是 25%，扣除数还是 1005 元，因此最后缴纳个人所得税 = 158660 × 25% − 1005 = 38660（元）。

呀！这么复杂，终于明白了！最后再请教一下，公司成本 82 万元，实际收到职工付款只有 70 万元，会计形成亏损，这个亏损在计算企业所得税时税法会认可吗？

关于这个问题，是这样的，会计上，如果这个奖励措施是对职工以前年度做出的贡献补偿，此差额直接作为当期费用；如果以此为奖励，要求职工在公司服务若干年的，此差额作为“长期待摊费用”处理，长期待摊费用在未来服务期平均摊销。税法上既然缴纳了个人所得税，也认定属于奖励职工的工资薪金，按上述两种方法税前扣除。

税博士，您说这么多，有法律依据吗？

你放心，绝不敢乱讲，有税收文件规定！那就是：财税〔2007〕13 号、国税发〔2005〕9 号和国家税务总局公告 2011 年第 28 号。

非常感谢您！我去给老板交差啦！

不客气！欢迎有问题再来咨询，再见！

政策链接

- 《国家税务总局关于雇主为雇员承担全年一次性奖金部分税款有关个人所得税计算方法问题的公告》（国家税务总局公告 2011 年第 28 号）
- 《财政部　国家税务总局关于单位低价向职工售房有关个人所得税问题的通知》（财税〔2007〕13 号）
- 《国家税务总局关于调整个人取得全年一次性奖金等计算征收个人所得税方法问题的通知》（国税发〔2005〕9 号）

第 19 集　物流企业有何税收优惠？

本集提示：物流企业的特殊优惠政策是什么？
有没有什么法律依据？

本集撰稿：中财讯编辑部

本集人物：

物流公司会计　　税博士

税博士，您好！我们公司是一家物流企业，既从事仓储也提供运输服务，是一般纳税人，营改增以后是否可以选择简易征收方式缴纳增值税呢？

你可以按照税收法规的思路，在税收法规允许的范围内，选择简易征收方式缴纳增值税。

怎么操作呢？

营改增以后，试点纳税人中的一般纳税人提供的仓储服务、装卸搬运服务和收派服务，可以选择按照简易计税办法计算缴纳增值税。

税博士，我公司 2015 年营业总额是 5000 万元，其中提供国际货运代理服务收入 500 万元，怎么交增值税呢？

你公司应交增值税（5000－500）×11%=495（万元）。

难道那 500 万元就不用交增值税吗？税务机关认可吗？

根据财政部、国家税务总局的有关税收规定，纳税人提供国际货物运输代理服务免征增值税，所以那 500 万元，不计入计税基数。

哦，这样呀。现在随着网络的迅速发展，电商崛起，物流运输业也有了长足的进步。但相对的，我们公司的竞争环境也变得越来越激烈。在这种情况下，我们有没有什么特殊的优惠政策呢？

有的。自2015年1月1日起至2016年12月31日止，对物流企业自有的（包括自用和出租）大宗商品仓储设施用地，减按所属土地等级适用税额标准的50%计征城镇土地使用税。

我们公司与另一家物流企业共同使用面积为10000平方米的土地。我们用其中70%，他们用30%。除此之外，经有关部门批准，我们还在2015年8月新征用非耕地6000平方米。

你们共同使用土地所处地段的城镇土地使用税每平方米的年税额是多少钱?

每平方米4元。

新征用的呢?

每平方米2元。

你公司2015年应缴纳的城镇土地使用税为：

（10000×70%×4+6000×2÷12×4）×50%=16000（元）

嗯，这样可以节省一半的税负呢。

是的，用好政策，合理规划，利润最大嘛!

税博士，您说这么多，有法律依据吗?

你放心，绝不敢乱讲，有税收文件规定！那就是：财税〔2013〕106号和财税〔2015〕98号。

今天真是谢谢您啦，税博士！我要赶紧回去把这个好消息告诉我老板。

不客气，欢迎下次再来咨询!

政策链接

- 《财政部　国家税务总局关于继续实施物流企业大宗商品仓储设施用地城镇土地使用税优惠政策的通知》（财税〔2015〕98号）
- 《财政部　国家税务总局关于将铁路运输和邮政业纳入营业税改征增值税试点的通知》（财税〔2013〕106号）

第 20 集　盈余公积转增股本怎么交税？

本集提示：盈余公积转增股本如何缴纳个人所得税？
有没有什么税收优惠政策？

本集撰稿：吴健

本集人物：

科技公司会计

税博士

税博士，您好！今天特来向您请教一个税务问题。我们北京某电子科技发展有限公司昨天收到地税局通知，要求我们公司对用盈余公积等转增个人股本、缴纳个人所得税情况进行自查。请问盈余积累转增资本，个人股东没有取得现金收入，还要缴纳个人所得税吗？

是的，盈余公积等盈余积累转增资本会涉及个人所得税。请问，你们老板是以什么方式取得你们公司股权的？

老板是 2014 年 12 月 18 日，从张老板那以 1300 万元受让我们公司全部股权的。

收购股权时，公司账面所有者权益各项目分别是多少？

当时，公司账面所有者权益 1380 万元，其中实收资本 800 万元，法定公积金 100 万元，任意公积金和未分配利润两项合计 480 万元。

转增多少资本？

为发展需要，公司于 2015 年 8 月 18 日将原任意盈余公积和未分配利润 480 万元转增注册资本。这还要缴纳个人所得税吗？

是的，需要缴纳个人所得税。

怎么交呀？

留存收益转增注册资本，实际上是公司将盈余公积等向股东分配了股息、红利，股东再以分得的股息、红利增加注册资本。对属于个人股东分得再投入公司，即转增注册资本的部分应按照“利息、股息、红利所得”项目征收个人所得税。

有什么优惠政策吗？

由于股权收购价格1300万元低于净资产，企业原盈余积累580万元中，股权收购价格高于原股本800万元的差额500万元部分，盈余积累转增股本时，不征收个人所得税。

那么余下的80万元呢？

对于股权收购价格低于原所有者权益的差额80万元部分，应按照“利息、股息、红利所得”项目，按20%的税率征收个人所得税，即：

$80 \times 20\% = 16$（万元）

要是这么个缴法，那我们公司以留存收益480万元转增资本，余下的100万元没有转增，就不用缴纳个人所得税了吗？

你这个问题问得好！根据现行个人所得税政策的规定，个人股东以低于净资产价格收购企业全部股权后转增资本，应按照先转增应税的盈余积累部分，然后再转增免税的盈余积累部分。

什么是应税的盈余积累？

当新股东以低于净资产的价格收购公司全部股权时，企业原盈余积累中，对于股权收购价格减去原股本的差额部分，为免税的盈余积累；对于股权收购价格低于原所有者权益的差额部分，盈余积累转增股本时，应按规定征收个人所得税，此为应税的盈余积累。

您的意思是不是说，即使公司以480万元盈余积累转增资本，还要先就应税的盈余积累80万元，缴纳16万元的个人所得税？

你很聪明！依据税收法规的规定是这样的！

税博士，按您这么说，如果当初我们老板以高于公司账面净资产的价格1400万元收购公司全部股权后，再将公司原盈余积累转增资本，是否就不用缴个人所得税了呢？

依据现行个人所得税法相关规定，新股东以不低于净资产价格收购全部股权的，企业原盈余积累已全部计入股权交易价格，新股东取得盈余积累转增资本的部分，不征收个人所得税。

原来是这样啊！税博士，那我们老板缴完个人所得税后，持有我们公司股权的成本是否就可以相应增加了?

被投资企业以资本公积、盈余公积、未分配利润转增资本,个人股东已依法缴纳个人所得税的,以转增额和相关税费之和确认其新转增股本的股权原值。

按您的说法,是不是公司以480万元留存收益转增股本,只能以缴纳了个人所得税的80万元,增加老板的持股成本,另外400万元不得增加成本?

是的。转增资本后老板新的持股成本是:1300+80=1380(万元)。

啊!明白了!

我还要补充一点,留存收益转增实收资本,你老板应缴的个人所得税,由你公司在有关部门批准增资、公司股东会决议通过后代扣代缴。

税博士,您说这么多,有法律依据吗?

你放心,绝不敢乱讲,有国家税务总局文件规定!那就是:国税函〔1998〕333号、国家税务总局公告2013年第23号以及国家税务总局公告2014年第67号。

非常感谢您!我去给老板交差啦!

不客气!欢迎有问题再来咨询,再见!

政策链接

- 《国家税务总局关于发布〈股权转让所得个人所得税管理办法(试行)〉的公告》(国家税务总局公告2014年第67号)
- 《国家税务总局关于个人投资者收购企业股权后将原盈余积累转增股本个人所得税问题的公告》(国家税务总局公告2013年第23号)
- 《国家税务总局关于转增注册资本征收个人所得税问题的批复》(国税函〔1998〕333号)

第 21 集 购置小排量车有何税收优惠?

本集提示：购置小排量车的购置税优惠应该如何计算?

什么时候缴纳车辆购置税，有无时间限制?

本集撰稿：中财讯编辑部

本集人物：

外企会计

税博士

税博士，您好！我们公司是一家外企，近期打算进口 2 辆汽车自用，不知道是否有税收优惠政策?

2015 年 10 月 1 日起，为了保护环境，国家对购置 1.6 升及以下排量乘用车减按 5% 的税率征收车辆购置税。

该政策也适用于进口车辆吗?

当然，购置不仅指的是购买使用行为，也包括进口使用行为、自产使用行为、受赠使用行为、获奖使用行为以及拍卖、抵债、走私、罚没等方式取得并使用的行为。

具体怎么计算呢?

进口自用应税车辆应纳税额 =（关税完税价格 + 关税 + 消费税）× 税率

我公司打算进口两辆 MM 汽车，经报关地海关对有关资料的审查，确定该车辆的完税价格为每辆 185000 元人民币，海关按关税政策规定每辆征收关税 203500 元，并按消费税、增值税有关规定分别代征每辆汽车的进口消费税 11655 元和增值税 66045 元。这要怎么交税呢?

根据上面所说的计税依据，计税价格 =（关税完税价格 + 关税 + 消费税）=（185000+203500+11655）×2=800310（元）。

如果你们买的这个 MM 车是 1.6 升及以下排量乘用车就可以减按 5% 的税率征收车辆购置税。也就是应纳税额 =800310×5%=40015.5（元）。

哦，这样就比税率 10% 的时候省了一半的钱呢！那我们要办理什么手续吗？

要的。你们在办理车辆购置税减税手续时，要如实填写纳税申报表和车辆购置税免（减）税申报表。由主管税务机关对纳税资料进行审核，确定计税依据，征收税款，核发完税证明。征税车辆在完税证明征税栏加盖车购税征税专用章，完税后，由税务机关保存有关复印件，并对已经办理纳税申报的车辆建立车辆购置税征收管理档案。

哦，这么复杂呀！那我们什么时候缴纳车辆购置税呢？

其实看上去复杂，属于你们公司自己做的事情并不多。至于何时缴纳，就看你们公司什么时候向公安机关等车辆管理机构办理车辆登记注册手续了，必须在办理车辆登记注册手续之前，缴纳车辆购置税。

有没有具体时间限制呢？

纳税人购买自用的应税车辆，自购买之日起 60 日内申报纳税；像你们公司进口自用的应税车辆，就要自进口之日起 60 日内申报纳税；当然了，这个“进口之日”就是指你们报关进口的当天。

哦，我知道了。对了，近来国务院关于取消非行政许可审批事项的通知中是否包含这一项呢？

不包括的。你们公司可以自报核缴，自行计算应纳税额、自行填报纳税申报表有关资料，向主管税务机关申报，经税务机关审核后，开具完税证明，拿着完税凭证向当地金库或者金库经收处缴纳税款。

税博士，您说这么多，有法律依据吗？

有税收文件规定！那就是：财税〔2015〕104 号和《车辆购置税征收管理办法》。

今天真是谢谢您啦，税博士！我要赶紧回去把这个好消息告诉我老板。

不客气，欢迎下次再来咨询！

政策链接

- 《财政部　国家税务总局关于减征 1.6 升及以下排量乘用车车辆购置税的通知》（财税〔2015〕104 号）

第 22 集　高新企业怎么享受税收优惠?

本集提示：认定为高新技术企业除了拥有自主知识产权以外还必须满足哪些条件?

如何计算所得税优惠?

本集撰稿：中财讯编辑部

本集人物：

软件公司会计

税博士

税博士，您好！我们公司是一家软件开发有限公司，主要从事管理软件开发、软件产品实施和 IT 咨询服务等。近来，我公司研发的一款拥有自主知识产权的新财务软件，销售量还不错，想知道在税收方面有什么优惠政策吗?

你公司开发的财务软件属于《国家重点支持的高新技术领域》规定的范围，但是还得了解一下具体情况才知道有没有税收优惠。你们去年卖这款软件的年销售收入是多少? 还有研究开发费用花了多少钱?

去年这款软件一共卖了大概 3000 万元，研究开发费用花了 210 万元。

从研发到完成的费用都是在中国境内发生的吗?

不是的，我们公司成立 4 年了，研究开发这款新软件在国外请了知名专家做指导花了 30 万元，大概占总费用的 14% 左右。

那你们公司去年全年的总收入是多少?

去年我们公司总收入为 4600 万元，总成本是 600 万元。

那你们有多少科技人员?

我们公司有 120 名员工，具有大学专科以上学历科技人员 42 人，占职工总数的 35%。其中研发人员有 20 人，大概占职工总数的 17%。

根据高新技术企业优惠政策的相关规定，国家需要重点扶持的高新技术企业，是指拥有核心自主知识产权，并同时符合下列条件的企业：

1. 产品（服务）属于《国家重点支持的高新技术领域》规定的范围。

2. 研究开发费用占销售收入的比例不低于规定比例。

（1）最近一年销售收入小于 5000 万元的企业，比例不低于 6%。

（2）最近一年销售收入在 5000 万元至 20000 万元的企业，比例不低于 4%。

（3）最近一年销售收入在 20000 万元以上的企业，比例不低于 3%。

其中，企业在中国境内发生的费用总额占全部研发费用总额的比例不低于 60%。企业注册成立时间不足 3 年的，按实际经营年限计算。

3. 高新技术产品（服务）收入占企业当年总收入的 60% 以上。

4. 科技人员占企业职工总数的比例不低于 30%，其中研发人员占企业当年职工总数的 10% 以上。

5. 高新技术企业认定管理办法规定的其他条件。

根据刚刚你的描述，你公司属于国家重点扶持的高新技术企业，可以减按 15% 的税率征收企业所得税。

真的吗？那太好了。也就是说我们公司应缴纳的企业所得税额 =（4600-600）×15%=200（万元）。

是的，而且不止这些。如果你公司的研发费用符合法定条件，还可以按 50% 加计扣除，《企业所得税法》第三十条规定，企业的下列支出情况可以在计算应纳税所得额时加计扣除：（一）开发新技术、新产品、新工艺发生的研究开发费用；《企业所得税法实施细则》第九十五条规定，企业所得税法第三十条第（一）项所称研究开发费用的加计扣除是指企业为开发新技术、新产品、新工艺发生的研究开发费用情况未形成无形资产计入当期损益的，在按照规定据实扣除的基础上按照研究开发费用的 50% 加计扣除，形成无形资产的，按照无形资产成本加计 50% 摊销。

那就是说还可以多扣除 210×50%=105（万元）？

是的。你们应缴纳的企业所得税变成（4600－600－105）×15=584.25（万元）。

哇，这太好了。我要赶紧回去把这个好消息告诉我老板，今天真是谢谢您啦，税博士！

不客气，欢迎下次再来咨询！

第 23 集 存货损失如何在税前扣除？

本集提示：企业的资产损失申报都有哪些申报方式？

不同的申报方式都适用哪些情况？

撰稿专家：秦豪

本集人物：

企业会计

税博士

税博士，您好！

您好，有什么可以帮您的吗？

我想咨询一下存货损失的所得税处理问题。

请讲。

是这样，我们公司有一批原材料已经过了保质期，准备报废，我想咨询一下所得税方面有什么要求，是不是在公司账簿上确认损失就行了？

仅仅在企业账簿上确认损失肯定是不行的。原材料的过期报废属于资产损失。企业的资产损失在所得税上分为两种，一种是实际资产损失，指企业在实际处置、转让上述资产过程中发生的合理损失，另一种是法定损失，指企业虽未实际处置、转让上述资产，但符合特定条件计算确认的损失。不管哪种损失，企业都应该按规定的程序和要求向主管税务机关申报后方能在税前扣除。没有经申报的损失，不得在税前扣除。

那我们该怎么申报呢？公司原材料报废已经蒙受损失了，要是不能税前扣除就太冤枉了。

企业的资产损失申报有两种方式，一种是清单申报，另一种是专项申报。

什么是清单申报，什么是专项申报？

清单申报的资产损失，企业可按会计核算科目进行归类、汇总，然后再将汇总清单报送税务机关，有关会计核算资料和纳税资料留存备查，不用报送给税务机关，比较简单；专项申报的资产损失，企业应逐项报送申请报告，不能汇总，同时附送会计核算资料及其他相关的纳税资料，要求比较严格。

清单申报听起来比较简单易行，专项申报要复杂些。有哪些资产损失能以清单申报的方式进行呢？

资产损失以清单申报的方式向税务机关申报扣除包括：

（一）企业在正常经营管理活动中，按照公允价格销售、转让、变卖非货币资产的损失；

（二）企业各项存货发生的正常损耗；

（三）企业固定资产达到或超过使用年限而正常报废清理的损失；

（四）企业生产性生物资产达到或超过使用年限而正常死亡发生的资产损失；

（五）企业按照市场公平交易原则，通过各种交易场所、市场等买卖债券、股票、期货、基金以及金融衍生产品等发生的损失。

清单申报以外的资产损失，应以专项申报的方式向税务机关申报扣除。

我们的原材料过期报废应该按照哪种方式申报呢？

你能详细介绍一下原材料报废的情况吗？

是这样，我们公司是生产饮料的，报废的是一批塑料瓶盖，这批瓶盖是为几年前推出的一种新型饮料生产的，但是由于新产品的销路不好，瓶盖也没有用完，后来新产品不再生产了，由于塑料的特性，这批瓶盖尽管外观看起来还完好，但是按照食品安全的规定已经不能再用了。

我明白了，这属于专项申报的范畴。

专项申报呀？那我们申报需要准备哪些资料呀？

企业要准备的资料有：

（一）有关会计核算资料和原始凭证以及关于存货报废情况说明及核销资料；

（二）企业内部技术鉴定部门的鉴定文件或资料；

（三）企业内部核批文件及有关情况说明；

（四）法定代表人、企业负责人和企业财务负责人对特定事项真实性承担法律责任的声明；

（五）如果损失数额较大（指占企业该类资产计税成本10%以上，或减少当年应纳税所得、增加亏损10%以上，下同），企业还应准备专业技术鉴定意见或法定资质中介机构出具的专项报告。

我知道了，除了这些，关于申报损失还有没有其他需要注意的涉税方面的要求？

企业还应当建立健全资产损失内部核销管理制度，及时收集、整理、编制、审核、申报、保存资产损失税前扣除证据材料，方便税务机关检查，这也是税务机关检查的重点。

如果我们的存货损失是因为被盗或者火灾原因引起的，是不是提供的资料也是这些？

引起资产损失的原因不同，提供的资料也会有所不同，比如火灾，如果资产已经投过保的话，保险公司会赔偿吧，那么你的资料里面就必须包括保险公司理赔的相关资料。你如果感兴趣的话，具体的要求可以参见财税〔2009〕57号和国家税务总局公告2011年第25号。

税博士，我再请教一下，这批报废的原材料进项税额要不要转出呀？

按增值税暂行条例及其细则规定，肯定不用转出。

太好了，我一定要学习一下。谢谢您，税博士。

不客气，欢迎有问题再来咨询，再见！

政策链接

- 《国家税务总局关于发布〈企业资产损失所得税税前扣除管理办法〉的公告》（国家税务总局公告2011年第25号）
- 《财政部　国家税务总局关于企业资产损失税前扣除政策的通知》（财税〔2009〕57号）

第 24 集　个人股权置换如何纳税？

本集提示：股权置换是怎么运作的？

股权置换的流程是什么？

个人股权置换如何计算缴纳所得税？

本集撰稿：秦梁红

本集人物：

公司会计 

税博士 

税博士，您好！今天特意来向您咨询一个有关个人股权置换的税收问题。

不客气，请讲。

我公司大股东王先生是国内自然人，2012 年 12 月公司成立，他投资 900 万元，占股 90%，其他 5 人投资 100 万元，占股 10%，公司经过几年的打拼，截至 2015 年 10 月有未分配利润 1500 万元。2015 年 11 月某上市公司将收购王先生 60% 股权，上市公司不支付现金给王先生，而是以定向增发股票作为受让股权对价，王先生也成了上市公司的股东，这样的情况我原来没有接触过，特来向您求教。

您说的这种情形，属于我们通常所说的定向增发股票，属于股权置换。

这种股权置换是怎么运作的，我一点也不清楚，您能不能具体说说？

好的。股权置换其目的通常在于引入战略投资者或合作伙伴。通常股权置换不涉及控股权的变更。股权置换的结果是：实现公司控股股东与战略伙伴之间的交叉持股，以建立利益关联。实践中有三种方式，即股权置换、股权置换 + 现金或股权置换 + 资产。刚才您介绍的公司情况，就属于不带现金或资产的纯粹的股权置换。股权之间置换不需要支付任何现金，从而有效降低了财务上的风险。通常发生在有优势互补需要的企业之间。就像现在，王先生将持有的你公司股权换成上市公司的股权，成为上市公司的股东；而上市公司也成为你公司的控股股东。

哦，我明白了。那请问具体该怎么操作？

股权置换按以下流程进行：

第一，上市公司召开股东大会，决议增发新股。

第二，你公司召开股东大会，对王先生将其持有你公司的60%股权转让给上市公司作出决议。

第三，聘请中介机构对王先生持有你公司的股权进行资产评估。

第四，王先生与上市公司签署股权转让协议。上市公司聘请中介机构对王先生的股权进行验资。

第五，你公司办理工商变更登记，向上市公司颁发股东出资证明，并将上市公司纳入股东名册。与此同时，上市公司办理变更登记，向王先生颁发股东出资证明，并将王先生纳入股东名册。

情况还很复杂呢！我们公司还要进行资产评估啊！为什么呀？

主要是为了证明交易双方股权交易价格的公允性。

上市公司已经聘请中介机构对我公司进行资产评估，估值1个亿。听说王先生还要交个人所得税，所以派我来咨询清楚。

是的，根据税法相关规定，自然人以其所持该公司股权评估增值后，参与上市公司定向增发股票，属于股权转让行为，其取得所得，应按照“财产转让所得”项目缴纳个人所得税。

交多少所得税？怎么计算呢？

根据规定，个人转让股权，以股权转让收入减除股权原值和合理费用后的余额为应纳税所得额，按“财产转让所得”缴纳个人所得税。假如评估价值1亿元，交易合理费用为50万元，则王先生缴纳个人所得税 =（6000－600－50）×20%=1070（万元）。

啊，这么多呀！王先生股权进行置换，变成上市公司股东，又没有取得现金，哪有这么多钱拿来交税呀！

你别急，针对这种情况，国家出台了新的政策，对王先生非常实用。

真好，税博士，您快讲讲什么好政策！

王先生与上市公司之间的股权置换，实际上是王先生以持有你公司的股权对上市公司进行投资。对于王先生来说，这也属于非货币性资产对外投资。根据税法相关规定，纳税人非货币性资产投资可以分 5 年期限缴纳个人所得税。

怎么办理？太好了！

根据规定，纳税人非货币性资产投资需要分期缴纳个人所得税的，应于取得被投资企业股权之日的次月 15 日内，自行制定缴税计划并向主管税务机关报送《非货币性资产投资分期缴纳个人所得税备案表》、纳税人身份证明、投资协议、非货币性资产评估价格证明材料、能够证明非货币性资产原值及合理税费的相关资料。

啊，太好了！这下王先生不用着急了，我可以回去汇报了。税博士，您说的这些，有法律依据吗？

你放心，绝不敢乱讲，有税收文件规定！国家税务总局公告 2014 年第 67 号、国税函〔2011〕89 号、财税〔2015〕41 号、国家税务总局公告 2015 年第 20 号等文件有具体规定。

非常感谢您！

不客气！欢迎再来咨询，再见！

政策链接

- 《财政部　国家税务总局关于个人非货币性资产投资有关个人所得税政策的通知》（财税〔2015〕41 号）
- 《国家税务总局关于个人非货币性资产投资有关个人所得税征管问题的公告》（国家税务总局公告 2015 年第 20 号）
- 《国家税务总局关于发布〈股权转让所得个人所得税管理办法（试行）〉的公告》（国家税务总局公告 2014 年第 67 号）
- 《国家税务总局关于个人以股权参与上市公司定向增发征收个人所得税问题的批复》（国税函〔2011〕89 号）

第 25 集　个人股权转让如何纳税？

本集提示：个人股权转让办理纳税的方式有哪几种，如何办理？
转让过程中价格明显偏低的情况有哪些？
去税务机关申报需要准备哪些资料？

本集撰稿：秦梁红

本集人物：

公司会计

税博士

税博士，您好！向您请教一个税务上的问题！我公司最近股东正在发生变动，大股东有意转让一部分股权，听说这种行为需要缴纳个人所得税是吗？

是的，根据国家相关规定，发生股权出售行为应当缴纳个人所得税。除此之外，还包括：公司回购股权；发行人首次公开发行新股时，被投资企业股东将其持有的股份以公开发行方式一并向投资者发售；股权被司法或行政机关强制过户；以股权对外投资或进行其他非货币性交易；以股权抵偿债务；其他股权转移行为。

那我该如何办理呢？

根据规定，办理纳税分两种方式：

第一种方式是：先履行纳税义务再办理股权变更登记手续。也就是说，你公司股权交易各方在签订股权转让协议并完成股权转让交易以后至企业变更股权登记之前，应到主管税务机关办理纳税申报，并持税务机关开具的股权转让所得缴纳个人所得税完税凭证或免税、不征税证明，到工商行政管理部门办理股权变更登记手续。

第二种方式是股权变更登记与纳税申报同时进行。也就是说，如果你公司股权交易各方已签订股权转让协议，但未完成股权转让交易的，那么在向工商行政管理部门申请股权变更登记时，应填写《个人股东变动情况报告表》并向主管税务机关申报。

老板缴纳个人所得税应该在哪里办理？是在我公司的主管税务机关吗？

根据规定，个人股东股权转让所得个人所得税以发生股权变更企业所在地税务机关为主管税务机关，纳税人或扣缴义务人应到主管税务机关办理纳税申报和税款入库手续。所以应在你公司的主管税务机关办理申报缴纳。

老板当初成立公司时投资1000万元，经过几年的打拼积累，公司估值5000万元，但卖价只有4600万元。这个税该如何算呀？

个人转让股权，以股权转让收入减除股权原值和合理费用后的余额为应纳税所得额，按“财产转让所得”缴纳个人所得税。合理费用是指股权转让时按照规定支付的有关税费，假如合理费用是50万元，那么应缴纳个人所得税 =（5000－1000－50）×20%=790（万元）。

为什么是5000万元，而不是4600万元呢？老板只收到4600万元呀！

根据税法相关规定，申报的股权转让收入明显偏低且无正当理由的，税务机关有权进行调整。

什么是价格明显偏低？您详细说说！

像您刚才说的情况，申报的股权转让收入低于股权对应的净资产份额，属于价格明显偏低。并且如果你公司拥有土地使用权、房屋、房地产企业未销售房产、知识产权、探矿权、采矿权、股权等资产的，申报的股权转让收入低于股权对应的净资产公允价值份额的，这更是价格明显偏低。这时，这些资产还要经过资产评估，取得评估报告。

什么情况属于正当理由？您有什么好办法？

税法规定，符合下列条件之一的股权转让收入明显偏低，视为有正当理由：

1. 能出具有效文件，证明被投资企业因国家政策调整，生产经营受到重大影响，导致低价转让股权；

2. 继承或将股权转让给其能提供具有法律效力身份关系证明的配偶、父母、子女、祖父母、外祖父母、孙子女、外孙子女、兄弟姐妹以及对转让人承担直接抚养或者赡养义务的抚养人或者赡养人；

3. 相关法律、政府文件或企业章程规定，并有相关资料充分证明转让价格合理且真实的本企业员工持有的不能对外转让股权的内部转让；

4. 股权转让双方能够提供有效证据证明其合理性的其他合理情形。

明白了，我公司老板是将他的股权转让给战略合作者，所以股权转让价格不得低于5000万元！但如果是转让给他的子女等，就可以低于5000万元。那么，我去税务机关申报，都要准备些什么资料证明啊？

根据规定，纳税人、扣缴义务人向主管税务机关办理股权转让纳税（扣缴）申报时，还应当报送以下资料：

1. 股权转让合同（协议）；

2. 股权转让双方身份证明；

3. 按规定需要进行资产评估的，需提供具有法定资质的中介机构出具的净资产或土地房产等资产价值评估报告；

4. 计税依据明显偏低但有正当理由的证明材料；

5. 主管税务机关要求报送的其他材料。

这些文件准备好后，我什么时间去申报缴纳呢？

根据规定，你公司应当在董事会或股东会结束后5个工作日内，向主管税务机关报送与股权变动事项相关的董事会或股东会决议、会议纪要等资料。你公司发生个人股东变动或者个人股东所持股权变动的，应当在次月15日内向主管税务机关报送含有股东变动信息的《个人所得税基础信息表（A表）》及股东变更情况说明。主管税务机关应当及时向被投资企业核实其股权变动情况，并确认相关转让所得，及时督促你们履行法定义务。

税博士，如果我没有按时去税务机关主动申报，会有麻烦吗？

是的，根据规定，税务机关会定期与工商部门进行信息交换，因此你没有按规定申报缴纳税款，则会存在补缴税款并加收滞纳金的风险。如果税额较大，那么按日加收万分之五的滞纳金也会是一个不小的数目。还是按规定自行申报为妥。

啊，税博士，我今天收获很大。您说的这些，有法律依据吗？

你放心，绝不敢乱讲，有税收文件规定！国家税务总局公告2014年第67号有具体规定。

非常感谢您！我终于明白了。

不客气！欢迎再来咨询，再见！

第 26 集 个人股权转让后反悔怎么纳税?

本集提示：个人股权转让以后，反悔该怎么办？

收到政府奖励资金，如何进行账务处理？

本集撰稿：秦梁红

本集人物：

公司会计 

税博士 

税博士，您好！上次向您咨询了股权置换问题，受益匪浅，现在又发生了一些没想到的情况，再来咨询您。

什么情况？

我公司大股东赵先生 2015 年 10 月将成本为 1000 万元的股份卖给其他人钱女士，售价 5000 万元。由于公司是政府支持的重点项目，2015 年 6 月政府按照项目进度和贡献，要拨付 360 万元作为奖励，但是至今还没有收到。于是他们双方约定，将来政府拨付的 360 万元归赵先生所有。在这样的情况下，股权变更手续已经办理完毕，并且赵先生按规定缴纳了个人所得税（5000–1000）× 20%=800（万元）。现在赵先生说，他吃了大亏，卖得很不划算，要求将公司价值 300 万元的宝马车给他，如果不同意，他可以付给钱女士赔偿金 200 万元，收回股权。

这样的情况，我该怎么进行处理呀？如果钱女士退钱还股，赵先生之前缴纳的个人所得税 800 万元，可以退回吗？

啊！这个问题还真有些复杂。

首先回答你是否可以退税的问题。

根据税法相关规定，股权转让合同履行完毕、股权已做变更登记，且所得已经实现的，转让人取得的股权转让收入应当依法缴纳个人所得税。转让行为结束后，当事人双方签订并执行解除原股权转让合同、退回股权的协议，是另一次股权转让行为，对前次转让行为征收的个人所得税不予退回。

照您说的意思，这已经缴纳的 800 万元，是不可能退回来了？

是的，如果他们双方解除原股权转让合同、退回股权，并且付给钱女士赔偿金，去工商行政管理机关将股东变更回来，应该算是另一次股权转让行为，按照规定赵女士要缴纳个人所得税 200×20%=40（万元）。

钱女士知道要缴这么多税，不知会怎样想。有别的好办法吗？

双方合同已履行完毕，看来没什么可以挽回的。

此外，你刚才说，2015 年 6 月政府按照项目进度和贡献，要拨付 360 万元作为奖励，但是赵先生至今还没有收到。

这 360 万元，与个人所得税有关系吗？

当然有关系啊！根据税法相关规定，转让方取得与股权转让相关的各种款项，包括违约金、补偿金以及其他名目的款项、资产、权益等，均应当并入股权转让收入。这 360 万元奖励资金就属于其他名目的款项，应当并入股权转让收入。在收到时补充申报缴纳个人所得税。

啊！赵先生知道了，一定会更后悔啊！

还有，如果他将价值 300 万元的宝马车开回家的话，一样要补交个人所得税 300×20%=60（万元）。

因为，刚才说了，股权转让收入，包括违约金、补偿金以及其他名目的款项、资产、权益等，宝马车属于资产，所以要补税。

这样啊！赵先生要哭啦！税博士，作为公司财务人员，收到政府奖励资金，我该如何进行账务处理呀？这 360 万元是要付给赵先生的。

根据税法相关规定，除属于不征税收入外，在收到时计入营业外收入，按规定缴纳企业所得税。

公司收到这笔款项，根据股权转让合同约定，是要支付给赵先生的，怎么公司还要缴纳企业所得税呢？

这要还原该经营活动的本来面目，该笔奖励资金是政府按照约定奖励给公司的，而不是奖励给个人股东赵先生的。所以，公司在收到此笔奖励资金时，应按照会计准则相关规定，计入营业外收入，计算缴纳企业所得税。

该笔资金缴纳企业所得税后，支付给赵先生时，应扣缴个人所得税。

该笔资金缴纳企业所得税后，只剩下360×（1-25%）=270（万元），而公司支付给赵先生360万元，是不是多支付了？

这是两者之间的价格博弈问题。如果赵先生获得了360万元的后续经济利益，应该按规定按照360×20%=72（万元）缴纳个人所得税。

那么宝马车开走了，我该如何做会计处理？

宝马车属于公司资产，首先在会计处理上，要进行固定资产清理的核算，按规定缴纳增值税，并且将相关损失转向钱女士收回。会计分录为

借：其他应收款

贷：固定资产清理

哦，税博士，您说的这些，有法律依据吗？

你放心，绝不敢乱讲，有税收文件规定！国家税务总局公告2014年第67号、国税函〔2005〕130号等文件有具体规定。

税博士，所有问题都咨询清楚了，对我帮助很大，更重要的是，搞明白了股权转让中一些附加条件的情况如何处理。我先回去汇报，看老板怎么考虑。非常感谢您！

不客气！欢迎再来咨询，再见！

政策链接

- 《国家税务总局关于发布〈股权转让所得个人所得税管理办法（试行）〉的公告》（国家税务总局公告2014年第67号）
- 《国家税务总局关于纳税人收回转让的股权征收个人所得税问题的批复》（国税函〔2005〕130号）

第 27 集　企业分立该如何纳税？

本集提示：什么是企业分立？

企业分立如何作出财税处理？

本集撰稿：秦梁红

本集人物：

公司会计

税博士

税博士，您好！今天特意来向您咨询一个税收问题。我公司最近将进行业务调整，将一部分经营业务剥离，成立另一家新的企业。因为我第一次处理这样的情况，特意来向您求教。

您说的这种情形，属于我们通常所说的企业分立。

您能不能给我具体说说。

好的。企业分立是指一个企业，依照有关法律、法规的规定，分立为两个或两个以上的企业。其中，原企业解散，分立出的各方分别设立为新的企业，为新设分立（也称解散分立）；原企业存续，而其中部分分出设立为一个或数个新的企业，为派生分立（也称存续分立）。根据你说的情况，你公司属于派生分立，也称存续分立。

哦，这点我明白了。

一定要注意，企业不论采取何种方式分立，均不需要经过清算程序。分立前企业的债权和债务，按法律规定和分立协议约定，由分立后的企业继承。总之，原企业从本质上并没有消失，只是换了一种法律形式持续着企业的经营活动。

那该怎么操作？

公司法规定，公司分立，其财产作相应的分割。公司分立，应当编制资产负债表及财产清单。公司应当自作出分立决议之日起10日内通知债权人，并于30日内在报纸上公告。公司分立前的债务由分立后的公司承担连带责任。公司合并或者分立，登记事项发生变更的，应当依法向公司登记机关办理变更登记。

我想知道如何作出财税处理？都要缴纳哪些税收？

举个案例来说吧！假如你公司净资产1亿元，但是公司有一块土地，占公司资产的25%，这时根据规定需要对公司资产评估，经评估价值5亿元，公司拥有股东A、B、C、D四个，各占比25%。现在公司进行分立，部分资产需要过户到新设立的公司，涉及的税收，听我一个一个说啊！

第一个流转税：根据税法相关规定，纳税人在资产重组过程中，通过合并、分立、出售、置换等方式，将全部或者部分实物资产以及与其相关联的债权、负债和劳动力一并转让给其他单位和个人，不属于增值税的征税范围，其中涉及的货物转让，不征收增值税。其中涉及的不动产、土地使用权转让，不征收营业税。

哦，不存在流转税问题。如果有房屋土地要过户，需要缴纳契税和土地增值税吗？

根据税法相关规定，公司依照法律规定、合同约定分设为两个或两个以上与原公司投资主体相同的公司，对派生方、新设方承受原企业土地、房屋权属，免征契税。

按照法律规定或者合同约定，企业分设为两个或两个以上与原企业投资主体相同的企业，对原企业将国有土地、房屋权属转移、变更到分立后的企业，暂不征土地增值税。

哦，契税可以免征、土地增值税可以暂不征收。但是我不太明白什么是投资主体相同，请解释一下，好吗？

好的，比如你公司分立前投资主体有四个股东A、B、C、D，分立后两个公司的股东还是A、B、C、D四个，并且占比没变。这就是企业投资主体相同。特别注意股东所占投资比例没有变化。

哦，明白了！

另外要注意，土地增值税可以暂不征收，不包括房地产企业。

税博士，需要缴纳所得税吗？

分立公司从被分立企业中派生出来，在工商登记时是按新设公司处理的（但税法不作为新设公司处理），应当按照资产、负债的公允价（评估价）入账。但在计算所得税时如果符合特殊重组的条件，应以原历史成本为原则确定计税基础。

我在中财讯听课，了解特殊重组又叫免税重组，但是我没有实际处理过这样的业务，您能说得具体些吗？

如果符合特殊重组的条件，企业按照账面原价计提折旧，按照计税基础计算税法折旧，每一纳税年度会计折旧大于税法折旧的金额应当作纳税调增处理。

哦，明白了。

但是，特殊性税务处理也要符合投资主体相同的条件，即在分立企业，原来的股东一个也不能少，否则就属于一般性税务处理，要计算缴纳所得税。

特殊性税务处理，老师讲的是企业所得税的处理。我们公司有一位股东是自然人，他是缴纳个人所得税的，他分立出来的资产评估增值了，能否适用特殊性税务处理呢？

根据税法相关规定，投资主体中存在自然人股东，同样可以适用特殊性税务处理。法人股东免纳企业所得税，而自然人股东缴纳个人所得税不能免。

具体如何操作？

自然人股东 A 原投资成本 2500 万元，占比 25%，假如按净资产 50% 进行分立，即 2.5 亿元分立出去，则 A 缴纳个人所得税 =（25000 × 25% − 2500 × 50%）× 20% = 1000（万元）。A 股东缴纳 1000 万元税后，他在分立企业中的投资成本（税收）是 6250 万元。

终于搞明白啦，回去好向老板汇报。税博士，您说的这些，有法律依据吗？

你放心，绝不敢乱讲，有税收文件规定！国家税务总局公告 2011 年第 13 号、国家税务总局公告 2011 年第 51 号、财税〔2012〕4 号、财税〔2015〕5 号等文件有具体规定。

非常感谢您！

不客气！欢迎再来咨询，再见！

政策链接

- 《财政部　国家税务总局关于企业改制重组有关土地增值税政策的通知》（财税〔2015〕5号）
- 《财政部　国家税务总局关于企业事业单位改制重组契税政策的通知》（财税〔2012〕4号）
- 《国家税务总局关于纳税人资产重组有关营业税问题的公告》（国家税务总局公告2011年第51号）
- 《国家税务总局关于纳税人资产重组有关增值税问题的公告》（国家税务总局公告2011年第13号）

第 28 集　支付违约金是否代扣个人所得税?

本集提示：“经国务院财政部门确定征税的其他所得”有哪些？

支付违约金是否要代扣个人所得税？

本集撰稿：徐桂鸣

本集人物：

房产企业会计

税博士

税博士，您好。我是一家房产企业的办税人员。我想咨询一个关于个人所得税的问题。

好的！请你把具体情况详细描述一下，以便我准确为你解答。

具体情况是，我公司去年在预售房地产时承诺所有业主“五一”节正式交房，但因为在房产验收环节部分指标不达标（有验房报告），导致我公司违约，按照售房合同我们房产公司需要向已签约业主支付一笔金额较大的违约金，请问，我公司所支付的违约金是否需要代扣代缴个人所得税？

根据你刚才所讲述的情况，针对你公司因房产验收不达标导致支付给签约业主的违约金无需缴纳个人所得税。

税博士，我在咨询我们当地有关地税部门时，得到的答复是需要我们公司就上述违约金代扣代缴个人所得税，而且还说有税收政策依据。

那你把你们当地税务部门所说的政策依据告诉我一下，好吗？谢谢！

我们当地有关地税部门所说的政策依据是《国家税务总局关于个人取得解除商品房买卖合同违约金征收个人所得税问题的批复》（国税函〔2006〕865 号）。

《国家税务总局关于个人取得解除商品房买卖合同违约金征收个人所得税问题的批复》（国税函〔2006〕865 号）文件是这样规定的：商品房买卖

过程中，有的房地产公司因未协调好与按揭银行的合作关系，造成购房人不能按合同约定办妥按揭贷款手续，从而无法缴纳后续房屋价款，致使房屋买卖合同难以继续履行，房地产公司因双方协商解除商品房买卖合同而向购房人支付违约金。根据个人所得税法的有关规定，购房个人因上述原因从房地产公司取得的违约金收入，应按照“其他所得”应税项目缴纳个人所得税，税款由支付违约金的房地产公司代扣代缴。

根据上述文件规定，你们公司的违约原因不是“因未协调好与按揭银行的合作关系，造成购房人不能按合同约定办妥按揭贷款手续，从而无法缴纳后续房屋价款，致使房屋买卖合同难以继续履行”，而是因其他原因导致房屋买卖合同难以继续履行。也就是说你公司的签约业主取得的违约金或赔偿金，与国税函〔2006〕865号文件所特指的情况不一致，不能按照“其他所得”应税项目由支付违约金的房地产企业代扣代缴个人所得税。

噢！但是我们当地税务部门的解释说，我公司所支付的违约金在性质上与国税函〔2006〕865号文件所指的情况是一致的，也属于“经国务院财政部门确定征税的其他所得”。

根据《中华人民共和国个人所得税法》及其实施细则规定，只有经国务院财政部门确定征税的所得项目，才需要缴纳个人所得税。

哦！谢谢。那请教税博士，能否告诉我截止到目前关于“经国务院财政部门确定征税的其他所得”有哪些？

好的，共有十项内容，我按照时间顺序告诉你：

第一项，《国家税务总局关于对中国科学院院士荣誉奖金征收个人所得税问题的复函》（国税函发〔1995〕351号）文件规定，对中国科学院院士荣誉奖金，应按《中华人民共和国个人所得税法》的其他所得应税项目，依20%的比例税率计征个人所得税。

第二项，《财政部　国家税务总局关于银行部门以超过国家利率支付给储户的揽储奖金征收个人所得税问题的批复》（财税字〔1995〕64号）文件规定，对银行部门以超过国家规定利率和保值贴补率支付给储户的揽储奖金，应按经国务院财政部门确定征税的其他所得应税项目征收个人所得税。

第三项，《国家税务总局关于未分配的投资者收益和个人人寿保险收入征收个人所得税问题的批复》（国税函发〔1998〕546号）文件规定，对保险公司按投保金额，以银行同期储蓄存款利率支付给在保期内未出险的人寿保险保户的利息（或以其他名义支付的类似收入），按“其他所得”应税项目征收个人所得税，税款由支付利息的保险公司代扣代缴。

第四项，《国家税务总局关于个人所得税有关政策问题的通知》（国税发〔1999〕58号）文件规定，对于个人因任职单位缴纳有关保险费用而取得的无赔款优待收入，按照其他所得应税项目计征个人所得税。

第五项，《国家税务总局关于股民从证券公司取得的回扣收入征收个人所得税问题的批复》（国税函〔1999〕627号）文件规定，对于股民个人从证券公司取得的此类回扣收入或交易手续费返还收入，应按照《中华人民共和国个人所得税法》第二条第十一项“经国务院财政部门确定征税的其他所得”项目征收个人所得税。

第六项，《国家税务总局关于个人所得税有关问题的批复》（国税函〔2000〕57号）文件规定，部分单位和部门在年终总结、各种庆典、业务往来及其他活动中，为其他单位和部门的有关人员发放现金、实物或有价证券。对个人取得该项所得，应按照《中华人民共和国个人所得税法》中规定的“其他所得”项目计算缴纳个人所得税。

第七项，《财政部　国家税务总局关于个人所得税有关问题的批复》（财税〔2005〕94号）文件规定，个人为单位或他人提供担保获得报酬，应按照个人所得税法规定的“其他所得”项目缴纳个人所得税。

第八项，《国家税务总局关于个人取得解除商品房买卖合同违约金征收个人所得税问题的批复》（国税函〔2006〕865号）文件规定，商品房买卖过程中，有的房地产公司因未协调好与按揭银行的合作关系，造成购房人不能按合同约定办妥按揭贷款手续，从而无法缴纳后续房屋价款，致使房屋买卖合同难以继续履行，房地产公司因双方协商解除商品房买卖合同而向购房人支付违约金。根据个人所得税法的有关规定，购房个人因上述原因从房地产公司取得的违约金收入，应按照“其他所得”应税项目缴纳个人所得税。

第九项，《财政部　国家税务总局关于个人无偿受赠房屋有关个人所得税问题的通知》（财税〔2009〕78号）文件规定，房屋产权所有人将房屋产权无偿赠与他人的，受赠人因无偿受赠房屋取得的受赠所得，按照“经国务院财政部门确定征税的其他所得”项目缴纳个人所得税。

第十项，《财政部　国家税务总局关于企业促销展业赠送礼品有关个人所得税问题的通知》（财税〔2011〕50号）文件规定，企业在业务宣传、广告等活动中，随机向本单位以外的个人赠送礼品，对个人取得的礼品所得，按照“其他所得”项目，全额适用20%的税率缴纳个人所得税。企业在年会、座谈会、庆典以及其他活动中向本单位以外的个人赠送礼品，对个人取得的礼品所得，按照“其他所得”项目，全额适用20%的税率缴纳个人所得税。

哦，我全弄明白了，非常感谢税博士！

不客气，欢迎下次再来咨询，再见！

第 29 集　员工借公款不还交个人所得税吗?

本集提示：公司为个人购买房、车，个人是否要交个人所得税?

如果是个人向公司借款是否也涉及缴纳个人所得税?

本集撰稿：徐桂鸣

本集人物：

公司会计

税博士

税博士你好！我想向你咨询有关税务问题。

你好！请你把所需要咨询的情况详细描述一下。

好的。事情是这样的：我公司大股东董事长的儿子准备明年结婚，现正筹办婚事，买婚房、装修婚房、买婚车等。买婚房方面，董事长想以公司名义购买婚房，但亲家要求必须将婚房办在儿子及儿媳妇名下，董事长同意后，要求公司财务人员划款到房产公司为其儿子买婚房。装修婚房方面，由于我公司正在装修办公楼，董事长想把儿子的婚房一起装修，计入我公司办公楼的装修成本。还有婚车方面，本来公司要给董事长儿子配车，由于没有想要的车牌号码，就想公司付钱，车主是董事长的儿子。因上述事项涉税问题较多，所以我想咨询一下上述事项中是否涉及个人所得税？以及有哪些注意事项？

好的！针对你所描述的事项，我一一为你解答：

首先，对于婚房、婚车的购买事宜。如果如你所述的话，需要对公司所支付的款项视为企业对个人投资者的红利分配，按照“利息、股息、红利所得”项目计征个人所得税。

其次，对于婚房装修事宜，应公私分明，不能计入你公司办公楼的装修成本，否则，不仅企业所得税税前不得扣除，而且还会涉及个人所得税。

谢谢！税博士，你上述观点有相关税收政策依据吗？

当然有依据，《财政部　国家税务总局关于企业为个人购买房屋或其他财产征收个人所得税问题的批复》（财税〔2008〕83号）文件规定：

根据《中华人民共和国个人所得税法》和《财政部　国家税务总局关于规范个人投资者个人所得税征收管理的通知》（财税〔2003〕158号）的有关规定：

企业出资购买房屋及其他财产，将所有权登记为投资者个人、投资者家庭成员或企业其他人员的，不论所有权人是否将财产无偿或有偿交付企业使用，其实质均为企业对个人进行了实物性质的分配，应依法计征个人所得税。

对个人独资企业、合伙企业的个人投资者或其家庭成员取得的上述所得，视为企业对个人投资者的利润分配，按照"个体工商户的生产、经营所得"项目计征个人所得税；对除个人独资企业、合伙企业以外其他企业的个人投资者或其家庭成员取得的上述所得，视为企业对个人投资者的红利分配，按照"利息、股息、红利所得"项目计征个人所得税；对企业其他人员取得的上述所得，按照"工资、薪金所得"项目计征个人所得税。

谢谢，税博士。那如果上述购房购车等资金以董事长个人名义向我公司借款，是否也会涉及个人所得税呢？

不一定。关键是要看这样的借款是否能按期还款。如果能按期归还借款，那就不需要计征缴纳个人所得税，否则，要计征缴纳个人所得税。

税博士，那你所说的是否也有税收政策依据呢？

有依据。根据《财政部　国家税务总局关于规范个人投资者个人所得税征收管理的通知》（财税〔2003〕158号）文件的规定：纳税年度内个人投资者从其投资企业（个人独资企业、合伙企业除外）借款，在该纳税年度终了后既不归还，又未用于企业生产经营的，其未归还的借款可视为企业对个人投资者的红利分配，依照"利息、股息、红利所得"项目计征个人所得税。另外《财政部　国家税务总局关于企业为个人购买房屋或其他财产征收个人所得税问题的批复》（财税〔2008〕83号）文件规定：企业投资者个人、投资者家庭成员或企业其他人员向企业借款用于购买房屋及其他财产，将所有权登记为投资者、投资者家庭成员或企业其他人员，且借款年度终了后未归还借款的，不论所有权人是否将财产无偿或有偿交付企业使用，其实质均为企业对个人进行了实物性质的分配，应依法计征个人所得税。由于借款人是公司的股东，所以应依照“利息、股息、红利所得”项目计征个人所得税。对企业其他人员取得的上述所得，按照“工资、薪金所得”项目计征个人所得税。

税博士，关于政策中所述“该纳税或借款年度终了”该如何理解？

关于“该纳税或借款年度终了”，国家税务总局尚未明确规定，而在税收实践中，各地基本上是以连续 12 个月为期限，也就是说，从借款之日起，连续计算 12 个月，如果 12 个月内借款人归还借款，就不需要计征个人所得税，否则就必须计征个人所得税。

噢，我懂了，谢谢税博士！我赶快回去和老板汇报！

不客气，欢迎下次再来咨询，再见。

第 30 集　看《琅琊榜》，戏说买房交税事

本集提示：死亡与纳税是指什么？

沈某如何回答买房交税的事情？

本集撰稿：徐皓月

税博士

热播《琅琊榜》，曲终人不散！梅郎买豪宅，秒杀今土豪！

富兰克林说：人的一生有两件事不可避免——死亡与纳税。可你知道苏哥哥买豪宅交税吗？

翻开中华五千年历史，忽然发现，我国契税起源于东晋时期的“估税”，至今已有 1600 多年的历史。当时规定，凡买卖田宅、奴婢、牛马，立有契据者，每一万钱交易额官府征收四百钱即税率为 4%，其中卖方缴纳 3%，买方缴纳 1%。《琅琊榜》中的苏哥哥，生活在南北朝时期，在东晋之后，当然要交税！！

沈某身为户部尚书，对房屋买卖中涉及的税款，在此给大家进行一下分说。对于买方而言，根据《中华人民共和国契税暂行条例》（国务院令第 224 号）**第三条的规定：契税税率为 3% ~ 5%。契税的适用税率，由省、自治区、直辖市人民政府在前款规定的幅度内按照本地区的实际情况确定，并报财政部和国家税务总局备案。因此契税的税率由各省的政府确定，难免会存在一定差异！**

以江苏省为例：

买方涉及契税：

◌ 家庭(夫妻和未成年子女)买唯一住房：
- 90平方米以下：
  契税按转让收入的1%计算缴纳；
- 90～144平方米：
  契税按转让收入的1.5%计算缴纳；
- 144平方米以上：
  契税按转让收入的3%计算缴纳。

◌ 家庭(夫妻和未成年子女)买非唯一住房：
- 契税按转让收入的3%计算缴纳。

某商人：沈尚书好，请问某卖房需纳税几何？

沈尚书：咳咳，汝购买不足2年的住房对外销售，全额征收营业税；购买2年以上（含2年）的非普通住房对外销售的，按照其销售收入减去购买房屋的价款后的差额征收营业税；购买2年以上（含2年）的普通住房对外销售的，免征营业税。

某商人：按尚书之言，我的房屋已四年多，那是否无需缴纳任何税费了？

沈尚书：此言差矣！汝房尚未满五年，因此还需缴纳个人所得税。并且根据个人所得税法的规定，应按照财产转让所得征收个人所得税，即以转让收入扣除原值及相关税费后乘以税率20%，但是由于在实际征管中，个人对于原值等无法准确核算，所以根据《中华人民共和国税收征收管理法》和国家税务总局《关于个人住房转让所得征收个人所得税有关问题的通知》（国税发〔2006〕108号）规定，各地可以对个人所得税核定征收，如江苏普通住房个人所得税的征收率为1%，即以转让收入的全额乘以1%缴纳个人所得税。

某商人：原来如此，按沈尚书之意，鄙人该房屋满五年了再行转让，是否就无需缴纳了呢？

沈尚书：汝如此身家，住房必不止一处，国家对购买满五年的家庭唯一住房的转让才予以个税的减免，汝如此豪富，就为国家做一点贡献吧，需知，纳税光荣！

某商人一脸肉痛地算着账，嘴上还不得不应着：“沈尚书此言有理！”

税博士：当今房主，卖房不要忘纳税！用好政策，用足政策，方是正道也！

第 31 集　股票激励怎么交个人所得税？

本集提示：上市公司股票激励给哪些人群？
什么时候缴纳个人所得税呢？
应该如何计算？
如何向税务局申报？

本集撰稿：刘德春

本集人物：

集团公司会计 

税博士 

税博士，您好！特向您请教一个税收上的问题！我们老板准备给职工股票激励，这方面的税收比较复杂，希望能得到您的帮助。

没问题。

谢谢！我们集团公司有上市公司与非上市公司，均有股权激励措施，个人所得税更是复杂，先请教上市公司股票激励，是指上市公司股票激励给哪些人群？

好的，首先上市公司激励给职工的股票按财税〔2005〕35 号文件规定分期计算缴纳个人所得税，适用于上市公司（含所属分支机构）和上市公司控股企业的员工，其中上市公司占控股企业股份比例最低为 30%。间接持股比例，按各层持股比例相乘计算，上市公司对一级子公司持股比例超过 50% 的，按 100% 计算。

这类人群什么时候缴纳个人所得税呢？

分三种情况来说明。

1. 股票增值权个人所得税纳税义务发生时间为上市公司向被授权人兑现股票增值权所得的日期；

2. 限制性股票个人所得税纳税义务发生时间为每一批次限制性股票解禁的日期；

3. 一般股票激励个人所得税纳税义务时间为行权日。

哦！个人所得税如何计算呢？

一般股票激励行权日应纳税额＝（股票期权形式的工资薪金应纳税所得额 ÷ 固定月份数 × 适用税率 − 速算扣除数）× 固定月份数

股票增值权某次行权应纳税所得额 ＝（行权日股票价格 − 授权日股票价格）× 行权股票份数

限售股应纳税所得额 ＝（股票登记日股票市价 ＋ 本批次解禁股票当日市价）÷ 2 × 本批次解禁股票份数 − 被激励对象实际支付的资金总额 ×（本批次解禁股票份数 ÷ 被激励对象获取的限制性股票总份数）

上款公式中的规定月份数，是指员工取得来源于中国境内的股票期权形式工资薪金所得的境内工作期间月份数，长于 12 个月的，按 12 个月来计算。

授权日至行权日期间转让权益是否要缴纳个人所得税呢？

要的，员工在行权日之前将股票期权转让的，以股票期权的转让净收入，作为工资薪金所得征收个人所得税。

上述个人所得税如何向税务局申报呢？

实施股票期权计划的境内企业为个人所得税的扣缴义务人，应按税法规定履行代扣代缴个人所得税的义务。员工从两处或两处以上取得股票期权形式的工资薪金所得和没有扣缴义务人的，该个人应在个人所得税法规定的纳税申报期限内自行申报缴纳税款。

职工获得股票激励后就是股东身份，将来获得上市公司利润分配又如何缴纳个人所得税呢？

员工因拥有股权而参与企业税后利润分配取得的所得，应按照“利息、股息、红利所得”适用的规定计算缴纳个人所得税。根据财税〔2015〕101 号文件规定，上市公司派发股息红利，股权登记日在 2015 年 9 月 8 日之后的，个人从公开发行和转让市场取得的上市公司股票，持股期限超过 1 年的，股息红利所得暂免征收个人所得税。个人从公开发行和转让市场取得的上市公司股票，持股期限在 1 个月以内（含 1 个月）的，其股息红利所得全额计入应纳税所得额；持股期限在 1 个月以上至 1 年（含 1 年）的，暂减按50%计入应纳税所得额；上述所得统一适用20%的税率计征个人所得税。上市公司派发股息红利时，对个人持股1年以内（含1年）的，上市公司暂不扣缴个人所得税；待个人转让股票时，证券登记结算公司根据其持股期限计算应纳税额，由证券公司等股份托管机构从个人资金账户中扣收并划付证券登记结算公司，证券登记结算公司应于次月5个工作日内划付上市公司，上市公司在收到税款当月的法定申报期内向主管税务机关申报缴纳。

哦，职工获得股票激励后再转让股份的个人所得税又如何计征呢？

财税〔2009〕167号文件规定，自2010年1月1日起，对个人转让限售股取得的所得，按照“财产转让所得”，适用20%的比例税率征收个人所得税。纳税人转让新股限售股的，证券机构按照该股票上市首日收盘价计算转让收入，并按照计算出的转让收入的15%确定限售股原值和合理税费，以转让收入减去原值和合理税费后的余额为应纳税所得额，计算并预扣个人所得税。税务机关对纳税人申报的资料审核确认后，按照上述原则重新计算应纳税额，并办理退（补）税手续。重新计算的应纳税额，低于预扣预缴的部分，税务机关应予以退还；高于预扣预缴的部分，纳税人应补缴税款。

啊！明白了！非常感谢您！我知道该怎么做了，我去给老板交差啦！

不客气！欢迎有问题再来咨询，再见！

政策链接

- 《财政部　国家税务总局　证监会关于上市公司股息红利差别化个人所得税政策有关问题的通知》（财税〔2015〕101号）
- 《财政部　国家税务总局　证监会关于个人转让上市公司限售股所得征收个人所得税有关问题的通知》（财税〔2009〕167号）
- 《财政部　国家税务总局关于个人股票期权所得征收个人所得税问题的通知》（财税〔2005〕35号）

第 32 集　股权激励怎么交个人所得税?

本集提示：非上市公司奖励职工的股权激励如何计征个人所得税?
何时缴纳个人所得税？如何计算?
公司为职工股权激励前，每年预提的费用可以在企业所得税税前扣除吗?

本集撰稿：刘德春

本集人物：

集团公司会计 

税博士 

税博士，您好！上次向您请教的“股票激励怎么交个人所得税”问题，得到您指导后，我公司就运用得很好，老板很高兴。

不客气。

真的非常感谢！今天想请教一下非上市公司奖励职工的股权激励如何计征个人所得税呢?

好的，非上市公司股权激励适用国税发〔1998〕9 号文件的规定，在中国负有纳税义务的个人认购股票等有价证券，因其受雇期间的表现或业绩，从其雇主以不同形式取得的折扣或补贴，属于该个人因受雇而取得的工资、薪金所得，应在雇员实际认购股票等有价证券时，计算缴纳个人所得税。个人认购股票等有价证券而从雇主取得的折扣或补贴，在计算缴纳个人所得税时，因一次收入较多，全部计入当月工资、薪金所得计算缴纳个人所得税有困难的，可在报经当地主管税务机关批准后，自其实际认购股票等有价证券的当月起，在不超过 6 个月的期限内平均分月计入工资、薪金所得计算缴纳个人所得税。

你公司也可以按国税函〔2007〕1030号文件执行，公司雇员以非上市公司股票期权形式取得的工资薪金所得，在计算缴纳个人所得税时，因一次收入较多，可比照国税发〔2005〕9号文件规定的全年一次性奖金的征税办法，计算征收个人所得税。

这么复杂呀，那何时缴纳个人所得税？如何计算呢？

公司雇员以非上市股票期权形式取得所得的纳税义务发生时间，按雇员的实际购买日确定，其所得额为从公司取得非上市股票的实际购买价低于购买日该股票价值的差额。

由于非上市公司股票没有可参考的市场价格，为便于操作，除存在实际或约定的交易价格，或存在与该非上市股票具有可比性的相同或类似股票的实际交易价格情形外，购买日股票价值可暂按非上市公司上一年度经中介机构审计的会计报告中每股净资产数额来确定。

哦！职工取得股权后就是股东身份，获得公司利润分配一样缴纳个人所得税吗？

是的。

将来职工转让股份时，股权投资成本如何确定呢？

个人在认购股票等有价证券后再转让所取得的所得，属于个人所得税法及其实施条例规定的股票等有价证券转让所得，适用有关对股票等有价证券转让所得征收个人所得税的法规。主管税务机关按照避免重复征收个人所得税的原则合理确认股权原值，由于购买价与股权公允价之差已经缴纳个人所得税，因此，股权成本可暂按非上市公司上一年度经中介机构审计的会计报告中每股净资产数额来确定。

税博士，最后请教一个问题，我们公司为职工股权激励前，每年预提的费用可以在企业所得税税前扣除吗？

不能。《企业所得税法》第八条规定，企业实际发生的与取得收入有关的、合理的支出，包括成本、费用、税金、损失和其他支出，准予在计算应纳税所得额时扣除。

公司为职工股权激励前每年预提的费用，没有实际兑现，同时借鉴国家税务总局公告2012年第18号文件规定，对股权激励计划实行后立即可以行权的，上市公司可以根据实际行权时该股票的公允价格与激励对象实际行权支付价格的差额和数量，计算确定作为当年上市公司工资薪金支出，依照税法规定进行税前扣除。

对股权激励计划实行后，需待一定服务年限或者达到规定业绩条件（以下简称等待期）方可行权的。上市公司等待期内会计上计算确认的相关成本费用，不得在对应年度计算缴纳企业所得税时扣除。在股权激励计划可行权后，上市公司方可根据该股票实际行权时的公允价格与当年激励对象实际行权支付价格的差额及数量，计算确定作为当年上市公司工资薪金支出，依照税法规定进行税前扣除。

啊！明白了！非常感谢您！我知道该怎么做了，我去给老板交差啦！

不客气！欢迎有问题再来咨询，再见！

政策链接

- 《国家税务总局关于我国居民企业实行股权激励计划有关企业所得税处理问题的公告》（国家税务总局公告 2012 年第 18 号）
- 《国家税务总局关于阿里巴巴（中国）网络技术有限公司雇员非上市公司股票期权所得个人所得税问题的批复》（国税函〔2007〕1030 号）

注释：全文废止。参见：《国家税务总局关于公布全文失效废止、部分条款失效废止的税收规范性文件目录的公告》（国家税务总局公告 2011 年第 2 号）

- 《国家税务总局关于调整个人取得全年一次性奖金等计算征收个人所得税方法问题的通知》（国税发〔2005〕9 号）
- 《国家税务总局关于个人认购股票等有价证券而从雇主取得折扣或补贴收入有关征收个人所得税问题的通知》（国税发〔1998〕9 号）

第 33 集 非货币资产投资怎么交税？

本集提示：公司用土地、房屋、设备等向新公司增资扩股，如何处理？
非货币资产投资个人所得税具体怎么缴税呢？
5 年分期纳税中途转让股份该怎么计算投资成本与转让所得呢？

本集撰稿：刘德春

本集人物：

公司会计

税博士

税博士，您好！向您请教一个税务上的问题！我们老板想用土地、房屋、设备等向新公司增资扩股，听说会涉及许多税务问题？

是的。请问，你们老板准备用什么资产投资，向什么公司投资呢？

哦，我们老板先准备用自己名下的一块土地或房屋向房地产企业投资，用于商品房开发后再销售。

哦！关于这个问题，首先对于老板个人而言，用土地或房屋投资，根据财税〔2002〕191 号文件规定不用缴纳营业税；由于被投资企业属于房地产企业，根据财税〔2015〕5 号文件规定，老板要视同转让土地，评估增值部分要缴纳土地增值税；同时自然人老板还要缴纳个人所得税；被投资企业如果不是一人有限责任公司，还要缴纳 3% 契税。

这么复杂呀！可是老板刚刚用非货币资产投资，没有现金收益，没有现金计算该怎么办呢？

这个没关系，根据财税〔2015〕41 号文件规定，纳税人一次性缴税有困难的，可合理确定分期缴纳计划并报主管税务机关备案后，自发生上述应税行为之日起不超过 5 个公历年度内（含 5 年）分期缴纳个人所得税。

哦！这是一项优惠政策，5 年分期缴纳个人所得税，是指 5 年分期平均缴纳，还是可以不平均只要 5 年内缴清即可呢？

这个没有限制，就国家政策而言，只要 5 年内缴清即可。

那非货币资产投资个人所得税具体怎么缴税呢？

根据文件规定，个人以非货币性资产投资，应按评估后的公允价值确认非货币性资产转让收入。非货币性资产转让收入减除该资产原值及合理税费后的余额为应纳税所得额。非货币性资产原值为纳税人取得该项资产时实际发生的支出。纳税人无法提供完整、准确的非货币性资产原值凭证，不能正确计算非货币性资产原值的，主管税务机关可依法核定其非货币性资产原值。合理税费是指纳税人在非货币性资产投资过程中发生的与资产转移相关的税金及合理费用。

那什么时候开始缴纳个人所得税？

个人以非货币性资产投资，应于非货币性资产转让、取得被投资企业股权时，确认非货币性资产转让收入的实现。个人应在发生上述应税行为的次月 15 日内向主管税务机关申报纳税。纳税人非货币性资产投资需要分期缴纳个人所得税的，应于取得被投资企业股权之日的次月 15 日内，自行制定缴税计划并向主管税务机关报送《非货币性资产投资分期缴纳个人所得税备案表》、纳税人身份证明、投资协议、非货币性资产评估价格证明材料、能够证明非货币性资产原值及合理税费的相关资料。

哦，是这样，请问在哪里的税务机关缴纳个人所得税呢？

国家税务总局公告 2015 年第 20 号文件规定，纳税人以不动产投资的，以不动产所在地地税机关为主管税务机关。

再追加一个问题，5 年分期纳税中途转让股份该怎么计算投资成本与转让所得呢？

个人以非货币性资产投资交易过程中取得现金补价的，现金部分应优先用于缴税；现金不足以缴纳的部分，可分期缴纳。

个人在分期缴税期间转让其持有的上述全部或部分股权，并取得现金收入的，该现金收入应优先用于缴纳尚未缴清的税款。在 5 年中获得利润分配的，也是先用于缴纳尚未缴清的税款。

以非货币性资产对外投资而取得被投资企业的股权，应以非货币性资产的原计税成本为计税基础，加上每年确认的非货币性资产转让所得，逐年进行调整。被投资企业取得非货币性资产的计税基础，应按非货币性资产的公允价值确定。

在5年中获得利润分配，是先缴纳利润分配的个人所得税还是先用于缴纳尚未缴清的投资环节税款呢？

一般而言先欠税先缴纳，即先用于缴纳尚未缴清的投资环节税款，后缴纳利润分配环节应缴纳的个人所得税。

啊！明白了！非常感谢您！我知道该怎么做了，我去给老板交差啦！

不客气！欢迎有问题再来咨询，再见！

政策链接

- 《财政部　国家税务总局关于个人非货币性资产投资有关个人所得税政策的通知》（财税〔2015〕41号）
- 《财政部　国家税务总局关于企业改制重组有关土地增值税政策的通知》（财税〔2015〕5号）
- 《国家税务总局关于个人非货币性资产投资有关个人所得税征管问题的公告》（国家税务总局公告2015年第20号）
- 《财政部　国家税务总局关于股权转让有关营业税问题的通知》（财税〔2002〕191号）

第 34 集　房屋投资是否过户，有何风险？

本集提示：用土地、房屋、设备等向新公司增资扩股，未办理过户会有何法律风险？

用非货币资产投资，已经移交给被投资企业，没有办理过户手续，被投资企业这段期间的折旧能在其税前扣除吗？

以前年度没有折旧，现在可以补提折旧税前扣除吗？

本集撰稿：刘德春

本集人物：

公司会计

税博士

税博士，您好！特向您请教一个税收法律上的问题！我们老板想用土地、房屋、设备等向新公司增资扩股，听说未办理过户会有法律风险？

是的。根据《公司法》规定，投资者用非货币资产投资必须评估，以实物出资的，应当依法办理其财产权的转移手续。即股东应当在约定的出资日期前将实物的产权转移给公司。

哦，我们老板以前用土地、房屋、设备投资就是没有办理过户手续，对此有什么风险呢？

关于这问题，你们老板会涉及两个风险，一个是税收上的风险，一个是来自公司法的风险。

那税收上的风险是什么呢？

根据国税函〔2007〕645 号文件规定，土地使用者转让、抵押或置换土地，无论其是否取得了该土地的使用权属证书，无论其在转让、抵押或置换土地过程中是否与对方当事人办理了土地使用权属证书变更登记手续，只要土地使用者享有占有、使用、收益或处分该土地的权利，且有合同等证据表明其实质转让、抵押或置换了土地并取得了相应的经济利益，土地使用者及其对方当事人应当依照税法规定缴纳营业税、土地增值税、契税等相关税款。

也就是说，老板视同投资，营业税可以根据财税〔2002〕191号文件规定不征税；自然人用设备货物投资，税法没有对自然人做出视同销售缴纳增值税的规定；被投资企业视同接受投资，契税、房产税、城镇土地使用税要缴纳；评估增值部分还要缴纳个人所得税。如果被投资企业属于非房地产企业，自然人老板不用缴纳土地增值税，反之要缴纳。

哦，那公司法的风险会是什么呢？

根据法释〔2011〕3号文件规定，出资人以房屋、土地使用权或者需要办理权属登记的知识产权等财产出资，已经交付公司使用但未办理权属变更手续，公司、其他股东或者公司债权人主张认定出资人未履行出资义务的，人民法院应当责令当事人在指定的合理期间内办理权属变更手续；在前述期间内办理了权属变更手续的，人民法院应当认定其已经履行了出资义务；出资人主张自其实际交付财产给公司使用时享有相应的股东权利，人民法院应予支持。

出资人以前款规定的财产出资，已经办理权属变更手续但未交付给公司使用，公司或者其他股东主张其向公司交付、并在实际交付之前不享有相应股东权利的，人民法院应予支持。

哦！我们老板用非货币资产投资，已经移交给被投资企业，没有办理过户手续，那被投资企业这段时间的折旧能在被投资企业税前扣除吗？

按《企业所得税法实施条例》第五十八条规定，通过捐赠、投资、非货币性资产交换、债务重组等方式取得的固定资产，以该资产的公允价值和支付的相关税费为计税基础。人民法院应当责令当事人在指定的合理期间内办理权属变更手续；在前述期间内办理了权属变更手续的，人民法院应当认定其已经履行了出资义务。因此，被投资企业可以将折旧税前扣除。

以前年度没有折旧，现在可以补提折旧税前扣除吗？

如果没有折旧税前扣除的，可以根据国家税务总局公告2012年第15号文件规定，对企业发现以前年度实际发生的、按照税收规定应在企业所得税前扣除而未扣除或者少扣除的支出，企业做出专项申报及说明后，准予追补至该项目发生年度计算扣除，但追补确认期限不得超过5年。

企业由于上述原因多缴的企业所得税税款，可以在追补确认年度企业所得税应纳税款中抵扣，不足抵扣的，可以向以后年度递延抵扣或申请退税。

亏损企业追补确认以前年度未在企业所得税前扣除的支出，或盈利企业经过追补确认后出现亏损的，应首先调整该项支出所属年度的亏损额，然后再按照弥补亏损的原则计算以后年度多缴的企业所得税税款，并按前款规定处理。

啊！明白了！非常感谢您！我知道该怎么做了，我去给老板交差啦！

不客气！欢迎有问题再来咨询，再见！

政策链接

- 《国家税务总局关于企业所得税应纳税所得额若干税务处理问题的公告》（国家税务总局公告2012年第15号）
- 《最高人民法院关于适用〈中华人民共和国公司法〉若干问题的规定（三）》（法释〔2011〕3号）
- 《国家税务总局关于未办理土地使用权证转让土地有关税收问题的批复》（国税函〔2007〕645号）
- 《财政部　国家税务总局关于股权转让有关营业税问题的通知》（财税〔2002〕191号）

第 35 集　企业撤资和注销怎么交税？

本集提示：合资的企业要注销是否涉及个人所得税？
在企业注销环节获得房屋、土地等该如何确定清算所得呢？
同时是否需要缴纳契税？
减资、撤资要缴纳个人所得税吗？
如何计算个人所得税呢？

本集撰稿：刘德春

本集人物：

合资企业会计

税博士

税博士，您好！向您请教一个税收上的问题！我们老板几个人合资的企业要注销是否涉及个人所得税？希望能得到您的帮助。

没问题。

谢谢！最近由于原企业受到经济危机的影响，准备注销原公司，请问被投资注销环节是否缴纳企业所得税呢？

根据财税〔2009〕60 号文件规定，企业的全部资产可变现价值或交易价格，减除资产的计税基础、清算费用、相关税费，加上债务清偿损益等后的余额，为清算所得。

企业应将整个清算期作为一个独立的纳税年度计算清算所得。

清算所得缴纳企业所得税后，分配给老板的资金要缴纳个人所得税吗？

被清算企业的股东分得的剩余资产的金额，其中相当于被清算企业累计未分配利润和累计盈余公积中按该股东所占股份比例计算的部分，应确认为股息所得；剩余资产减除股息所得后的余额，超过或低于股东投资成本的部分，应确认为股东的投资转让所得或损失。

因此，自然人老板无论是股息红利所得还是投资转让所得均按 20% 的税率缴纳个人所得税。当然，如果获得资金少于原投资成本的，属于投资亏损，亏损不用缴纳个人所得税。

哦，老板的原始投资成本如何确定呢？

以现金出资方式取得的股权，按照实际支付的价款与取得股权直接相关的合理税费之和确认股权原值；以非货币性资产出资方式取得的股权，按照税务机关认可或核定的投资入股时非货币性资产价格与取得股权直接相关的合理税费之和确认股权原值；通过无偿让渡方式取得股权，按取得股权发生的合理税费与原持有人的股权原值之和确认股权原值；被投资企业以资本公积、盈余公积、未分配利润转增股本，个人股东已依法缴纳个人所得税的，以转增额和相关税费之和确认其新转增股本的股权原值。

如果老板在企业注销环节获得房屋、土地等该如何确定清算所得呢？

被清算企业的股东从被清算企业分得的资产应按可变现价值或实际交易价格确定计税基础。减去原始投资成本就是清算所得额。

老板在企业注销环节获得房屋、土地要缴纳契税吗？

个体工商户的经营者将其个人名下的房屋、土地权属转移至个体工商户名下，或个体工商户将其名下的房屋、土地权属转回原经营者个人名下，免征契税；合伙企业的合伙人将其名下的房屋、土地权属转移至合伙企业名下，或合伙企业将其名下的房屋、土地权属转回原合伙人名下，免征契税。同一自然人与其设立的个人独资企业、一人有限公司之间土地、房屋权属的划转，免征契税。

如果你们原公司是多个投资者，企业注销环节分配给老板的房屋、土地，老板要缴纳契税。

如果原企业不注销，老板减资、撤资要缴纳个人所得税吗？

根据国家税务总局公告 2011 年第 41 号文件规定，个人因各种原因终止投资、联营、经营合作等行为，从被投资企业或合作项目、被投资企业的其他投资者以及合作项目的经营合作人取得股权转让收入、违约金、补偿金、赔偿金及以其他名目收回的款项等，均属于个人所得税应税收入，应按照“财产转让所得”项目适用的规定计算缴纳个人所得税。

哦，该如何计算个人所得税呢？

应纳税所得额的计算公式如下：

应纳税所得额 = 个人取得的股权转让收入、违约金、补偿金、赔偿金及以其他名目收回款项合计数 − 原实际出资额（投入额）及相关税费

那个人所得税是老板自己申报缴纳还是由企业代扣代缴呢？

根据《个人所得税法》规定，个人所得税由支付方代扣代缴，即由注销企业或被投资企业代扣代缴个人所得税。

啊！明白了！非常感谢您！我知道该怎么做了，我去给老板交差啦！

不客气！欢迎有问题再来咨询，再见！

政策链接

- 《国家税务总局关于个人终止投资经营收回款项征收个人所得税问题的公告》（国家税务总局公告 2011 年第 41 号）
- 《财政部　国家税务总局关于企业清算业务企业所得税处理若干问题的通知》（财税〔2009〕60 号）

第 36 集　谁做股东分配利润和交税有何不同？

本集提示：成立新公司，不同的主体做股东，利益共同体的税负有所不同？

不同情况下利润分配如何缴纳个人所得税？

老板买车买房等会涉及个人所得税吗？

本集撰稿：刘德春

本集人物：

公司会计

税博士

税博士，您好！向您请教一个税务上的问题！我们最近要成立新公司，以前在学习时听一位教授讲过，不同的主体做股东，利益共同体的税负有所不同？

是的，我国对股东投资后将来利润分配，股东税负各有不同，总体来讲，关键是看投资者的目的，是以利润分配过日子还是将来股份转让赚取差价。管理学上叫“买鸡下蛋或买鸡卖鸡”，鸡就是企业，利润就是鸡蛋。

哦，目前我们老板是自然人可以去做股东，老板还有一个公司也可以去做新公司股东，另外老板还有一个个人独资企业，同时老板夫妇二人又有合伙企业，您说谁去做新公司的股东会好些呢？

这个问题不能一概而论，关键看老板成立这个新公司后，目的是什么？

目前主要是想新公司成立后产生利润分配过日子。

哦，这样的话，我给你分析一下我国税法的相关规定。如果以老板个人去做股东，将来新公司形成利润并做分配，根据《个人所得税法》规定，自然人获得股息、红利按 20% 税率缴纳个人所得税；如果以老板的个人独资企业去做新公司股东，将来有利润并做分配，首先是新公司利润分配给个人独资企业，个人独资企业本身根据《企业所得税法》规定不用缴纳企业所得税，个人独资企业本身也不用缴纳个人所得税，个人独资企业获得新公司的股息红利由投资者个人缴纳个人所得税，根据国税函〔2001〕84 号文件规定由投资者即自然人老板按 20% 税率缴纳个人所得税；如果以老板夫妇二人的合伙企业去做新公司股东，同样，将来新公司有利润并做分配，首先是新公司利润分配给合伙企业，合伙企业本身根据《企业所得税法》规定不用缴纳企业所得税，合伙企业本身也不用缴纳个人所得税，合伙企业获得新公司的股息红利由投资者个人缴纳个人所得税，根据国税函〔2001〕84 号文件与财税〔2008〕159 号文件规定，由投资者即自然人老板夫妇二人各自按 20% 税率缴纳个人所得税；如果以老板现在已有的有限责任公司向新公司投资，将来新公司有利润，新公司的利润分配给现有的有限责任公司，由于二者均属于居民纳税人企业，根据《企业所得税法》规定免征企业所得税，不过将来现有的有限责任公司再做利润分配给自然人老板时，再按《个人所得税法》缴纳 20% 的个人所得税。

哦，这么复杂呀，无论谁去做股东，将来利润分配均要缴纳个人所得税。有没有办法自然人老板不做利润分配的投资模式，将来可以长期不分配就不用缴纳个人所得税的方案呢？

有，如果自然人老板首先成立一人有限责任公司，一人有限责任公司再去做新公司的股东，将来新公司的利润分配给一人有限责任公司时，由于双方均是居民纳税人企业，根据《企业所得税法》规定，一个居民纳税人企业先于另一居民纳税人企业直接投资，收回来的股息红利免征企业所得税。

哦，明白了！但是一人有限责任公司获得新公司的利润再分配给自然人老板时，还是要缴纳个人所得税呀！

是的。一般而言，自然人老板是一人有限责任公司唯一的老板，一人有限责任公司没有必要再分配给自然人，税法规定只有纳税人发生应税行为才征收税，没有发生应税行为就不用征收税。

好的，我也明白了！但是还有一个疑问，自然人老板赚的钱始终在一人有限责任公司，老板想花钱改善生活，比如买车买房等会涉及个人所得税吗？

如果一人有限责任公司的钱先分配给自然人老板再买车买房，要按股息红利分配缴纳 20% 的个人所得税；如果将一人有限责任公司的钱买车买房，车主与业主写成自然人老板或家属的名下，根据财税〔2008〕83 号文件也是要视同利润分配缴纳个人所得税。如果以一人有限责任公司的名义买车买房，车主与业主写一人有限责任公司的名字，属于一人有限责任公司的财产，实际使用人是自然人老板，用于经营业务的，没有实现利润分配，也就没有个人所得税的问题。

啊！明白了！非常感谢您！终于知道该怎么做了，我去给老板交差啦！

不客气！欢迎有问题再来咨询，再见！

政策链接

- 《财政部　国家税务总局关于合伙企业合伙人所得税问题的通知》（财税〔2008〕159号）
- 《财政部　国家税务总局关于企业为个人购买房屋或其他财产征收个人所得税问题的批复》（财税〔2008〕83号）
- 《国家税务总局关于〈关于个人独资企业和合伙企业投资者征收个人所得税的规定〉执行口径的通知》（国税函〔2001〕84号）

第 37 集 企业业务招待费如何税前扣除？

本集提示：送给客户的公司自己制造的产品作礼品以及礼金应列入什么科目？

如何区分业务招待费与会议费、业务宣传费、误餐费？

汇算清缴时纳税调整需要注意的事项。

本集撰稿：中财讯编辑部

本集人物：

公司会计 

税博士 

税博士，您好！向您请教一个税务上的问题！我公司最近在进行 2015 年度企业所得税汇算清缴，调整一些项目，但是在费用方面我有几个问题不明白，想请教您。

好的。关于汇算清缴，企业所得税是按年计征，按季预缴，年度汇算清缴。这是给企业一个全面自查自核的机会，也是最后一次的调整机会，该提的提足，不该进成本费用的全部剔除，确保不缴冤枉税，减少少缴税的风险。

是的，我想问业务招待费的问题。我们老板不懂财务，说是想把去年年末送给客户的我们公司自己制造的产品作礼品以及礼金，都叫我列入业务招待费，这样能行吗？

不可以。一些纳税人对业务招待费的范围、核算、税前扣除等规定不太熟悉，甚至把礼品、礼金、回扣、个人消费等违规支出列入其中，不仅导致企业所得税计算出现误差，而且易产生涉税风险。

业务招待费的支付范围通常界定为餐饮、香烟、水果、食品、正常的娱乐活动等产生的费用支出。

具体范围包括：因生产经营需要而宴请或工作餐的开支、赠送纪念品的开支、发生的景点参观费及其他费用的开支、发生的业务关系人员的差旅费开支。

哦，明白了！那税博士，我们该怎么区分业务招待费与会议费、业务宣传费、误餐费呢？

一是业务招待费与会议费区别。

纳税人发生的与其经营活动有关的会议费，税务机关要求提供证明资料的，应能够提供证明其真实性的合法凭证，否则不得在税前扣除。

二是业务招待费与业务宣传费区别。

外购礼品用于赠送的，应作为业务招待费。如果礼品和赠品是纳税人自行生产或经过委托加工，对企业的形象、产品有标记及宣传作用的，也可作为业务宣传费。

三是业务招待费与误餐费区别。

误餐费是企业职工因工作无法回企业食堂或者家中进餐而得到的补偿，而业务招待费是对外接待业务企业和个人而发生的吃、喝、用等费用，它的消费主体是企业以外的个人，不是本企业的员工。

哦，那我知道了。去年我公司大概发生业务招待费 7.5 万元，其中有一部分是筹建期发生的，这些是不是都能扣除呢？

关于业务招待费扣除限额的计算是这样的：

一是开办期间或筹建期间的业务招待费的处理。

国家税务总局公告 2012 年第 15 号文件规定，企业在筹建期间，发生的与筹办活动有关的业务招待费支出，可按实际发生额的 60% 计入企业筹办费，并按有关规定在税前扣除。

二是生产经营期间业务招待费扣除限额的确定。

税法规定，企业发生的与生产经营有关的业务招待费支出，按照发生额的 60% 扣除，但最高不得超过当年销售（营业）收入的 5‰。业务招待费扣除限额 = 当年销售（营业）收入 ×5‰，按照两者孰低原则扣除。

哦，去年公司营业收入 1000 万元，业务招待费筹建期支出 3.5 万元，经营期支出是 4 万元，那么也就是说业务招待费的扣除额为（3.5×60%+4×60%）=4.5（万元）。

是这样的。既然你公司在进行汇算清缴，就提醒你一下纳税调整需要注意的事项，调整坚持孰低原则。

一是业务招待费扣除限额＞业务招待费发生额 60% 时，应调增应纳税所得额 = 业务招待费发生额 ×40%，即企业已在管理费用中实际列支的业务招待费发生额的 40% 部分。

二是业务招待费扣除限额＜业务招待费发生额 60% 时，应调增应纳税所得额 = 业务招待费发生额 – 业务招待费扣除限额，即业务招待费发生额超过业务招待费扣除限额的差额。

三是业务招待费取得不合规发票的纳税调整及处理。根据国家税务总局公告 2011 年第 34 号文件规定，企业当年度实际发生的相关成本、费用，由于各种原因未能及时取得该成本、费用的有效凭证，企业在预缴季度所得税时，可暂按账面发生金额进行核算；但在汇算清缴时，应补充提供该成本、费用的有效凭证。

嗯，我知道了！太感谢您了，税博士，今天真的是收获颇丰啊，我要赶紧回去把这些告诉我老板！

不客气！欢迎有问题再来咨询，再见！

政策链接

- 《国家税务总局关于企业所得税应纳税所得额若干税务处理问题的公告》（国家税务总局公告 2012 年第 15 号）
- 《国家税务总局关于企业所得税若干问题的公告》（国家税务总局公告 2011 年第 34 号）

第 38 集　企业薪酬支出如何扣除?

本集提示：电话费补贴和交通补贴能否作为工资薪金支出扣除？
劳务派遣工的费用能扣除吗？
与收入不直接相关的离退休人员工资福利能否扣除呢？

本集撰稿：中财讯编辑部

本集人物：

公司会计 

税博士 

税博士，您好！我公司在 2015 年度企业所得税汇算清缴时遇到了难题，今天特来向您请教。

没问题，为您排难解惑是我们一贯的作风。是什么难题呢？

是关于工资薪金支出方面的。税法对工资薪金的处理是必须在当年“实际发放”才能扣除，那我们公司次年根据绩效考核发放年终奖，都是当年调增次年调减的，但是据说不能这样做了，是吗？

国家税务总局公告 2015 年第 34 号文件出来之前，对于下发薪金的企业以及次年根据绩效考核发放年终奖的企业，甚至对于上市公司实行股权激励计划的企业都无法做到在当年实际发放工资薪金。所以有些地方税务机关纷纷出台了地方政策，有的是汇算清缴前发放即可，有的是次年 1 个月内发放即可，有的是当年调增次年调减。这无形中加大了税收成本，如此做法没有实际意义。因此国家税务总局公告 2015 年第 34 号文件统一为汇算清缴前支付即可。

哦，是这样呀！那我明白了。对了，关于我们公司列入员工工资薪金制度，固定与工资一起发放的电话费补贴和交通补贴，这些可以作为工资薪金支出扣除吗？

这也是国家税务总局公告 2015 年第 34 号文件的规定，列入企业员工工资薪金制度、固定与工资薪金一起发放的福利性补贴，符合《国家税务总局关于企业工资薪金及职工福利费扣除问题的通知》（国税函〔2009〕3 号）第一条规定的，可作为企业发生的工资薪金支出，按规定在税前扣除。

不能同时符合上述条件的福利性补贴，应作为国税函〔2009〕3 号文件第三条规定的职工福利费，按规定计算限额税前扣除。

我们公司还与劳务派遣公司签订了协议，那劳务派遣工的费用能扣除吗？

企业接受外部劳务派遣用工所实际发生的费用，应分两种情况按规定在税前扣除：按照协议（合同）约定直接支付给劳务派遣公司的费用，应作为劳务费支出；直接支付给员工个人的费用，应作为工资薪金支出和职工福利费支出。其中属于工资薪金支出的费用，准予计入企业工资薪金总额的基数，作为计算其他各项相关费用扣除的依据。

哦，我们公司就是按照协议直接支付给劳务派遣公司的费用，那就只能做劳务费用支出，不能当成工资薪金作为扣除的依据了。

是的。其实很多企业都会与劳务派遣公司签订协议，国家税务总局公告 2015 年第 34 号出台前，虽然有国家税务总局公告 2012 年第 15 号文件，但此公告与国税函〔2009〕3 号文件有冲突，导致部分地区执行计算福利费基数出现口径不一致的情况，北京国税局的口径就是区分直接支付和间接支付，直接支付作为工资薪金，间接支付作为劳务费用扣除。现在国家税务总局公告 2015 年第 34 号文件采用了北京国税局的观点，统一了口径。

还有最后一个问题，与收入不直接相关的离退休人员工资福利能不能扣除呢？

与企业取得收入不直接相关的离退休人员工资、福利费等支出，不得在企业所得税前扣除。这是税总办函〔2014〕652 号文件的规定。

那我明白了！真是太感谢您了，税博士！今天真的是收获良多呀，我要赶紧回去向老板汇报啦！

不客气，欢迎下次再来咨询，再见！

政策链接

- 《国家税务总局关于企业工资薪金和职工福利费等支出税前扣除问题的公告》（国家税务总局公告 2015 年第 34 号）

- 《国家税务总局办公厅关于强化部分总局定点联系企业共性税收风险问题整改工作的通知》（税总办函〔2014〕652号）
- 《国家税务总局关于企业所得税应纳税所得额若干税务处理问题的公告》（国家税务总局公告2012年第15号）
- 《国家税务总局关于企业工资薪金及职工福利费扣除问题的通知》（国税函〔2009〕3号）

第 39 集　增值税纳税人资格认定有什么新规定?

本集提示：小规模纳税人认定为增值税一般纳税人的具体流程是什么？
小规模纳税人认定为增值税一般纳税人何时生效呢？
公司自办理税务登记至登记为一般纳税人期间取得的进项能不能抵扣？

本集撰稿：中财讯编辑部

本集人物：

公司会计 

税博士 

税博士，您好！我们公司是小规模纳税人，公司发展越来越好，2015 年应税销售额已经超过了 100 万元，想咨询一下认定为增值税一般纳税人的具体流程是怎样的呢？是先申请，然后等待审核吗？

2015 年国家税务总局颁布关于一般纳税人资格认定的新政策。根据国家税务总局公告 2015 年第 18 号文件规定，增值税一般纳税人资格告别审核认定，实行登记制，登记事项由增值税纳税人向其主管税务机关办理。

哦，那这种登记制下，一般纳税人资格什么时候才算生效呢？

国家税务总局公告 2015 年第 18 号文件规定，在以前审批制下，纳税人资格自认定机关认定为一般纳税人的次月起（新开业纳税人自主管税务机关受理申请的当月起）生效，登记制下，纳税人可根据需要，自行选择当月 1 日或次月 1 日作为一般纳税人资格生效之日，按照增值税一般计税方法计算应纳税额，并按照规定领用增值税专用发票。企业应根据新政并结合企业经营的实际情况作出最适合企业的政策选择。

认定生效后，有什么凭据能够证明我们就是一般纳税人了呢，用加盖“增值税一般纳税人”戳记吗？

从现在起不用了。《国家税务总局关于“三证合一”登记制度改革涉及增值税一般纳税人管理有关事项的公告》（国家税务总局公告2015年第74号）文件规定：主管税务机关在为纳税人办理增值税一般纳税人登记时，纳税人税务登记证件上不再加盖“增值税一般纳税人”戳记。经主管税务机关核对后退还纳税人留存的《增值税一般纳税人资格登记表》，可以作为证明纳税人具备增值税一般纳税人资格的凭据。

哦，是这样呀。那我们公司自办理税务登记至登记为一般纳税人期间取得的进项能不能抵扣？

国家税务总局公告2015年第59号文件规定：纳税人自办理税务登记至认定或登记为一般纳税人期间，未取得生产经营收入，未按照销售额和征收率简易计算应纳税额申报缴纳增值税的，其在此期间取得的增值税扣税凭证，可以在认定或登记为一般纳税人后抵扣进项税额。

哦，明白了！还有一个问题，增值税购进、销售货物品名不一致有没有风险呢？

风险肯定是有的。《国家税务总局关于异常增值税扣税凭证抵扣问题的通知》（税总发〔2015〕148号）文件规定：

一、税收风险分析评估中，主管税务机关发现增值税一般纳税人存在购进、销售货物（服务）品名明显背离，虚假填列纳税申报表特定项目以规避税务机关审核比对等异常情形的，应及时约谈纳税人。

二、主管税务机关应对纳税人取得的异常凭证进行调查核实。尚未申报抵扣的异常凭证，暂不允许抵扣，经主管税务机关核实后，符合现行增值税进项税抵扣规定的，应当允许纳税人继续申报抵扣。已经申报抵扣的异常凭证，经主管税务机关核实后，凡不符合现行增值税进项税抵扣规定的，一律作进项税转出。

啊，这么严重啊！

纳税人取得购进的发票的品名与开具销售发票的品名应该保持一致。比如一般商贸企业进和销基本要一致。你买的是豆腐肯定不能开成卖猪肉或者卖电脑。购进的是棉花肯定不能卖出去的是棉花糖。所以你们应该从两个方面入手。一是从自身方面严格如实按照销售品名开具，不能按照客户的要求开具，也不能任性地开具品名，认为只要金额对了就行。二是从进项管理方面严格审核取得的发票，并加强和对方的沟通。不是只要金额对了，认证通过了就行了，什么品名之类的不去关注。虽然政策写的是明显背离，但是此文件也间接说明了进项品名不一致的问题比较严重，所有企业就要加强对这块的风险管理。

哦！我明白了！还有，现在进入了“互联网 +”的时代，很多都是利用互联网的，那增值税发票系统能不能开具电子增值税普通发票呢？

国家税务总局公告 2015 年第 84 号文件规定：为进一步适应经济社会发展和税收现代化建设需要，税务总局在增值税发票系统升级版基础上，组织开发了增值税电子发票系统，经过前期试点，系统运行平稳，具备了全国推行的条件。以后企业在日常中可能会开具增值税电子发票。那么企业针对这个情况要熟悉，自身也要做好相关增值税电子发票的管理。防控企业因对政策的不熟悉发生税务误区。

嗯，我懂了。谢谢您，税博士，我要回去给老板交差啦！

不客气，欢迎下次再来咨询，再见！

政策链接

- 《国家税务总局关于推行通过增值税电子发票系统开具的增值税电子普通发票有关问题的公告》（国家税务总局公告 2015 年第 84 号）
- 《国家税务总局关于“三证合一”登记制度改革涉及增值税一般纳税人管理有关事项的公告》（国家税务总局公告 2015 年第 74 号）
- 《国家税务总局关于纳税人认定或登记为一般纳税人前进项税额抵扣问题的公告》（国家税务总局公告 2015 年第 59 号）
- 《国家税务总局关于调整增值税一般纳税人管理有关事项的公告》（国家税务总局公告 2015 年第 18 号）

第 40 集　准备金能否在所得税前扣除?

本集提示：金融服务公司税前扣除贷款损失风险准备金如何计算呢?
计提准备金的依据。

本集撰稿：中财讯编辑部

本集人物：

金融服务公司会计

税博士

税博士，您好！我是一家金融服务公司的会计，公司主要从事担保借贷、投资融资等金融类相关的业务，向您请教一些税务上的问题。

好的。具体是什么问题呢?

最近我们公司准备开拓中小企业和农村经济这方面的业务，但是涉农贷款和中小企业贷款风险程度高，总是让我们望而生畏，请问您有何高见?

中小企业和农村经济在其发展过程中，资金短缺是其面临的主要问题，你们公司开拓这方面业务，对中小企业和农村经济发展是很有帮助的。针对涉农贷款和中小企业贷款风险程度较高的实际情况，财政部和国家税务总局曾发文明确，涉农贷款和中小企业贷款可在税前扣除贷款损失风险准备金。

税前扣除贷款损失风险准备金？您详细介绍一下好吗?

好的。国家税务总局公告 2015 年第 25 号文件规定，金融企业涉农贷款、中小企业贷款逾期 1 年以上，经追索无法收回，可以确认贷款损失税前扣除。

具体怎么计算呢?

金融企业应依据涉农贷款、中小企业贷款分类证明，按下列规定计算确认贷款损失进行税前扣除：

（一）单户贷款余额不超过300万元（含300万元）的，应依据向借款人和担保人的有关原始追索记录（包括司法追索、电话追索、信件追索和上门追索等原始记录之一，并由经办人和负责人共同签章确认），计算确认损失进行税前扣除。

（二）单户贷款余额超过300万元至1000万元（含1000万元）的，应依据有关原始追索记录（应当包括司法追索记录，并由经办人和负责人共同签章确认），计算确认损失进行税前扣除。

（三）单户贷款余额超过1000万元的，仍按国家税务总局公告2011年第25号有关规定计算确认损失进行税前扣除。

哦，明白了。那计提准备金又有什么依据呢？

金融企业根据《贷款风险分类指导原则》（银发〔2001〕416号），对其涉农贷款和中小企业贷款进行风险分类后，按照以下比例计提的贷款损失准备金，准予在计算应纳税所得额时扣除：

（一）关注类贷款，计提比例为2%；

（二）次级类贷款，计提比例为25%；

（三）可疑类贷款，计提比例为50%；

（四）损失类贷款，计提比例为100%。

按照这些比例来算，是不是如果实际发生了，我们都能扣除呢？

不是这样的。金融企业准予当年税前扣除的贷款损失准备金计算公式如下：

准予当年税前扣除的贷款损失准备金 = 本年末准予提取贷款损失准备金的贷款资产余额 ×1%－截至上年末已在税前扣除的贷款损失准备金的余额

金融企业按上述公式计算的数额如为负数，应当相应调增当年应纳税所得额。

哦！我明白了！非常感谢您！我知道该怎么做了，我去给老板交差啦！

不客气！欢迎有问题再来咨询，再见！

政策链接

- 《国家税务总局关于金融企业涉农贷款和中小企业贷款损失税前扣除问题的公告》（国家税务总局公告2015年第25号）

- 《国家税务总局关于发布〈企业资产损失所得税税前扣除管理办法〉的公告》（国家税务总局公告2011年第25号）
- 《贷款风险分类指导原则》（银发〔2001〕416号）

第 41 集　集成电路企业有何税收优惠？

本集提示：集成电路企业享受税收优惠的条件？
集成电路企业享受税收优惠所需办理的手续？
企业所得税优惠政策能否叠加享受？

本集撰稿：中财讯编辑部

本集人物：

集团公司会计

税博士

税博士，您好！我们集团最近在筹备一个新项目，打算成立一家从事集成电路封装和测试方面工程的微电子有限公司。这个成本非常高，在初期对于集团来说还是很吃力的，想问问您知不知道有什么好政策惠及我们？

有的。2015 年财政部、国家税务总局、发改委、工信部联合下发财税〔2015〕6 号文件规定：符合条件的集成电路封装、测试企业以及集成电路关键专用材料生产企业、集成电路专用设备生产企业，在 2017 年（含 2017 年）前实现获利的，自获利年度起，第一年至第二年免征企业所得税，第三年至第五年按照 25% 的法定税率减半征收企业所得税，并享受至期满为止；2017 年前未实现获利的，自 2017 年起计算优惠期，享受至期满为止。

哦，那也就是说，只要我们成立运营，在 2017 年之前实现获利，那么 2017 年和 2018 年我们都不用缴企业所得税，到 2019 年至 2021 年的时候按 25% 的税率减半征收企业所得税，是这样吗？要什么条件？

享受该项税收优惠政策，必须满足以下条件：

1. 2014 年 1 月 1 日后依法在中国境内成立的法人企业；

2. 签订劳动合同关系且具有大学专科以上学历的职工人数占企业当年

月平均职工总人数的比例不低于40%，其中，研究开发人员占企业当年月平均职工总数的比例不低于20%；

3. 拥有核心关键技术，并以此为基础开展经营活动，且当年度的研究开发费用总额占企业销售（营业）收入总额的比例不低于3.5%，其中，企业在中国境内发生的研究开发费用金额占研究开发费用总额的比例不低于60%；

4. 集成电路封装、测试销售（营业）收入占企业收入总额的比例不低于60%；

5. 具有保证产品生产的手段和能力，并获得有关资质认证（包括ISO质量体系认证、人力资源能力认证等）；

6. 具有与集成电路封装、测试相适应的经营场所、软硬件设施等基本条件。

哦，这样啊。那如果上述条件我们也都符合了，要不要去办理什么手续文件呢？

条件都符合后，你们公司应在年度终了之日起4个月内，按财税〔2015〕6号文件及企业所得税相关税收优惠政策管理的规定，凭省级相关部门出具的证明向主管税务机关办理减免税手续。

嗯，我明白了！这个优惠力度很大啊，应该没什么风险吧？

如果你们公司在申请认定过程中提供虚假信息，或者有偷、骗税等行为，又或是发生重大安全、质量事故，以及有污染环境等违法、违规行为从而受到有关部门处罚，这些情形你们公司有一种，就会被取消享受税收优惠的资格，并且补缴在此优惠政策下以前年度减免的企业所得税税款。

好的，我知道了！但是还有一个疑问，作为高新技术企业，国家规定减按15%的税率征收企业所得税，这些政策能不能叠加享受呢？

这是不能的。符合一个减免政策，又符合另一个减免政策，只能选择一个最优惠的政策享受。企业所得税优惠政策存在交叉的，由企业选择一项最优惠政策执行，不叠加享受。

啊！明白了！非常感谢您，我去给老板交差啦！

政策链接

- 《财政部　国家税务总局　发展改革委　工业和信息化部关于进一步鼓励集成电路产业发展企业所得税政策的通知》（财税〔2015〕6号）

第 42 集　年终奖、双薪、年薪如何缴个人所得税？

本集提示：年终奖如何计算个人所得税呢？

同一员工同一月份在两个以上单位取得的年终奖如何计算个人所得税？

年终奖的个人所得税的四点注意事项。

本集撰稿：孔　莉

本集人物：

公司会计

税博士

税博士，您好！今天特向您请教一个税务上的问题！公司的年终奖像工资一样计算缴纳个人所得税吗？

是的，根据税法规定，工资和年终奖都要按工资薪金所得缴纳个人所得税，相关文件也规定纳税人取得全年一次性奖金，应单独作为一个月工资、薪金所得计算纳税。但由于单位发放给员工的年终奖形式不同，个人所得税计算方法也不尽相同。

年终奖到底怎么算个人所得税呢？

根据税法相关规定，发放年终奖的当月工资高于 3500 元时，年终奖扣税方式为：年终奖 × 税率 – 速算扣除数，税率是按年终奖 ÷ 12 作为“应纳税所得额”对应的税率；当月工资低于 3500 元时，年终奖个人所得税 = [年终奖 –（3500 – 月工资）] × 税率 – 速算扣除数，税率是按 [年终奖 –（3500 – 月工资）] ÷ 12 作为“应纳税所得额”对应的税率。

能举个例子吗？

可以啊，比如贵公司职员王先生 2016 年 1 月 14 日取得工资所得是 4500 元，当月又取得2015年一次性年终奖30000元。那王先生2016年1月应交的个人所得税计算如下：

1. 工资、薪金所得应纳个人所得税 =（4500－3500）×3%=30（元）

2. 年终奖应纳个人所得税 =30000×10%－105=2895（元）

其中10%的税率就是用年终奖30000元除以12个月得2500元，再根据个人所得税工资薪金七级超额累进税率的规定确定的。个人所得税税率规定：1500元至4500元的超额累进税率为10%，速算扣除数是105元。

3. 王先生2016年1月应交个人所得税 =30+2895=2925（元）

但如果王先生2016年1月的工资只有3000元呢？

那王先生2016年1月的工资所得不交个人所得税，但年终奖要交个税。年终奖的个人所得税 =（30000－500）×10%－105=2845（元），其中10%的税率是用年终奖30000元减去工资中没有扣够3500元标准的500元后再除以12个月得到商2548元，再根据个人所得税工资薪金七级超额累进税率的规定确定的。

哦，我懂了！但我公司还有一种情况，同一员工同一月份在两个以上单位取得的年终奖可以合并用上述方法计算个人所得税吗？

不可以，根据相关税收文件规定："在一个纳税年度内，对每一个纳税人，该计税办法只允许采用一次。"也就是说如果同一个人同月在两个企业都取得了年终一次性奖金，纳税人在自行申报时，不可以将这两项奖金合并计算缴纳个人所得税，享受一次性奖金的政策；对该个人按规定只能享受一次全年一次性奖金的优惠算法。员工可以选择一个单位的一次性奖金采用优惠办法计算，另一单位取得的年终奖合并到当月工资薪金项目缴税。

应该怎么计算呢？

假设贵公司员工李某2016年1月工资5000元，取得本公司发放的年终奖24000元，另取得兼职单位发放的年终奖6000元，无其他收入。

李某本企业年终奖24000元部分应缴纳个人所得税计算：先将其当月内取得的全年一次性奖金，除以12个月，即：24000÷12=2000（元），再按其商数确定适用税率为10%，速算扣除数为105。

李某年终奖24000元应缴纳个人所得税：24000×10%－105=2295（元）。

李某取得的兼职单位发放6000元年终奖应合并到李某当月工资薪金中

计算缴纳。

但如果兼职单位按发放年终奖计算个人所得税，代扣代缴了个人所得税：6000×3%=180（元）。

李某在本企业取得工资5000元，本企业代扣代缴个人所得税：（5000-3500）×3%=45（元）。

年终汇算清缴，李某工资部分应缴纳个人所得税：（5000+6000-3500）×20%-555=945（元）。

因此，年终汇算清缴后，李某工资部分还应补缴个人所得税：945-180-45=720（元）。

我清楚了。年终奖的个人所得税还有没有其他要特别注意的事项呢？

有4点特别强调的事项：

1. 在一个纳税年度内，对每一个纳税人，该计税办法只允许采用一次。

2. 实行年薪制和绩效工资的单位，个人取得年终兑现的年薪和绩效工资按年终奖金的办法执行。但双薪应当并入当月工资、薪金收入缴纳个人所得税。

3. 员工取得除全年一次性奖金以外的其他各种名目奖金，如半年奖、季度奖、加班奖、先进奖、考勤奖等，一律与当月工资、薪金收入合并，按税法规定缴纳个人所得税。

4. 不能在以下区间发放奖金，否则将会出现一次性奖金数额高税后收入低的现象。［（18001 ~ 19283.33元）、（54001 ~ 60187.50元）、（108001 ~ 114600元）、（420001 ~ 447500元）、（660001 ~ 706538.46元）、（960001 ~ 1120000元）］

税博士，您说这么多，有法律依据吗？

你放心，都有税收文件规定！那就是：国税发〔2005〕9号、国税发〔2009〕121号、国家税务总局公告2011年第46号和国务院令第600号。

哦，听了您的解答我彻底明白了年终奖的纳税处理方法，非常感谢您。

不客气！欢迎有问题再来咨询，祝你工作愉快，再见！

政策链接

- 《国务院关于修改〈中华人民共和国个人所得税法实施条例〉的决定》（中华人民共和国国务院令第600号）
- 《国家税务总局关于贯彻执行修改后的个人所得税法有关问题的公告》（国家税务总局公告2011年第46号）
- 《国家税务总局关于明确个人所得税若干政策执行问题的通知》（国税发〔2009〕121号）
- 《国家税务总局关于调整个人取得全年一次性奖金等计算征收个人所得税方法问题的通知》（国税发〔2005〕9号）

第 43 集 营改增新政策解析之什么影响税负高低？

本集提示：营改增后房地产开发企业应该在发票上注意什么事项呢？
增值税扣税凭证都包括什么？

本集撰稿：中财讯编辑部

本集人物：

房地产公司会计

税博士

税博士，您好！李克强总理在 2016 年政府工作报告中提出全面实施营改增，范围扩大到“房地产、建筑、金融、生活服务业”四大行业，这么一来我们房地产公司真的要告别营业税了吗？

是的，总理这次一锤定音，营改增真的到来了。

这项政策有什么意义呢？都说营改增是减负，但是我们公司以后的税率好像还提高了呢？

增值税管理最大的特点是国家通过“金税工程”系统利用覆盖全国税务机关的计算机网络对增值税专用发票和企业增值税纳税状况进行严密监控，是“以票控税”最为典型的税种。以前，房地产、建筑、金融、生活服务业发票问题最为突出，在此背景下，营改增后房地产、金融等企业对增值税的管理应该更加规范，着力防范涉税行政和刑事法律风险。

同时像你所说的，营改增后，房地产将适用 11% 的税率，相较于 5% 的营业税税率，确实是有较大幅度的提升，国家层面的“减税”重在整体，侧重于中小企业，落实到具体企业是有增有减，因此提升税务管理的水平和税务筹划能力非常重要。

哦，我明白了。那营改增后，我们公司肯定是增值税一般纳税人，国家又这么注意规范发票问题，我们应该在发票上注意什么呢？

营改增后，一般纳税人当期应纳增值税依据“销项税额 – 进项税额”计算得出，因此，在销项税额既定的情况下，企业增值税税负取决于进项税额的大小。

依据现行税法规定，纳税人取得的增值税扣税凭证不符合法律、行政法规或者国家税务总局有关规定的，其进项税额不得从销项税额中抵扣。纳税人凭税收缴款凭证抵扣进项税额的，应当具备书面合同、付款证明和境外单位的对账单或者发票。资料不全的，其进项税额不得从销项税额中抵扣。

增值税扣税凭证都有什么呢？

增值税扣税凭证，是指增值税专用发票、海关进口增值税专用缴款书、农产品收购发票、农产品销售发票和税收缴款凭证。

也就是说“三票一证”的取得和管理，直接影响增值税税负，你们公司应该切实重视进项税额发票凭证的管理。

哦，我知道了。那营改增后像我们这样的房地产公司真的是需要大改呀，财务核算上肯定也会有很大的影响吧？

这是自然。首先，按照现行税法规定，“一般纳税人会计核算不健全，或者不能够提供准确税务资料的”，企业应当按照销售额和增值税税率计算应纳税额，不得抵扣进项税额，也不得使用增值税专用发票。也就是说如果你们公司会计核算不合规，会按照 11% 的增值税税率直接计算当期应纳增值税。

对了税博士，我们公司除了主营房地产相关业务还兼营了广播影视服务，这样的话我们怎么计算增值税呢？

广播影视服务属于部分现代服务业，2012 年起从上海开始试行，目前已经纳入营改增试点范围。按照现行税法规定，增值税纳税人提供适用不同税率或者征收率的应税服务，应当分别核算适用不同税率或者征收率的销售额；未分别核算的，从高适用税率。也就是说你们公司按 11% 和 6% 的税率分别核算就可以了，没有分别核算的话，就按 11% 的税率核算。

哦，那可得注意分别核算了，不然就亏大了。

会计核算不是单纯的财务问题，也是税务管理的一个组成部分，尤其在混合销售、混业经营等情况下，企业应按照要求分别核算，降低税负。

总之，营改增后，影响企业税负高低的三大要素是：

第一，获得抵扣销项税额的进项税额大小。在销项税额确定的情况下，获得抵扣销项税额的进项税额越大，税负越低。获得抵扣销项税额的进项税额越小，税负越高；

第二，纳税人取得的增值税扣税凭证是否合法。不合法进项税额不得从销项税额中抵扣；

第三，不同税率业务是否分开核算。未分开核算，税率从高计征。

我懂了，税博士，今天真是谢谢您了，营改增大改在即，肯定还会有别的问题，下次有问题还来请教您！

不客气，欢迎下次再来咨询！

第 44 集 营改增新政策解析之建筑业营改增如何应对？

本集提示：营改增建筑业企业应如何调查摸底和模拟运转？
营改增企业的应对方案？

本集撰稿：中财讯编辑部

本集人物：

公司会计

税博士

税博士，您好！现在营改增正是如火如荼的时候，前几天也就是 3 月 13 日国家税务总局局长王军在答记者问的时候表示，与以往相比，这次营改增有几个不同点：一是数量多，涉及近 1000 万户纳税人；二是时间紧，只有不到 2 个月的实际准备时间；三是首次涉及自然人缴纳增值税征管，比如个人二手房交易；四是新增纳税人过去基本没接触过增值税。困难重重，问题严峻，那我们建筑业企业应该如何应对啊？

国家税务总局已经制定了任务书、时间表、路线图和责任状，国税、地税将齐心协力、尽心尽力帮助企业。企业自身必须做好相应的准备工作。尤其是你们建筑业企业，营改增准备工作十分必要，做好各项准备工作，既有利于建筑业营改增试点顺利实施，也有利于推动企业提升经营管理水平，促进企业实现转型升级。

那我们怎么准备呢？学习法律法规吗？现在具体政策和文件还没有出台啊！

你们公司要把学习法规政策贯穿于准备工作的始终，除了有计划、有组织地学习有关法规政策，还应该积极开展公司内部的调查摸底和模拟运转，找出不适应增值税管理与核算的问题，有针对性地调整内部体制和机制，完善内部管理和控制，与此同时，保持与税务等管理部门的经常沟通和协调。

税博士，怎么调查摸底和模拟运转啊？

营改增模拟运转，是指建筑业企业在目前仍然实施营业税管理和核算的情况下，参照对已经实施营改增行业企业增值税的征收管理规定，进行全过程的增值税模拟管理和账外核算。模拟运转，要严格依据实施增值税管理的实际情况，对工程投标报价、合同协议管理、货物劳务采购、发票管理传送、会计稽核核算、实施报税清缴等管理环节进行全面审查，准确、具体、全面地找出不适应增值税征收管理的各种实际问题，以便系统地、有针对性地做好内部各项准备工作。

这么多项目问题，都模拟的话工作是不是太多了，5月1日很快就要到了呀？

你们公司就得有选择有计划。在模拟运转中有选择地验证某些政策建议的有效性。过去，建筑业在进行政策层面的准备工作中，各企业曾经提出过不少政策建议。在模拟运转中，要有选择地对某些政策建议的有效性作进一步验证，并拟定具体操作办法。比如：第一项“老工程老办法”。这项措施对企业在过渡期的税负有何影响，影响程度多大，要在模拟运转中具体测算、分析。另外，对具体操作中如何区分和认定新、老工程，如何确保能把新、老工程的进项税和所用材料设备等区分清楚。要在管理和核算上拟定具体办法，并主动与税务部门沟通、协商。第二项“甲方供料”。针对现实条件下无法避免的甲方供料问题，采取什么具体办法从销项税税基中予以扣除。要拟定具体操作办法，并与税务部门协商。第三项“商品混凝土税率调整”。若商品混凝土简易计税办法调整为一般计税办法，整体上对企业有什么影响，企业税负可否减轻，减轻幅度如何。要依据模拟运转的实际情况分析研究，并拟定出本企业应对策略。第四项“建筑劳务税率”。如果对建筑劳务企业实行简易纳税政策，对建筑企业税负有没有影响，影响程度如何，对建筑企业劳务管理体制和运行机制是否有影响。要在模拟运转中据实进行测算、分析，并拟定本企业使用建筑劳务策略方案，等等。

刚刚说的应对方案要怎么做呢？

目前，建筑业营改增实施办法及相关政策规定还没有出台，加之企业之间现有内部管理水平差别较大，在这种情况下，面对诸多准备工作，既要全面制定应对方案，又要从实际情况出发，突出重点，注重做实。比如（1）关于增值税管理的基础条件问题。企业是否增设内部税务管理机构，如何选配内部纳税业务管理人员，购置哪些有关设备和相关税务管理软件，要纳入企业整体工作计划提前予以考虑和安排。（2）关于完善“项目法施工管理”问题。为适应增值税征收管理要求，企业对包括项目法施工管理在内的诸多内部管理体制和运行机制是否需要调整完善，怎么调整完善，要反复研究，做出方案，择时付诸实施。（3）关于投标报价问题。在有关部门尚未明确改变建设工程造价计价规则的情况下，根据增值税是价外税的属性，企业怎样对新承接工程进行投标报价。要统一思想，形成本企业自己新的投标报价策略方案。（4）关于合同协议问题，在签订新的合同协议中，如何体现营改增给甲乙双方相互关系带来的新变化，怎样反映增值税征收管理的新要求，要形成企业统一策略，制定出通用合同条款的参照样本。（5）关于某些长期性政策规定的具体解释和具体落实问题。根据建筑企业的产品、生产、管理、经营特点，怎样具体认定纳税人、纳税义务发生时间、纳税期、纳税地点，怎样具体进行进项税发票的认证和增值税的会计核算等等，要形成基本意见，制定具体做法，并积极主动与当地主管税务部门沟通、协商、确认，等等。

哇，这么多工作要做啊，税博士，今天真的是收获良多，我要赶紧回去做准备工作了，再见！

不客气，欢迎下次再来咨询！再见！

第 45 集 营改增新政策解析之房地产业营改增如何应对？

本集提示：房地产的成本是否有充分的进项税可以抵扣？
营改增后房地产公司该如何选择供应商呢？
设备商会调价吗？
如何看待 17% 和 13% 进项税的争夺？

本集撰稿：中财讯编辑部

本集人物：

房地产公司会计

税博士

税博士，您好！前几天向您请教了营改增后我们房地产公司税负是否增加的问题，今天又来向您请教房地产业营改增如何应对。

好的，欢迎。请问您有什么问题呢？

我们知道，增值税税制的优点是能够避免专业化分工过程中的重复征税。

增值税属于价外税，税款实际上是由下一环节纳税人负担，最终转嫁给消费者负担。那么营改增后房地产的销项税可以向下游转嫁吗？

住宅是不能转嫁的，商业地产部分可以转嫁，但是由于写字楼、酒店公寓使用价值低于住宅，所以商业地产的转嫁空间有限。因而营改增之后，住宅含税价是不变的，商业地产含税价会略有上升。而且营改增，需要销售部门与财务部门联合评估调价的影响。

那房地产的成本是否有充分的进项税可以抵扣？

房地产的开发成本包括：土地使用权出让金、土地征收及拆迁安置补偿费、前期工程费、建造费用、基础设施费、公共配套设施费、开发期间税费等。那么这些成本费用中，土地（含契税）成本、规费占成本的

35% ~ 40% 均无进项，利息占成本的 5% ~ 10% 也无进项，所以累计增加税负 1.4% ~ 2.5%。

那我们房地产企业和建筑业企业，谁的转嫁压力更大呢？

其实房地产业可以考虑将增加的税负向上游转嫁，但是建筑业就比较难办，因为建筑业的净利为 3% ~ 5%，建筑业上游钢铁行业是亏损的，建筑业的黄沙、人工没有进项，混凝土进项不足，不含税价不变导致实际税负上升 1% ~ 2%。房地产行业的利润虽然下降至 5% ~ 10%，但建筑业的才 3% ~ 5%，在房地产行业含税价保持不变而导致收入下降的情况下，建筑业向下游转嫁面临压力。房地产公司向建筑业上游转嫁的压力与动力更足。因而营改增本质上是全行业的重新定价，由于终端的房地产行业不含税价总体上未变，因而判断总体上将导致税负从房地产向上游建筑业传导。最后增税还是减税还是取决于税率与进项票。

营改增后，我们房地产公司该如何选择供应商呢？设备商会调价吗？如何看待 17% 和 13% 进项税的争夺？

设备商不会调价的。在 17% 税率的设备等含税价不变的情况下，会引起甲供材的争夺，除非建筑方让利，这时需要测算两种方式的不同报价。从税收的角度讲，选择供应商，首先要是能够开具增值税专用发票的一般纳税人，或者是能够由税务机关代开增值税专用发票的小规模纳税人，还有就是只能开具普通发票的纳税人了。从小规模纳税人处采购时很难抵扣进项税额或者只能抵扣较少的进项税额，但是不能只看价格高低和可抵扣的进项税额，应该以利润最大化作为选择的标准。

我们房地产企业都是先预售再决算，先有销项后有进项，留抵进项税如何处理呢？

建议慢慢开盘慢慢销售就可以。增值税一般纳税人在资产重组过程中，将全部资产、负债和劳动力一并转让给其他增值税一般纳税人，并按程序办理注销税务登记的，其在办理注销登记前尚未抵扣的进项税额可结转至新纳税人处继续抵扣。详情参考国家税务总局公告 2012 年第 55 号文件。

增值税一般纳税人因住所、经营地点变动，按照相关规定，在工商行政管理部门作变更登记处理，但因涉及改变税务登记机关，需要办理注销税务登记并重新办理税务登记的，在迁达地重新办理税务登记后，其增值税一般纳税人资格予以保留，办理注销税务登记前尚未抵扣的进项税额允许继续抵扣。国家税务总局公告2011年第71号文件有具体规定。

这个过程比较复杂，由被合并公司税务机关出具《增值税一般纳税人资产重组进项留抵税额转移单》给新主管机关，新主管机关核对进项留抵税额的认证凭证，转移资产是否与进项留抵税额配比（不配比的，提供结转成本费用明细）。

那我回去再想想吧，积极做一些准备工作，今天谢谢您了。

不客气，欢迎下次再来咨询！

政策链接

- 《国家税务总局关于纳税人资产重组增值税留抵税额处理有关问题的公告》（国家税务总局公告2012年第55号）
- 《国家税务总局关于一般纳税人迁移有关增值税问题的公告》（国家税务总局公告2011年第71号）

第46集 营改增新政策解析之进项税额抵扣有什么技巧？

本集提示：三方协议下的增值税进项税能否抵扣？

什么样的行为属于虚开发票？

购进货物的单位与付给款的单位不一致，增值税能否抵扣？

本集撰稿：中财讯编辑部

本集人物：

公司会计

税博士

税博士，您好！今特向您请教一个三方协议下的增值税进项税能否抵扣的问题。我公司向一家钢材企业采购原材料，获得了这家钢材企业开具的增值税专用发票，但付款时将货款直接付给另一家企业。这家钢材企业是否会被税务机关认定为虚开增值税专用发票，从而导致我们公司取得的进项税额不能抵扣呢？

这种情况下，你们签署三方协议了吗？

签订了三方协议。协议主要是说：因这家钢材企业欠另一家企业款项，经我们公司以及钢材企业和另一家企业三方同意，由我们公司将钢材企业的货款直接打给另一家企业用于还款。

根据《发票管理办法》第二十二条规定，任何单位和个人不得有下列虚开发票行为：

（一）为他人、为自己开具与实际经营业务情况不符的发票；

（二）让他人为自己开具与实际经营业务情况不符的发票；

（三）介绍他人开具与实际经营业务情况不符的发票。

因此，结合这家钢材企业的业务实质，他们公司不属于虚开增值税专用发票。

那么，就是说我们公司可以申报抵扣进项税额？

根据《国家税务总局关于加强增值税征收管理若干问题的通知》（国税发〔1995〕192号）文件第一条第三款规定，纳税人购进货物或应税劳务，支付运输费用，所支付款项的单位，必须与开具抵扣凭证的销货单位、提供劳务的单位一致，才能够申报抵扣进项税额，否则不予抵扣。

此条款从1995年发布至今一直都是有效的，按照该文件的规定，你们公司因购进货物的单位与付给款的单位不一致，因而获得的增值税进项税额不能申报抵扣。

那怎么办呀？早知道就不答应签署这项三方协议了。

不要着急。在实务中，很多税务机关也会依据此文件规定，严格执法，但对于此文件的规定，在现行的经营环境中，显得较为严苛且不合时宜。

税博士，难道您有什么好的方法或建议？

首先，三方抵款协议是为清偿债权债务关系而签订的，此项行为符合合同法的相关规定，国税发〔1995〕192号文件立法的根本目的是防止虚开增值税专用发票，你们公司整个过程业务真实发生，并未偷税漏税，增值税链条并未间断，此进项税额应该予以抵扣。

其次，三方转账属于企业正常的债权债务清偿方式，实质上最终收款方与增值税专用发票上开具的收款单位是一致的，三方抵款协议下，增值税进项税额的抵扣实质上并不违背国税发〔1995〕192号文件。

但是刚您不是说购进货物的单位与付给款的单位不一致，国税发〔1995〕192号文件规定不能抵扣吗？

按照《国家税务总局关于纳税人对外开具增值税专用发票有关问题的公告》（国家税务总局公告2014年第39号）文件规定，对外开具增值税专用发票同时符合以下情形的，不属于对外虚开增值税专用发票。

1. 纳税人向受票方纳税人销售了货物，或者提供了增值税应税劳务、应税服务；

2. 纳税人向受票方纳税人收取了所销售货物、所提供应税劳务或者应税服务的款项，或者取得了索取销售款项的凭据；

3. 纳税人按规定向受票方纳税人开具的增值税专用发票相关内容，与所销售货物、所提供应税劳务或者应税服务相符，且该增值税专用发票是纳税人合法取得、并以自己名义开具的。

因此，受票方纳税人取得的符合上述情形的增值税专用发票，可以作为增值税扣税凭证抵扣进项税额。

真是太好了。

国家税务总局公告2014年39号文件强调了物流、资金流、发票流的“三流合一”，第二条取得款项后，加了一项取得了索取销售款项的凭据，应该是可以理解为企业若有三方协议与第三方收款的凭据，即可算是取得了索取销售款项的凭据。因此我个人认为国家税务总局公告2014年第39号实际已将三方协议也纳入了资金流的范围中。

嗯，我知道了。谢谢您了税博士，我要回去给老板交差啦！

不客气，欢迎下次再来咨询！

政策链接

- 《国家税务总局关于纳税人对外开具增值税专用发票有关问题的公告》（国家税务总局公告2014年第39号）
- 《国家税务总局关于加强增值税征收管理若干问题的通知》（国税发〔1995〕192号）

第 47 集 营改增新政策解析之个人二手房买卖如何交税？

本集提示：2010 年买的郊区的房屋是否要缴纳增值税？

个人二手房买卖是否交个人所得税？

本集撰稿：中财讯编辑部

本集人物：

公司职员

税博士

税博士，您好！我是一家单位的 CFO，在北京市的郊区有一套房产，因为现在住在市里，所以想把那套郊区房卖掉，但是近来财税改革，5 月 1 日起要全面实施营改增，这其中还涉及自然人缴纳增值税征管，比如个人二手房交易。我想知道对我卖那套房屋有什么影响？

这要看你是什么时候买的房子了。

我郊区的那套房子是 2010 年买的。

根据《营业税改征增值税试点实施办法》规定：个人将购买不足 2 年的住房对外销售的，按照 5% 的征收率全额缴纳增值税；个人将购买的 2 年以上（含 2 年）的住房对外销售的，免征增值税。

哦，那就好了，这几天还一直琢磨这个事情呢，不用缴税真是棒极了。但是我有个朋友他是去年买的住房，今年要卖的话和原来营业税下相比较要缴多少税呢？是多了还是少了？

以前个人将购买不足 2 年的住房对外销售的，全额征收营业税，营改增后，按照 5% 的征收率全额缴纳增值税。假如房价为 100 万元，则：

营改增前：应缴营业税：100 × 5% = 5（万元）

应缴附加：5 × 12% = 0.6（万元）

营业税及附加总税费：5.6（万元）

营改增后：应缴增值税：100÷（1+5%）×5%=4.7619（万元）

应缴附加：4.7619×12%=0.5714（万元）

增值税及附加总税费：5.3333（万元）

营改增前后，营业税与增值税税负对比，降低0.2667万元（5.6-5.3333）。

哦，我知道了。

5%的征收率，在我国目前增值税体制下，是一个全新的税率，属于过渡政策的范畴。原增值税一般纳税人有17%、13%这两档税率；此前营改增试点4年时间，试点一般纳税人分别适用11%、6%的税率，针对小规模纳税人仅有3%这一档征收率。个人二手房交易改征增值税，适用5%的征收率，也是为了改革平稳过渡、不增加纳税人负担的做法。营业税存在环环征收、重复征税的问题，个人二手房流通次数增多，会加剧重复征税的问题。但增值税只对增值额征税，从长远和税收原理来看，营改增是减税的。

嗯，那还有别的税费要考虑吗？

还有个人所得税要考虑。

个人所得税？

是的，根据上面这个例子继续说：

① 按照（本次房屋交易价格－房屋原值－转让房屋过程中缴纳的税金－合理费用）×20%计算缴纳个人所得税，不考虑其他因素，则：

营改增前：（本次房屋交易价格×0.944万元－房屋原值－其他除营业税及附加以外缴纳的税金－合理费用）×20%

其中：本次房屋交易价格×0.944万元＝本次房屋交易价格－本次房屋交易价格×5.6%

营改增后：（本次房屋交易价格×0.9383万元－房屋原值－其他除增值税及附加以外缴纳的税金－合理费用）×20%

其中：本次房屋交易价格×0.9383万元＝本次房屋交易价格÷（1+5%）－本次房屋交易价格×5.3333%

就是说营改增后，不考虑其他特殊情况，应缴个人所得税也略有下降。

② 按照本次房屋交易价格×征收率，计算缴纳个税，不考虑其他因

素，则：

营改增前：本次房屋交易价格 × 征收率

营改增后：本次房屋交易价格 ÷（1+5%）× 征收率 = 本次房屋交易价格 ×0.9709× 征收率

就是说营改增后，不考虑其他特殊情况，应缴个人所得税也略有下降。

对了税博士，缴税的话去哪儿缴呢？

根据国家税务总局下发的税总办发（2016）52 号文件规定：二手房交易营业税改征增值税委托地税代征。营改增之后，个人二手房交易这块的增值税仍暂时由地税部门征收。因为二手房交易环节的其他税种，如个人所得税、契税等均由地税部门负责，为统一方便管理考虑，营改增之后，仍由地税部门征收。

目前，我国二手房交易过程中存在营业税、个人所得税、契税、城市维护建设税、教育费附加税等，个人二手房交易中暂免征收土地增值税和印花税。

谢谢您，税博士。今天的咨询真的很实用，下次有问题还来请教您。

不客气，欢迎下次再来咨询！

政策链接

- 《国家税务总局办公厅关于下发二手房交易营业税改征增值税委托地税代征业务需求的通知》（税总办发〔2016〕52 号）

第 48 集 营改增新政策解析之营改增如何见招拆招？

本集提示：营改增困难重重，为什么国家还要如此坚决实施呢？
营改增改革真的有效果吗？
如何才能保证成为那个生活服务业里不增负的一员呢？

本集撰稿：中财讯编辑部

本集人物：

酒店会计

税博士

税博士，您好！李克强总理在两会政府工作报告中指出，5 月 1 日起全面实施营改增，这意味着营改增试点范围将扩大到之前剩下的四大行业，其中就包括我们生活服务业。从 2012 年 1 月上海市交通运输业开展营改增以来，营改增已经走过了 5 个年头。今年这最后一脚终于要落地，落在我们生活服务业的上头了。这最后一脚真是姗姗来迟，而且还困难重重，为什么国家还要如此坚决实施呢？

在之前营改增的 5 个年头中，营改增实施的范围从部分省、市扩大到全国，从个别行业扩展到各类行业，可以看出，营改增改革都是国家财税改革的重头戏。财税改革的目的无非是想进一步完善税收体制，从而在保证国家财政根基的情况下，最大限度地保护纳税人的合法权益，最大限度地体现税收公平。因此，营改增改革的主要目的就是彻底地解决生产和流通环节重复征税的问题，从而释放更多的红利。

这些改革真的有效果吗？我们这类酒店行业以前一直是缴营业税，对增值税、营改增根本没了解过。

现在政府在大力推行减税，营改增是其中一项重大举措。从之前营改增减税实施的情况来看，减税效果还是非常显著的。据财政部公布的营改增试点运行情况显示：2013年营改增试点减税超过1400亿元；2014年，减税1918亿元，其中超过95%的试点纳税人因税制转变带来税负不同程度的下降；2015年7月，国家税务总局召开新闻通报会，表示2015年上半年营改增减税超1100亿元；所以说，营改增的实施确实能为企业降低税负，出让更多的红利，让更多的企业能够轻装上阵，进行转型升级，从而获得更好的发展。

前几天好多消息称营改增后企业税负不可能所有企业都只减不增，只能保证行业不增，那我们该怎么应对才能保证成为那个生活服务业里不增负的一员呢？

面对营改增这临门一脚，你们如何见招拆招，还真得有系统有计划的来。首先，诚如你刚才所说，你们公司没有接触过增值税和营改增问题，那么就要先对财务人员进行系统培训，国家税务总局也在营改增收官倒计时安排里提出了明确的培训要求。营改增带来的不仅仅是税率的变化，其背后涉及很多的问题，例如企业的盈利、支出、成本，等等。因此，当下你们公司最要紧的就是要对财务人员进行有关增值税的系统培训，这才是迫在眉睫的头等大事。

哦，我知道了。还有吗？

以前已经有很多行业顺利完成了营改增，你们可以吸收其他行业营改增经验，你们公司不仅要做好对财务人员的培训，还应该积极吸收、借鉴和学习其他行业营改增业务处理流程。同时还要对本身的所有业务进行梳理，了解那些可能受营改增影响的业务，如果营改增使得企业税负上升，那就应该找出这些税负增加点，然后想办法解决。

啊，我明白了。做好这些就可以了吗？

还有最后一点，注意系统性改造业务流程，在四大行业营改增全面推开之前，你们非常有必要进行“系统化地改造”。比如系统化地改造业务流程，按照增值税的设计原理，重新塑造业务流程。同时去国家税务总局网站上下载一些增值税申报指南看一看也是很有帮助的。

好的，我知道了。谢谢您，税博士。今天真的是收获甚多啊，下次有问题还来向您请教！

不客气，欢迎下次再来咨询！

第 49 集 营改增新政策解析之如何防范虚开发票风险？

本集提示：上游供应商接受虚开发票，下家受到牵连，该怎么办？增值税除了接受虚开发票或者善意接受虚开发票风险，还有别的风险吗？

本集撰稿：中财讯编辑部

本集人物：

建筑公司会计

税博士

税博士，您好！我们公司是建筑类企业，上次在中财讯听营改增的课，真的是获益良多。今天过来还是请教几个关于营改增的问题。

好的，请讲！

您也知道，以前我们建筑企业票据不规范。现在营改增，启用增值税升级版，建筑企业接受专用发票并进行认证以后，系统将完成自动比对，及时发现虚开增值税发票，兜售虚假发票者将再无立足之地。但是，上游供应商接受虚开，我们下家受到牵连，该怎么办？

这就需要你们时刻提高警惕，注意防范风险。明确接受或善意接受虚开发票的风险都有哪些，长期以来，建筑企业存在较多的票据不规范和白条的问题，这是一项不容回避的事实。

什么是发票虚开，这个内涵超出一般人的认知，除了发票本身是假的，即便是真票，但如果是以下情形，也为虚开：

“任何单位和个人不得有下列虚开发票行为：

（一）为他人、为自己开具与实际经营业务情况不符的发票；

（二）让他人为自己开具与实际经营业务情况不符的发票；

（三）介绍他人开具与实际经营业务情况不符的发票。”

营改增之后，建筑业采购需做到合同、发票、物流与现金流支付均一致。否则，将承担严重的后果。建筑企业过去很多是项目承包与挂靠方式，项目相关的产、供、销与资金收付均自成一体、分开操作。传统模式显然与“四相符”的管理要求不符，需要做大的改变。

即便如此，像你刚才所说建筑企业也不排除仍存在善意接受虚开发票情形。比如，上游供应商接受虚开，也可能让下家受到牵连。尽管采购业务真实并支付了相关的货款，但一旦被认定为善意接受虚开，虽不罚款，也要将增值税进项税额转出，遭受损失。

那您说的这些有什么依据吗？

你放心，绝不敢乱讲，有税收文件规定！那就是：国税发〔1995〕192号、国税发〔2000〕187号、国税函〔2007〕1240号、国家税务总局公告2012年第33号、国家税务总局公告2014年第39号。

对于我们建筑企业财务人员而言，增值税是全新知识，且核算与管理难度都远大于从前，除了接受虚开发票或者善意接受虚开发票风险，还有别的风险吗？

增值税进项税额少转、迟转或多转的风险也需要重点注意。当采购物品用于简易征税办法、集体福利、个人消费、餐饮娱乐支出、居民日常服务时，相关采购发票的进项税额，不能从销项税额中抵扣。对于建筑企业财务人员而言，增值税是全新知识，且核算与管理难度均远大于从前，这种风险很容易出现。特别是对于采购材料是否用于简易征税办法的特定项目，如果未与项目管理部门有效沟通，容易出现少转或未及时转出的风险。

哦，财务人员的工作量真的很大，这次回去得找几个有经验的人来帮忙才行。

嗯。此外，对建筑企业而言，还需要转出的主要有购进货物、在产品、产成品、在建工程及不动产的非正常损失，这是指因管理不善造成货物被盗、丢失、霉烂变质，以及因违反法律法规造成货物或者不动产被依法没收、销毁、拆除的情形。一旦发生，所有与之相关的采购进项税额均需转出。这也存在较大的工作量。对于固定资产、无形资产和不动产可以以当期净值和适用税率计算，分别在已抵扣和未抵扣（40%需在收到发票第2年抵扣）的进项税额中转出；对于建筑企业的在产品而言，工期长、耗用材料等进项较多，同时因工地与财务管理部门相距甚远，如果信息传递不及时，是否是因管理不善所致，也难以及时、准确转出。

这么多情况啊？

除刚刚讲的因为信息不对称、核算或定性不准确（非正常损失）所致的多转外，还有同时用于应税和简易征税、集体福利等固定资产、无形资产和不动产。很多财务人员，错误地按比例也一并转出，造成误转、多转。

这次回去还得给财务人员好好培训培训。

嗯，你可以给财务人员看看这次国家税务总局下发的营改增文件，刚刚上面讲这种情况依据就来自财税〔2016〕36号文件附件1第二十七条：

“下列项目的进项税额不得从销项税额中抵扣：

（一）用于简易计税方法计税项目、免征增值税项目、集体福利或者个人消费的购进货物、加工修理修配劳务、服务、无形资产和不动产。其中涉及的固定资产、无形资产、不动产，仅指专用于上述项目的固定资产、无形资产（不包括其他权益性无形资产）、不动产……”

好的，税博士。今天真是谢谢您了，我先回去了，估计后续还会有很多问题，下次有问题还来向您请教！

不客气，欢迎下次再来咨询！

政策链接

- 《财政部　国家税务总局关于全面推开营业税改征增值税试点的通知》（财税〔2016〕36号）
- 《国家税务总局关于纳税人对外开具增值税专用发票有关问题的公告》（国家税务总局公告2014年第39号）
- 《国家税务总局关于纳税人虚开增值税专用发票征补税款问题的公告》（国家税务总局公告2012年第33号）
- 《国家税务总局关于纳税人善意取得虚开增值税专用发票已抵扣税款加收滞纳金问题的批复》（国税函〔2007〕1240号）
- 《国家税务总局关于纳税人善意取得虚开的增值税专用发票处理问题的通知》（国税发〔2000〕187号）
- 《国家税务总局关于加强增值税征收管理若干问题的通知》（国税发〔1995〕192号）

第 50 集 营改增新政策解析之 如何补救不能抵扣的发票？

本集提示：在发生“销售退回”时，为了规避开红字发票的麻烦，由我们开了一份销售专用发票视同购进后又销售给了原生产企业，发票能否抵扣？

增值税专用发票“抵扣联”“发票联”丢了，怎么办啊？

本集撰稿：中财讯编辑部

本集人物：

公司会计 

税博士 

税博士，您好！营改增以后，我们公司特别关注增值税发票的处理，今天就想问您几个关于"营改增"增值税发票的抵扣问题，希望能够获得您的帮助。

没问题。全面营改增后，增值税将取代营业税，未来增值税将占国家税收总收入的40%以上，成为我国第一大税种，对于纳税人来说增值税的管理，发票进项管理确实是其中一个至关重要的环节！你有什么具体问题呢？

我们公司有一笔业务，前些天买了一批产品，但后来因为不符合质量要求的问题，把这批产品退了，在发生“销售退回”时，为了规避开红字发票的麻烦，由我们开了一份销售专用发票视同购进后又销售给了原生产企业，这个发票能抵扣吗？

你们这属于对开发票，不能抵扣。

为什么？我们只是把这批不符合质量要求的货物又“卖回”了销货方，并不造成购销双方的税款流失，因为我们公司已经将这张发票作了账务处理，也计提了销项税金，不存在少缴或逃缴税款问题；对于他们供货一方来说，也只是拿这张进项发票抵顶了原来应计提的销项税金，同样也不存在偷逃税款的问题啊。

用发票对开解决销货退回问题，就是将退货看作是对销货方的一种重新销售，法律并无禁止，不禁止即视为不违法；再说用发票对开形式解决销货退回问题，从操作目的上看购销双方并不存在偷逃税款的主观故意，从实质上看也不造成税款流失的客观结果啊。

你上面的这些认识是错误的！

首先，在发生销售退回时，如果未按规定开具红字专用发票，实行对开发票有可能增加税收负担。

事实上，《增值税暂行条例实施细则》第十一条中有规定，企业如果发生销货退回行为，应按规定开具红字发票，如果不按规定开具红字发票，重开发票的增值税额将不得从销项税额中抵减，因此将会被重复计税，增加税收负担。

其次，“对开发票”将面临税务机关的罚款。

纳税人如果未能按规定开具红字发票，税务机关在有足够证据的情况下，可责令限期改正，没收非法所得，可以并处10000元以下的罚款。违反发票管理法规，如果导致其他单位或者个人未缴、少缴或者骗取税款的，税务机关还将没收非法所得，甚至处未缴、少缴或者骗取的税款一倍以下的罚款！

再次，没有货物往来的发票对开可能被视为虚开发票。增值税专用发票对开，由于没有货物购销或者没有提供或接受应税劳务，符合“虚开增值税专用发票”的特征，极有可能被认定为虚开增值税专用发票，如果情节严重，还有可能被追究刑事责任。

最后，“对开”发票还会让企业多缴纳印花税而增加税收负担，或者因少缴纳企业所得税，而面临税务稽查风险。

回销给售货方如果书立合同，需要缴纳印花税，按购销金额的万分之三贴花，对比销货退回的正常处理，实在是增加了不必要的税收负担。想想如果不按时缴纳，还可能受到处罚。

啊，这么严重啊！但好像对增值税也没有什么影响。

发票对开，虽然对增值税没有影响，却会影响企业所得税的计算。

所得税的计算中有许多费用扣除项目是以销售收入为基础。比如企业发生的与生产经营活动有关的业务招待费支出，按照发生额的60%扣除，但最高不得超过当年销售（营业）收入的0.5%，企业发生的符合条件的广告费和业务宣传费支出不超过当年销售（营业）收入15%的部分准予扣除。如果企业按虚增后的销售收入计算费用扣除，就会造成多扣除，少计应税所得的结果。因此会加大企业被税务稽查的风险。

哦，那我知道了。对了，税博士，我们公司有张增值税专用发票"抵扣联"丢了，怎么办啊？

增值税一般纳税人将取得的专用发票"抵扣联"丢失的，其进项税额不允许抵扣。但如果丢失前已认证相符，可用"发票联"复印件作为"抵扣联"留存备查；如果丢失前未认证的，可用"发票联"到主管税务机关认证，将"发票联"复印件留存备查。

"发票联"也丢了。

增值税一般纳税人将取得的专用发票的"发票联"和"抵扣联"全部丢失的，其进项税额不允许抵扣。但在丢失前已认证相符的，购买方可凭销售方提供的相应"记账联"复印件及销售方所在地主管税务机关出具的《丢失增值税专用发票已报税证明单》，经购买方主管税务机关审核同意后，可作为增值税进项税额的抵扣凭证抵扣进项税；如果丢失前未认证的，购买方凭销售方提供的相应"记账联"复印件到主管税务机关进行认证，认证相符的凭"记账联"复印件及销售方所在地主管税务机关出具的《丢失增值税专用发票已报税证明单》，经购买方主管税务机关审核同意后，作为增值税进项税额的抵扣凭证抵扣进项税额。

哦，我明白了！真是谢谢您了，税博士，不然损失可就大了，我要回去给老板交差啦，下次有问题还来向您请教！

不客气，欢迎下次再来咨询！

第 51 集 营改增新政策解析之如何处理房产租赁业务？

本集提示：作为一般纳税人，2016 年 4 月 30 日前取得的不动产出租，该如何按 5% 计税呢？

出租在 2016 年 5 月 1 日以后取得的不动产如何征税呢？

提供不动产租赁服务，要预缴增值税吗？如何预缴呢？

本集撰稿：中财讯编辑部

本集人物：

房屋租售公司会计 

税博士 

税博士，您好！我公司从事房屋租售业务，营改增后，涉及我们公司的面很广，有很多问题不是很清楚。比如我们作为一般纳税人，2016 年 4 月 30 日前取得的不动产出租，该如何按 5% 计税呢？

一般纳税人出租其 2016 年 4 月 30 日前取得的不动产，可以选择适用简易计税方法，按照 5% 的征收率计算应纳税额。

不动产所在地与机构所在地不在同一县（市、区）的，纳税人应按照上述计税方法向不动产所在地主管国税机关预缴税款，向机构所在地主管国税机关申报纳税。

不动产所在地与机构所在地在同一县（市、区）的，纳税人向机构所在地主管国税机关申报纳税。

这样的征收方式有什么好处呢？

选择简易征收方式解决了老房子出租无抵扣情况，与原税款相比没有上涨，同时有利于降低房产税，向机构所在地申报很好地解决了企业可能少交企业所得税的问题，便于监管。

哦，那我们出租在2016年5月1日以后取得的不动产如何征税呢？

一般纳税人出租其2016年5月1日后取得的不动产，适用一般计税方法计税。不动产所在地与机构所在地不在同一县（市、区）的，纳税人应按照3%的预征率向不动产所在地主管国税机关预缴税款，向机构所在地主管国税机关申报纳税。

不动产所在地与机构所在地在同一县（市、区）的，纳税人应向机构所在地主管国税机关申报纳税。

税博士，您说的这些有什么依据吗？

你放心，绝不敢乱讲，有税收法律文件为证，那就是：国家税务总局公告2016年第16号第六条。

好的。听说此次营改增，我们提供不动产租赁服务，要预缴增值税？如何预缴呢？

有以下几种预缴税款的计算情形：

（1）纳税人出租不动产适用一般计税方法计税的，按照以下公式计算应预缴税款：

应预缴税款 = 含税销售额 ÷（1+11%）×3%

（2）纳税人出租不动产适用简易计税方法计税的，除个人出租住房外，按照以下公式计算应预缴税款：

应预缴税款 = 含税销售额 ÷（1+5%）×5%

（3）个体工商户出租住房，按照以下公式计算应预缴税款：

应预缴税款 = 含税销售额 ÷（1+5%）×1.5%

（4）其他个人出租不动产，按照以下公式计算应纳税款：

a. 出租住房：应纳税款 = 含税销售额 ÷（1+5%）×1.5%

b. 出租非住房：应纳税款 = 含税销售额 ÷（1+5%）×5%

依据就是：国家税务总局公告2016年第16号。

哦，我明白了。那如果我们忘了预缴怎么办？

纳税人出租不动产，按照《纳税人提供不动产经营租赁服务增值税征收管理暂行办法》规定应向不动产所在地主管国税机关预缴税款。而自应当预缴之月起超过6个月没有预缴税款的，由机构所在地主管国税机关按照《中华人民共和国税收征收管理法》及相关规定进行处理。

纳税人出租不动产，未按照本办法规定缴纳税款的，由主管税务机关按照《中华人民共和国税收征收管理法》及相关规定进行处理。

嗯，我知道了。对了，我们公司向其他个人出租不动产，能不能开具或申请代开增值税专用发票？

根据《国家税务总局关于发布〈纳税人提供不动产经营租赁服务增值税征收管理暂行办法〉的公告》（国家税务总局公告 2016 年第 16 号）文件第十二条规定：纳税人向其他个人出租不动产，不得开具或申请代开增值税专用发票。

嗯，我明白了！真是谢谢您了，税博士，我要回去给老板交差啦！

不客气，欢迎下次再来咨询！

政策链接

- 《国家税务总局关于发布〈纳税人提供不动产经营租赁服务增值税征收管理暂行办法〉的公告》（国家税务总局公告 2016 年第 16 号）

第 52 集 营改增新政策解析之 房企销售房地产有哪些新规定？

本集提示：房地产企业的一般纳税人，自行开发了一个房地产项目，最近打算出售，增值税怎么缴纳，销售额如何确认？
采取预收款方式销售自行开发的房地产项目如何征税？
房地产企业增值税纳税义务的时间是如何规定的？

本集撰稿：中财讯编辑部

本集人物：

房地产企业会计 

税博士 

税博士，您好！我们是房地产企业的一般纳税人，自行开发了一个房地产项目，最近打算出售，增值税怎么缴纳，销售额如何确认？

房地产企业一般纳税人适用一般计税方法，是以当期销售额和 11% 的税率计算当期应纳税额，抵减已预缴税款后，向主管国税机关申报纳税。未抵减完的预缴税款可以结转下期继续抵减。

房地产企业一般纳税人选用简易计税方法计税，是以当期销售额和 5% 的征收率计算当期应纳税额，抵减已预缴税款后，向主管国税机关申报纳税。未抵减完的预缴税款可以结转下期继续抵减。

至于销售额，房地产企业一般纳税人销售自行开发的房地产项目，适用一般计税方法计税，按照取得的全部价款和价外费用，扣除当期销售房地产项目对应的土地价款后的余额计算销售额。

销售额的计算公式如下：

销售额 =（全部价款和价外费用 − 当期允许扣除的土地价款）÷（1+11%）

当期允许扣除的土地价款怎么算?

当期允许扣除的土地价款按照以下公式计算:

当期允许扣除的土地价款 =(当期销售房地产项目建筑面积 ÷ 房地产项目可供销售建筑面积)× 支付的土地价款

当期销售房地产项目建筑面积,是指当期进行纳税申报的增值税销售额对应的建筑面积。

房地产项目可供销售建筑面积,是指房地产项目可以出售的总建筑面积,不包括销售房地产项目时未单独作价结算的配套公共设施的建筑面积。

支付的土地价款,是指向政府、土地管理部门或受政府委托收取土地价款的单位直接支付的土地价款。

哦,要是采取预收款方式销售自行开发的房地产项目如何征税呢?

房地产企业一般纳税人,采取预收款方式销售自行开发的房地产项目,应在收到预收款时按照 3% 的预征率预缴增值税。

税博士,怎么计算呢?

房地产企业一般纳税人适用一般计税方法,应预缴税款按照以下公式计算:

应预缴税款 = 预收款 ÷(1+11%)× 3%

房地产企业一般纳税人选用简易计税方法计税的,按照 5% 的征收率计算:

应预缴税款 = 预收款 ÷(1+5%)× 3%

所以,主要看你们公司采取什么计税方法计税。

谢谢,我知道了。税博士,房地产企业增值税纳税义务的时间是如何规定的?

房地产企业纳税义务的发生时间,按下列方式确认:

(1)纳税人发生应税行为并收讫销售款项或者取得索取销售款项凭据的当天;先开具发票的,为开具发票的当天。

(2)采取预收款方式的,其纳税义务发生时间为收到预收款的当天。

(3)视同销售服务、无形资产或者不动产情形,其纳税义务发生时间为服务、无形资产转让完成的当天或者不动产权属变更的当天。

税博士,视同销售又有哪几种情况?

视同销售服务、无形资产或者不动产的情形,主要有下列两种:

(1)单位或者个体工商户向其他单位或者个人无偿提供服务,但用于公益事业或者以社会公众为对象的除外。

（2）单位或者个人向其他单位或者个人无偿转让无形资产或者不动产，但用于公益事业或者以社会公众为对象的除外。

房地产企业开增值税发票的时候，应该注意些什么呢？

注意以下 3 点就行：

1. 2016 年 5 月 1 日起自行开具增值税发票。

2. 2016 年 4 月 30 日前收取并已向地税机关缴纳营业税的预收款，未开具营业税发票的，可以开具增值税普通发票，不得开具增值税专用发票。

3. 向其他个人销售自行开发的房地产项目，都不得申请代开增值税专用发票。

哦，好的！真是谢谢您了，税博士，我回去认真做好这些工作！

不客气，欢迎下次再来咨询！

第 53 集 营改增新政策解析之营改增后不动产进项税如何抵扣？

本集提示：公司预计在 5 月 1 日之后买一套房产作为固定资产，请问营改增后，进项税是不是可以抵扣？

假如这套房产已经抵扣进项税额，但是后来改变用途了怎么办？

会计上如何核算？

账目记录等方面的注意事项。

本集撰稿：中财讯编辑部

本集人物：

公司会计

税博士

税博士，您好！我公司预计在 5 月 1 日之后买一套房产作为固定资产，请问营改增后，进项税是不是可以抵扣？

是的。增值税一般纳税人 2016 年 5 月 1 日后取得并在会计制度上按固定资产核算的不动产，其进项税额应按照有关规定分 2 年从销项税额中抵扣，第一年抵扣比例为 60%，第二年抵扣比例为 40%。

具体什么时候能抵扣，怎么抵扣呢？

你们公司按照《不动产进项税额分期抵扣暂行办法》，从销项税额中抵扣进项税额，应取得 2016 年 5 月 1 日后开具的增值税专用发票。上述进项税额中，60% 的部分于取得扣税凭证的当期从销项税额中抵扣；40% 的部分为待抵扣进项税额，于取得扣税凭证的当月起第 13 个月从销项税额中抵扣。

哦，假如这套房产已经抵扣进项税额，但是后来改变用途了怎么办？

已抵扣进项税额的不动产，后来改变用途，用于简易计税方法计税项目、免征增值税项目、集体福利或者个人消费的，按照下列公式计算不得抵扣的进项税额：

不得抵扣的进项税额 =（已抵扣进项税额 + 待抵扣进项税额）× 不动产净值率

不动产净值率 =（不动产净值 ÷ 不动产原值）× 100%

不得抵扣的进项税额小于或等于该不动产已抵扣进项税额的，应于该不动产改变用途的当期，将不得抵扣的进项税额从进项税额中扣减。

不得抵扣的进项税额大于该不动产已抵扣进项税额的，应于该不动产改变用途的当期，将已抵扣进项税额从进项税额中扣减，并从该不动产待抵扣进项税额中扣减不得抵扣进项税额与已抵扣进项税额的差额。

税博士，那会计上怎么核算呢？

待抵扣进项税额记入“应交税费——待抵扣进项税额”科目核算，并于可抵扣当期转入“应交税费——应交增值税（进项税额）”科目。对不同的不动产和不动产在建工程，纳税人应分别核算其待抵扣进项税额。

需要填报什么资料吗？

纳税人分期抵扣不动产的进项税额，应据实填报增值税纳税申报表附列资料。

那账目记录等方面有什么要注意的吗？

纳税人应建立不动产和不动产在建工程台账，分别记录并归集不动产和不动产在建工程的成本、费用、扣税凭证及进项税额抵扣情况，留存备查。

用于简易计税方法计税项目、免征增值税项目、集体福利或者个人消费的不动产和不动产在建工程，也应在纳税人建立的台账中记录。

哦，好的！谢谢您，税博士，下次有问题再来向您请教！

不客气，欢迎下次再来咨询！

第 54 集 营改增新政策解析之增值税发票的强制规定有哪些?

本集提示：营改增后，酒店行业增值税专用发票与增值税普通发票有什么区别吗?

初次领用增值税专用发票的程序是怎样的呢?

企业达到一般纳税人认定标准就可以使用增值税专用发票吗?

本集撰稿：中财讯编辑部

本集人物：

酒店会计

税博士

税博士，您好！我公司从事酒店业务，一直都是交营业税，本次营改增后，增值税专用发票与增值税普通发票有什么区别吗?

好的。那就给你讲讲它们之间的区别：

1. 根据《增值税专用发票使用规定》（国税发〔2006〕156 号）文件规定：“专用发票由基本联次或者基本联次附加其他联次构成，基本联次为三联：发票联、抵扣联和记账联。……；抵扣联，作为购买方报送主管税务机关认证和留存备查的凭证”；增值税普通发票基本联次为两联，比专用发票少了抵扣联。

2. 增值税专用发票是使用一般计税办法的增值税一般纳税人取得进项税额的合法有效抵扣凭证，可以通过发票认证、发票平台查询确认等方式进行进项税额抵扣。普通发票不得用于抵扣。

3. 增值税一般纳税人在发生应税行为时可通过增值税发票管理新系统税控专用设备自行开具增值税专用发票；现阶段增值税小规模纳税人需要使用增值税专用发票，需到税务机关申请代开。

是不是只有一般纳税人才可以自行开具增值税专用发票?

增值税一般纳税人在发生应税行为时可通过增值税发票管理新系统税控专用设备自行开具增值税专用发票，根据《国家税务总局关于修订〈增值税专用发票使用规定〉的通知》（国税发〔2006〕156号）文件规定："一般纳税人应通过增值税防伪税控系，使用专用发票。使用，包括领购、开具、缴销、认证纸质专用发票及其相应的数据电文。"同时，根据文件规定："增值税小规模纳税人需要开具专用发票的，可向主管税务机关申请代开。"

听说必须去领增值税专用发票，初次领票的程序是怎样的呢?

一般程序主要是这样的：

增值税一般纳税人在办理完毕一般纳税人认定手续后，应按照一定的程序领用专用发票。其基本程序如下：

（1）最高开票限额行政许可。所需资料：《税务行政许可申请表》和《增值税专用发票最高开票限额申请单》；

（2）供票资格核定。所需资料：税务登记证件或工商营业执照副本（三证合一户）、经办人身份证明原件及复印件和发票专用章印模、《纳税人领用发票票种核定表》。

（3）税控系统专用设备发行。凭增值税税控系统最高开票限额《准予税务行政许可决定书》和《增值税税控系统安装使用告知书》，持增值税税控系统专用设备到办税服务厅办理发行事宜；

（4）核发《发票领用簿》。主管税务机关经审核通过后，核发《发票领用簿》，《发票领用簿》上载有核定的发票种类、数量以及领票方式；

（5）领用发票。凭税务登记证件和经办人身份证明（经办人变更的提供复印件）持《发票领用簿》和增值税税控系统专用设备向主管税务机关领用专用发票。

本次营改增企业通过核实表确认程序：

为方便营改增纳税人高效便捷办税，营改增纳税人在前期已通过填写《营改增纳税人调查核实确认表》确认相关一般纳税人资格及发票供票资格信息，由税务机关后台统一导入，省去了纳税人办理一般纳税人备案及发票供票资格申请环节的相关工作。纳税人可按照税务机关通知直接办理税控专用设备发行手续，领取《发票领用簿》。

税博士，那增值税专用发票发放所需报送资料有哪些呢？

前台办理资料：

（1）税务登记证件。

（2）经办人身份证明（经办人变更的提供复印件）。

（3）《发票领用簿》。

（4）领用增值税专用发票、货物运输业增值税专用发票、机动车销售统一发票和增值税普通发票的，应提供金税盘、税控盘、报税盘或 IC 卡。

纳税人可以通过国税电子税务局及网上办税服务提出申请，在网上申请通过后可以选择前往自助办税区、大厅前台领取或通过由税务机关邮寄纸质发票取得发票。

增值税专用发票是几联的呀？

增值税专用发票可分为三联版和六联版两种。专用发票基本联次为三联，第一联为发票联，购货方记账；第二联为抵扣联，购货方作抵扣税款凭证；第三联为记账联，销售方记账用。从纳税人实际需要出发，国家税务总局还印有六联版专用发票，其中 1 ~ 3 联仍为基本联次，4 ~ 6 联根据纳税人实际需要使用。

企业达到一般纳税人认定标准就可以使用增值税专用发票吗？

根据《财政部　国家税务总局关于全面推开营业税改征增值税试点的通知》（财税〔2016〕36 号）文件规定：

“有下列情形之一者，应当按照销售额和增值税税率计算应纳税额，不得抵扣进项税额，也不得使用增值税专用发票：

（一）一般纳税人会计核算不健全，或者不能够提供准确税务资料的。

（二）应当办理一般纳税人资格登记而未办理的。”

哦，我知道了！谢谢您，税博士，下次有问题再来向您请教！

不客气，欢迎下次再来咨询！

政策链接

- 《财政部　国家税务总局关于全面推开营业税改征增值税试点的通知》（财税〔2016〕36 号）
- 《国家税务总局关于修订〈增值税专用发票使用规定〉的通知》（国税发〔2006〕156 号）

第 55 集　营改增新政策解析之怎样开具增值税发票?

本集提示：不得开具增值税专用发票有哪几种情形？

什么情形下可以开具红字增值税专用发票？

销售折扣开票有什么规定？

本集撰稿：中财讯编辑部

本集人物：

企业会计

税博士

税博士，您好！请问不得开具增值税专用发票有哪几种情形？

根据《财政部　国家税务总局关于全面推开营业税改征增值税试点的通知》（财税〔2016〕36 号）文件规定：

“纳税人发生应税行为，应当向索取增值税专用发票的购买方开具增值税专用发票，并在增值税专用发票上分别注明销售额和销项税额。

属于下列情形之一的，不得开具增值税专用发票：

（1）向消费者个人销售服务、无形资产或者不动产。

（2）适用免征增值税规定的应税行为。”

此外，“经纪代理服务，以取得的全部价款和价外费用，扣除向委托方收取并代为支付的政府性基金或者行政事业性收费后的余额为销售额。向委托方收取的政府性基金或者行政事业性收费，不得开具增值税专用发票。”

同时，“试点纳税人提供旅游服务，可以选择以取得的全部价款和价外费用，扣除向旅游服务购买方收取并支付给其他单位或者个人的住宿费、餐饮费、交通费、签证费、门票费和支付给其他接团旅游企业的旅游费用后的余额为销售额。

选择上述办法计算销售额的试点纳税人，向旅游服务购买方收取并支付的上述费用，不得开具增值税专用发票，可以开具普通发票。”

对于金融商品转让，也不得开具增值税专用发票。

最后，“试点纳税人提供有形动产融资性售后回租服务，向承租方收取的有形动产价款本金，不得开具增值税专用发票，可以开具普通发票。”

什么情形下可以开具红字增值税专用发票？

根据财税〔2016〕36号文件规定：

“纳税人发生应税行为，开具增值税专用发票后，发生开票有误或者销售折让、中止、退回等情形的，应当按照国家税务总局的规定开具红字增值税专用发票；未按照规定开具红字增值税专用发票的，不得按照本办法第三十二条和第三十六条的规定扣减销项税额或者销售额。”

哦，那如何开具红字发票呢？

主要方法是：

1. 专用发票已交付购买方的，购买方可在增值税发票系统升级版中填开并上传《开具红字增值税专用发票信息表》或《开具红字货物运输业增值税专用发票信息表》（以下统称《信息表》）。《信息表》所对应的蓝字专用发票应经税务机关认证（所购货物或服务不属于增值税扣税项目范围的除外）。经认证结果为“认证相符”并且已经抵扣增值税进项税额的，购买方在填开《信息表》时不填写相对应的蓝字专用发票信息，应暂依《信息表》所列增值税税额从当期进项税额中转出，未抵扣增值税进项税额的可列入当期进项税额，待取得销售方开具的红字专用发票后，与《信息表》一并作为记账凭证；经认证结果为“无法认证”“纳税人识别号认证不符”“专用发票代码、号码认证不符”，以及所购货物或服务不属于增值税扣税项目范围的，购买方不列入进项税额，不作进项税额转出，填开《信息表》时应填写相对应的蓝字专用发票信息。

2. 专用发票尚未交付购买方或者购买方拒收的，销售方应于专用发票认证期限内在增值税发票系统升级版中填开并上传《信息表》。

3. 主管税务机关通过网络接收纳税人上传的《信息表》，系统自动校验通过后，生成带有“红字发票信息表编号”的《信息表》，并将信息同步至纳税人端系统中。

4. 销售方凭税务机关系统校验通过的《信息表》开具红字专用发票，

在增值税发票系统升级版中以销项负数开具。红字专用发票应与《信息表》一一对应。

5. 税务机关为小规模纳税人代开专用发票需要开具红字专用发票的，按照一般纳税人开具红字专用发票的方法处理。

对了，税博士，我们经常会给客户销售折扣，想问您一下，销售折扣开票有什么规定？

根据财税〔2016〕36号文件规定：

纳税人发生应税行为，将价款和折扣额在同一张发票上分别注明的，以折扣后的价款为销售额；未在同一张发票上分别注明的，以价款为销售额，不得扣减折扣额。

嗯，税博士，开具专用发票有什么要求吗？

根据财税〔2016〕36号文件规定：

专用发票应按下列要求开具：

1. 项目齐全，与实际交易相符；

2. 字迹清楚，不得压线、错格；

3. 发票联和抵扣联加盖财务专用章或者发票专用章；

4. 按照增值税纳税义务的发生时间开具。

对不符合上列要求的专用发票，购买方有权拒收。

那我知道了，逾期未认证的发票还能抵扣吗？

根据财税〔2016〕36号文件规定：

增值税一般纳税人取得的增值税专用发票（包括税控系统开具的机动车销售统一发票）以及海关缴款书，未在规定期限内到税务机关办理认证、申请稽核比对或者申报抵扣的，不得作为合法的增值税扣税凭证，不得计算进项税额抵扣。

但是，根据国家税务总局公告2011年第50号文件规定，对增值税一般纳税人发生真实交易但由于客观原因造成增值税扣税凭证逾期的，经主管税务机关审核、逐级上报，由国家税务总局认证、稽核比对后，对比对相符的增值税扣税凭证，允许纳税人继续抵扣其进项税额。

哦，我知道了！谢谢您，税博士，今天真是受益匪浅啊，下次有问题再来向您请教！

不客气，欢迎下次再来咨询！

政策链接

- 《财政部　国家税务总局关于全面推开营业税改征增值税试点的通知》（财税〔2016〕36号）
- 《国家税务总局关于逾期增值税扣税凭证抵扣问题的公告》（国家税务总局公告2011年第50号）

第56集 营改增新政策解析之跨境应税服务有何优惠政策?

本集提示：提供BPO和商务辅助服务的企业营改增后税收优惠政策是否发生变化？

商务辅助服务是否属于免征增值税服务？

跨境应税服务中：完全在境外消费，服务实际接受方在境外，且与境内货物和不动产无关该如何理解？

本集撰稿：中财讯编辑部

本集人物：

外贸企业会计

税博士

税博士，您好！我们公司是一家外贸企业，现在营改增了，想向您咨询几个问题。

好的，请讲！

我们公司主要从事提供BPO和商务辅助服务。也就是为境外企业主要提供以下应税服务：1. 业务流程管理（BPO）：为境外企业的订单等进行系统录入。2. 咨询服务：为境外企业提供采购销售相关的信用调查，其他咨询等。佣金收入（原营业税）商务辅助服务：为境外企业的客户（境内）提供客户拜访、咨询等代理服务收取佣金。1～2项已备案免税，营改增新政下，是否发生变化？

税收优惠是继续享受的，只是一项是零税率，一项是免税。

此话怎讲？

根据最新《跨境应税行为适用增值税零税率和免税政策的规定》（财税〔2016〕36号）文件附件4：

一、中华人民共和国境内（以下称境内）的单位和个人销售的下列服务和无形资产，适用增值税零税率：

……

（三）向境外单位提供的完全在境外消费的下列服务：

1. 研发服务。

……

8. 业务流程管理服务。

……

离岸服务外包业务，包括信息技术外包服务（ITO）、技术性业务流程外包服务（BPO）、技术性知识流程外包服务（KPO），其所涉及的具体业务活动，按照《销售服务、无形资产、不动产注释》相对应的业务活动执行。

……

所以你们公司对外提供业务流程管理（BPO）：为境外企业的订单等进行系统录入这样的服务是适用增值税零税率的。

那商务辅助服务就属于免征增值税服务了？

是的。同样根据《跨境应税行为适用增值税零税率和免税政策的规定》二、境内的单位和个人销售的下列服务和无形资产免征增值税，但财政部和国家税务总局规定适用增值税零税率的除外：

……

（三）向境外单位提供的完全在境外消费的下列服务和无形资产：

……

6. 商务辅助服务。（免税）

……

（六）财政部和国家税务总局规定的其他服务。

还有一个问题，跨境应税服务中：完全在境外消费：服务实际接受方在境外，且与境内货物和不动产无关该如何理解？

完全在境外消费，是指：“（一）服务的实际接受方在境外，且与境内的货物和不动产无关。（二）无形资产完全在境外使用，且与境内的货物和不动产无关。（三）财政部和国家税务总局规定的其他情形。”

通过以上的分析，可以将“完全在境外消费”理解为同时符合以下条件：1. 提供方是境内单位和个人；2. 接受方是境外单位和个人；3. 服务不论在境内或境外提供，都不能与境内的货物和不动产有关，无形资产的使用也不能与境内的货物和不动产相关。

与境内货物无关具体应怎么区分？

给你举例来讲吧。

1. 境内单位 A 受境外单位 B 的委托在境内检查 B 待进口的货物，则境内 A 单位提供的服务虽然是接受方在境外，但服务标的是境内的货物，所以该服务不属于“完全在境外消费”不能享受免税，假设 A 是到境外检查货物，则符合条件。

2. 境内 C 单位受境外 D 委托研发一个机器，研发过程中购进一些材料成功研发出样机，那这研发服务是否和境内的货物有关呢？很明显研发出的样品只是研发过程的一部分，如果该研发的最终成果没有在国内使用，虽然在境内有购进货物也属于“完全在境外消费”，也可以享受零税率或免税。

3. 境内单位 E 和境外单位 F 签订咨询合同，E 为 F 提供税务咨询，咨询主要是通过电话和邮件，E 有时也会派员去境外面谈，那这是否属于“完全在境外消费”呢？很明显是属于的，如果咨询的对象是关于如何在境内装修房子则不属于。

哦，我知道了！谢谢您，税博士，今天真是受益匪浅啊，下次有问题再来向您请教！

不客气，欢迎下次再来咨询！

第 57 集 营改增新政策解析之 6 月延期申报增值税如何征管？

本集提示：试点实施前后“应税行为年应税销售额”该如何确定？
在地税机关已经申报过营业税了，只是没开发票，怎么办？

本集撰稿：中财讯编辑部

本集人物：

公司会计

税博士

税博士，您好！据说 5 月份的所得税汇算清缴要延期到 6 月 30 日，是国税地税都延期吗？我今天听说只是国税延期？我是地税申报，但现在都是忙国税的事情。

是的，只有国税延期。具体规定是这样的：

（一）2016 年 5 月 1 日新纳入营改增试点范围的纳税人，2016 年 6 月份增值税申报期限延长至 2016 年 6 月 27 日。

（二）根据工作实际情况，省、自治区、直辖市和计划单列市国家税务局可以适当延长 2015 年度企业所得税汇算清缴时间，但最长不得超过 2016 年 6 月 30 日。

（三）实行按季申报的原营业税纳税人，2016 年 5 月申报期内，向主管地税机关申报税款所属期为 4 月份的营业税。2016 年 7 月申报期内，向主管国税机关申报税款所属期为 5、6 月份的增值税。

增值税一般纳税人资格登记有什么规定吗？比如试点实施前后“应税行为年应税销售额”该如何确定？

试点纳税人试点实施前的应税行为年应税销售额按以下公式换算：

应税行为年应税销售额 = 连续不超过 12 个月应税行为营业额合计 ÷

（1+3%）。按照现行营业税规定差额征收营业税的试点纳税人，其应税行为营业额按未扣除之前的营业额计算

试点实施后，按规定在确定应税行为销售额时，按照有关规定允许其从取得的全部价款和价外费用中扣除价款的，其应税行为年应税销售额按未扣除之前的销售额计算。

那增值税一般纳税人资格登记程序呢？毕竟我们刚接触这些，还不太懂，请您详细讲讲吧！

没问题！关于增值税一般纳税人资格登记程序主要注意以下三点：

1. 试点实施前已取得增值税一般纳税人资格并兼有应税行为的试点纳税人，不需要重新办理增值税一般纳税人登记手续，由主管税务机关制作、送达《税务事项通知书》，告知纳税人。

2. 试点实施前应税行为年应税销售额未超过500万元的试点纳税人，会计核算健全，能够提供准确税务资料的，也可以向主管税务机关办理增值税一般纳税人资格登记。

3. 考虑到在试点实施前，各级税务机关需要做大量前期准备工作，需办理增值税一般纳税人登记的试点纳税人也较为集中，为确保全面推开营改增试点工作的顺利实施，规定由省国税局（包括省、自治区、直辖市和计划单列市国家税务局）结合工作需要，在试点实施前按照文件规定采取预登记措施。在试点实施之后，增值税一般纳税人资格登记应按照《增值税一般纳税人资格认定管理办法》《国家税务总局关于调整增值税一般纳税人管理有关事项的公告》及相关规定执行。

发票使用有何规定呢，您能多说一说吗？

关于发票的规定有很多，就给你讲七点吧。

（一）增值税一般纳税人销售货物、提供加工修理修配劳务和应税行为，使用增值税发票管理新系统（以下简称新系统）开具增值税专用发票、增值税普通发票、机动车销售统一发票、增值税电子普通发票。

（二）增值税小规模纳税人销售货物、提供加工修理修配劳务月销售额超过3万元（按季纳税9万元），或者销售服务、无形资产月销售额超过3万元（按季纳税9万元），使用新系统开具增值税普通发票、机动车销售统一发票、增值税电子普通发票。

（三）增值税普通发票（卷式）启用前，纳税人可通过新系统使用国

税机关发放的现有卷式发票。

（四）门票、过路（过桥）费发票、定额发票、客运发票和二手车销售统一发票继续使用。

（五）采取汇总纳税的金融机构，省、自治区所辖地市以下分支机构可以使用地市级机构统一领取的增值税专用发票、增值税普通发票、增值税电子普通发票；直辖市、计划单列市所辖区县及以下分支机构可以使用直辖市、计划单列市机构统一领取的增值税专用发票、增值税普通发票、增值税电子普通发票。

（六）国税机关、地税机关使用新系统代开增值税专用发票和增值税普通发票。代开增值税专用发票使用六联票，代开增值税普通发票使用五联票。

（七）自 2016 年 5 月 1 日起，地税机关不再向试点纳税人发放发票。试点纳税人已领取地税机关印制的发票以及印有本单位名称的发票，可继续使用至 2016 年 6 月 30 日，特殊情况经省国税局确定，可适当延长使用期限，最迟不超过 2016 年 8 月 31 日。

我们公司在地税机关已经申报过营业税了，只是没开发票，这怎么办，是不是需要不开发票啊？

纳税人在地税机关已申报营业税未开具发票，2016 年 5 月 1 日以后需要补开发票的，可于 2016 年 12 月 31 日前开具增值税普通发票，国家税务总局另有规定的除外，如《国家税务总局关于发布〈房地产开发企业销售自行开发的房地产项目增值税征收管理暂行办法〉的公告》规定：小规模纳税人销售自行开发的房地产项目，其 2016 年 4 月 30 日前收取并已向主管地税机关申报缴纳营业税的预收款，未开具营业税发票的，可以开具增值税普通发票，不得申请代开增值税专用发票。本条规定并无开具增值税普通发票的时间限制。

营改增试点纳税人是否需要认证发票呢？

2016 年 5 月 1 日新纳入营改增试点的增值税一般纳税人，2016 年 5 月至 7 月期间不需增值税发票认证，登录本省增值税发票查询平台，查询、选择用于申报抵扣或者出口退税的增值税发票信息，未查询到对应发票信息的，可进行扫描认证。2016 年 8 月起按照纳税信用级别分别适用发票认证的有关规定。

哦，我知道了！谢谢您！

不客气，欢迎下次再来咨询！

政策链接

- 《国家税务总局关于发布〈房地产开发企业销售自行开发的房地产项目增值税征收管理暂行办法〉的公告》（国家税务总局公告 2016 年第 18 号）
- 《国家税务总局关于调整增值税一般纳税人管理有关事项的公告》（国家税务总局公告 2015 年第 18 号）
- 《增值税一般纳税人资格认定管理办法》（国家税务总局令第 22 号）

第 58 集 营改增新政策解析之 6 月申报增值税新关键点是什么？

本集提示：6 月份申报增值税要在 6 月 10 日完成，是真的吗？
增值税 6 月份申报期限是 6 月 15 日吗？
进项税额抵扣需要对增值税专用发票进行认证，是这样吗？

本集撰稿：周华洋

本集人物：

企业会计 

税博士 

税博士，您好！我听说 6 月份申报增值税要在 6 月 10 日完成，是真的吗？

确有此一说，但大家有误解，为什么呢？因为 2016 年 5 月 25 日，国家税务总局以税总发〔2016〕75 号文件形式，下发了《关于进一步优化营改增纳税服务工作的通知》，其中第二条“做好纳税申报的现场和上门辅导”规定税务机关“通过‘一对一’‘面对面’的方式帮助纳税人正确填写增值税申报表或者辅导其进行网上申报，确保在 6 月 10 日前所有样本企业完成好申报”，意思是税务机关要在 6 月 10 日前完成对企业申报辅导，让企业能够正确进行申报，而不是说纳税人申报期限是 6 月 10 日。这要注意！

哦，那增值税 6 月份申报期限是 6 月 15 日吗？

不是。根据《国家税务总局关于全面推开营业税改征增值税试点有关税收征收管理事项》（国家税务总局公告 2016 年第 23 号）规定，2016 年 5 月 1 日新纳入营改增试点范围的纳税人，2016 年 6 月份增值税纳税申报期延长至 2016 年 6 月 27 日。

我明白了，但是进项税额抵扣需要增值税专用发票，我公司在取得进项税增值税专用发票时，对方企业要我公司提供营业执照、税务登记证、组织机构代码证、开户许可证、增值税一般纳税人登记表等相关证件才开增值税专用发票给我公司，是这样吗？

不是这样的。因为 2016 年 5 月 25 日，国家税务总局以税总发〔2016〕75 号文件形式，下发了《关于进一步优化营改增纳税服务工作的通知》，其中第十八条“增值税纳税人购买货物、劳务、服务、无形资产或不动产，索取增值税专用发票时，须向销售方提供购买方名称（不得为自然人）、纳税人识别号、地址电话、开户行及账号信息，不需要提供营业执照、税务登记证、组织机构代码证、开户许可证、增值税一般纳税人登记表等相关证件或其他证明材料”。

原来是这样，那个人取得增值税发票要提供个人身份证复印件吗？

不用。首先个人消费者是不能索取增值税专用发票的，其次，个人消费者购买货物、劳务、服务、无形资产或不动产，索取增值税普通发票时，不需要向销售方提供纳税人识别号、地址电话、开户行及账号信息，也不需要提供相关证件或其他证明材料。

哦，我知道了。但是进项税额抵扣需要对增值税专用发票进行认证，是这样吗？

不是。税总发〔2016〕75 号文件规定，纳入营改增试点的增值税一般纳税人暂不需要进行增值税发票认证，纳税信用 A 级、B 级增值税一般纳税人取得销售方使用新系统开具的增值税发票，也可以不再进行扫描认证。这是大数据管理模式下，帮助纳税人熟练掌握登录勾选方法，使取消认证这一便利措施落到实处，真正减少办税环节，减轻征纳双方办税负担。

税博士，今天真是谢谢您了，下次有问题一定向您请教！

不客气，欢迎下次再来咨询！

政策链接

- 《国家税务总局关于进一步优化营改增纳税服务工作的通知》（税总发〔2016〕75 号）
- 《国家税务总局关于全面推开营业税改征增值税试点有关税收征收管理事项的公告》（国家税务总局公告 2016 年第 23 号）

第 59 集 营改增新政策解析之 营改增的几个误区是什么？

本集提示：销售额未达 500 万元，能办理一般纳税人资格吗？

营改增全面实施后，业务交际费的进项税额听说不能抵扣了，是这样吗？

贷款利息及相关费用的进项税额可以抵扣吗？

本集撰稿：中财讯编辑部

本集人物：

公司会计

税博士

税博士，您好！我想请问一下，销售额未达 500 万元，是不是不能办理一般纳税人资格啊？

当然不是。《营业税改征增值税试点实施办法》第三条规定，应税行为的年应征增值税销售额超过财政部和国家税务总局规定标准的纳税人为一般纳税人，未超过规定标准的纳税人为小规模纳税人。同时，《营业税改征增值税试点有关事项的规定》第一条规定：《营业税改征增值税试点实施办法》第三条规定的年应税销售额标准为 500 万元（含本数）。

因此，有些纳税人认为年应税销售额达不到 500 万元，就不能认定为一般纳税人。但是，《营业税改征增值税试点实施办法》第四条规定，年应税销售额虽然未超过规定标准的纳税人，但只要会计核算健全，能够按照国家统一的会计制度规定设置账簿，根据合法、有效凭证核算，并能够提供准确税务资料的，也可以向主管税务机关办理一般纳税人资格登记，成为一般纳税人。

哦，那一般纳税人可以按简易计税方法计税吗？

可以。《营业税改征增值税试点实施办法》第十八条第二款规定，一般纳税人发生财政部和国家税务总局规定的特定应税行为，可以选择适用简易计税方法计税，但一经选择，36个月内不得变更。

《营业税改征增值税试点有关事项的规定》第一条第（六）、（七）、（八）、（九）款，具体明确了一般纳税人可以选择适用简易计税方法计税的应税行为。

营改增全面实施后，业务交际费的进项税额听说不能抵扣了，是这样吗？

是的。有些纳税人认为，企业支付的业务招待费等交际费用在企业所得税税前允许按一定比例扣除，因此，其发生的业务招待费等交际费用的增值税进项税额也应允许抵扣。

《营业税改征增值税试点实施办法》第二十七条第（一）、（六）款规定，纳税人购进货物用于集体福利或者个人消费的，以及购进的餐饮服务和娱乐服务的进项税额不得从销项税额中抵扣。同时明确，纳税人的交际应酬消费属于个人消费。

那贷款利息及相关费用的进项税额可以抵扣吧？

不可以。有些纳税人认为，企业支付的贷款利息属于财务费用，其进项税额可以抵扣销项税额。

《营业税改征增值税试点实施办法》第二十七条第（六）款规定，纳税人购进的贷款服务的进项税额不得从销项税额中抵扣。所谓贷款服务，指将资金贷与他人使用而取得利息收入的业务活动。

同时，《营业税改征增值税试点有关事项的规定》第一条第（四）款第3项明确，纳税人接受贷款服务向贷款方支付的与该笔贷款直接相关的投融资顾问费、手续费、咨询费等费用，其进项税额不得从销项税额中抵扣。

哦，我知道了。税博士，今天真是谢谢您了，下次有问题一定向您请教！

不客气，欢迎下次再来咨询！

第 60 集 营改增新政策解析之 切勿虚开增值税专票，你知道吗？

本集提示：营改增全面实施，哪些企业可能产生虚开专票的冲动？

虚开增值税专用发票会遭受什么处罚呢？

本集撰稿：中财讯编辑部

本集人物：

企业会计

税博士

税博士，您好！听说此次全面推行营改增，很多企业趁大家不熟悉营改增的规定，利用各种非法手段虚开增值税专用发票，什么是虚开发票呀？

虚开发票是指违反国家税收征管和发票管理规定，为他人虚开、为自己虚开、让他人为自己虚开、介绍他人虚开发票的行为。包括虚开增值税专用发票和虚开普通发票。下面我们重点学习虚开专用发票。

为他人虚开增值税专用发票，指合法拥有增值税专用发票的单位或者个人，明知他人没有货物购销或者没有提供或接受应税劳务而为其开具增值税专用发票，或者即使有货物购销或者提供了应税劳务但为其开具数量或者金额不实的增值税专用发票或用于骗取出口退税、抵扣税款的其他发票的行为。

为自己虚开增值税专用发票，指合法拥有增值税专用发票的单位和个人，明知他人没有货物购销或者没有提供或接受应税劳务的情况下为其开具增值税专用发票或者即使有货物购销或者提供或接受了应税劳务但却为自己开具数量或者金额不实的增值税专用发票的行为。

让他人为自己虚开，指没有货物购销或者没有提供或接受应税劳务的单位或者个人要求合法拥有增值税专用发票的单位或者个人为其开具增值税专用发票，或者即使有货物购销或者提供或接受了应税劳务但要求他人开具数量或者金额不实的增值税专用发票或者进行了实际经营活动，但让他人为自己代开增值税专用发票的行为。

介绍他人虚开，指在合法拥有增值税专用发票的单位或者个人与要求虚开增值税专用发票的单位或者个人之间沟通联系、牵线搭桥的行为。

哦，既然虚开发票是违法的，那他们为什么还要做这件事呢？

其一，企业开具发票越多，说明当期的销售收入越多，公司业绩好看，能够提高公司声誉。

其二，公司将增值税发票开给自己的子公司或关联公司，互相调节税金，达到不缴税，或者少缴税的目的。

其三，货物购用发票的原因。买方或劳务接受方，凭借增值税专用发票，可以抵扣进项税额。这也是很多企业为减轻个人税负，让别人开具专用发票的原因。

举例说明：假如 A 企业虚开一张增值税专用发票给 B 企业，发票数额为 100 万元，增值税税率为 17%。A 企业看似提高了销售业绩；B 企业凭借这张专用发票可以抵扣 $100 \div 1.17 \times 17\% = 14.53$（万元），当期就会少交 14.53 万元的增值税。这正是很多企业虚开专票和接受虚开专票的动机。

营改增全面实施，哪些企业可能产生虚开专票的冲动？

一是营改增企业。营改增减税效果之一就是进项税额可以抵扣，营改增企业税率几乎都低于 17%，如交通运输业一般纳税人适用 11% 税率，运输公司购进的汽车等运输工具、最主要的支出汽油等都可以按照 17% 税率抵扣进项税额，这中间就产生了 6% 的差额，在降低交通运输企业税负的同时也为其产生了大量留抵税额。

二是营改增下游企业。即将全面营改增的四大行业，即生活服务业、房地产业、金融业和建筑业，无论房屋、建筑物是一次性抵扣还是分期抵扣，购进房屋、建筑物的企业都必将产生几年都难以消化的巨额留抵税额。

由于以上原因，营改增企业及下游企业要利用长时间消化留抵税额，长期不缴纳税款，这就为虚开提供了客观条件。既然留抵税额留着也不会产生任何收益，何不拿出一部分“卖”给别人，并从中收取“税点”，自己既得到了收益，又不用找下家抵扣，也不用缴纳税款，何乐不为呢？而且，有的营改增企业并非主动虚开，而是其他企业诱导其虚开。正是因为营改增企业有这样有利的条件，才会有人打他们的主意。

总之，营改增企业及下游企业虚开专票的原因，归纳起来有三个。首先，营改增企业及下游企业会产生一时难以消化的留抵税额，这为虚开提供了物质基础；其次，虚开既可以获得经济利益，又不用纳税，这为虚开提供了经济诱惑；最后，虚开不必虚抵，简单快捷，长期不缴税又是合理原因，也不易被税务机关盯上，这为虚开提供了安全保障。在利益的诱惑下，有些营改增企业及下游企业走上了虚开之路。

虚开增值税专用发票会遭受什么处罚呢？

根据《国家税务总局关于纳税人虚开增值税专用发票征补税款问题的公告》（国家税务总局公告2012年第33号）规定，纳税人虚开增值税专用发票，未就其虚开金额申报并缴纳增值税的，应按照其虚开金额补缴增值税；已就其虚开金额申报并缴纳增值税的，不再按照其虚开金额补缴增值税。税务机关对纳税人虚开增值税专用发票的行为，应按《中华人民共和国税收征收管理法》及《中华人民共和国发票管理办法》的有关规定给予处罚。纳税人取得虚开的增值税专用发票，不得作为增值税合法有效的扣税凭证抵扣其进项税额。

《中华人民共和国发票管理办法》第三十七条规定，违反规定虚开增值税专用发票的，由税务机关没收违法所得；虚开金额在1万元以下的，可以并处5万元以下的罚款；虚开金额超过1万元的，并处5万元以上50万元以下的罚款；构成犯罪的，依法追究刑事责任。

《中华人民共和国刑法》第二百零五条规定：“虚开增值税专用发票或者虚开用于骗取出口退税、抵扣税款的其他发票的，处三年以下有期徒刑或者拘役，并处二万元以上二十万元以下罚金；虚开的税款数额较大或者有其他严重情节的，处三年以上十年以下有期徒刑，并处五万元以上五十万元以下罚金；虚开的税款数额巨大或者有其他特别严重情节的，处十年以上有期徒刑或者无期徒刑，并处五万元以上五十万元以下罚金或者没收财产。

单位犯本条规定之罪的，对单位判处罚金，并对其直接负责的主管人员和其他直接责任人员，处三年以下有期徒刑或者拘役；虚开的税款数额较大或者有其他严重情节的，处三年以上十年以下有期徒刑；虚开的税款数额巨大或者有其他特别严重情节的，处十年以上有期徒刑或者无期徒刑。”

因此，构成虚开增值税专用发票罪并不以开票行为为限，各个环节的实施人需要单独承担责任。因此，从中介绍或者收取虚开的增值税发票用于抵扣税金款的，仍然可能构成本罪。

嗯，我知道了。税博士，今天真是谢谢您了，下次有问题一定向您请教！

不客气，欢迎下次再来咨询！

政策链接

- 《国家税务总局关于纳税人虚开增值税专用发票征补税款问题的公告》（国家税务总局公告 2012 年第 33 号）

第 61 集 营改增新政策解析之劳务派遣的增值税如何处理？

本集提示：哪种计税方式适合劳务派遣工资计算？

派遣方的计税方法和开票形式对接收方有何影响？

差额征税应注意哪些方面呢？

本集撰稿：中财讯编辑部

本集人物：

公司会计

税博士

税博士，您好！我公司是增值税一般纳税人，近来也从事起了劳务派遣服务，为了满足那些用工单位对于各类灵活用工的需求，我公司将员工派遣至用工单位，接受用工单位管理并为其工作。这类服务用什么计税方法计税呢？具体怎么计算呢？

一般纳税人提供劳务派遣服务，可以选择适用一般计税方法或简易计税方法。（1）一般计税方法：以取得的全部价款和价外费用为销售额，按照6%的税率，计算销项税，抵扣可以抵扣的进项税。（2）简易计税方法：简易计税方法比较特殊，是差额和简易的结合。以取得的全部价款和价外费用，扣除代用工单位支付给劳务派遣员工的工资、福利和为其办理社会保险及住房公积金后的余额为销售额，按照简易计税方法依5%的征收率计算缴纳增值税。

把不征收增值税的人工成本也扣掉，这是以前没有的。差额征税的做法一般是分出的部分，接收方也缴纳增值税或营业税，才算差额。

我们公司的支出很大一部分是派遣用工的工资等，选择哪种计税方法更适合呢？

当然是简易计税方法了。给你举个例子啊，假定你们公司因派遣劳务工给某股份公司，取得含税收入是 106 万元，代用工单位支付的工资等人工成本是 80 万元，则按照简易征收的增值税是：

应纳税额 =（106－80）÷（1＋5%）×5%＝1.238（万元）

按照一般计税的销项税额是：

106÷（1＋6%）×6%＝6（万元）

6－1.238＝4.762（万元）

也就是说，当你们公司的进项税高于 4.672 万元时，比如 5 万元，一般计税方法的应纳税额是 1 万元，少于简易计税方法。

哦，我明白了。那我们的增值税发票应该怎么开啊？

无论是一般纳税人还是小规模纳税人，选择不同的方法，开具不同的发票。

如果一般纳税人选择一般计税方法，小规模纳税人选择按照 3% 计税，则可以全额开具增值税专用发票。

如果一般纳税人选择差额简易征收，小规模纳税人选择 5% 差额征收，则分别开具增值税专票和增值税普票，向用工单位收取的人工成本，开具普票，其他收费，可以开具专票。

比如，刚刚的假设你们公司的 106 万元收入中，因为你们是一般纳税人，则 80 万元开具普票，另外的 26 万元，可以自行开具 5% 的增值税专票。

那我们作为派遣方的计税方法和开票形式对接收方有没有影响呢？

在接收方支付含税劳务成本一定的情况下，派遣方选择什么方式，开具什么发票，直接影响接收方可以抵扣的进项税和劳务成本。

再给你举个例子，数字不变。假设小规模纳税人 A 公司因派遣劳务工给 B 公司，取得含税收入是 106 万元，代用工单位支付的工资等人工成本是 80 万元。如果 A 公司选择 3% 的征收率，全额计税，则其应纳税额是 3.09 万元，开具价款 102.91 万元、税款 3.09 万元的专用发票，B 公司可以抵扣的进项税是 3.09 万元，劳务成本是 102.91 万元。

如果 A 公司选择 5% 的征收率，差额计税，则应纳税额是 1.24 万元。A 公司给 B 公司开具 80 万元的普票，同时开具价款 24.76 万元，税款 1.24 万元的专票。B 公司可以抵扣的进项税是 1.24 万元，劳务成本是 104.76 万元。

因此，派遣方选择什么方式，事关双方利益，具体如何选择，应该是双方博弈的结果。

差额征税应注意哪些方面呢？

由于选择差额征税时，可以自收入中扣减代接收方支付的工资、社保等支出，为享受这一政策，派遣方应注意如下事项：

一是劳务合同的内容，应该包括派遣方收取的服务中有多少是代接收方支付的派遣人员的工资、社保等支出。

二是保留扣缴个人所得税的凭据，缴纳社保的凭据等证据材料。

只有在合同、扣缴个人所得税、支付社保等证明资料齐全，足以证明派遣方支付有关支出后，才可以有效控制享受有关政策的风险。

好的，我明白了。谢谢您，税博士。我要回去给老板交差啦。

不客气，欢迎有问题再来咨询！

第 62 集　财务管理的几大误区

本集提示：如何定位本企业财务管理的目标？

企业的财务目标是否必须紧密配合企业的战略目标？

实施企业财务管理目标的同时还需要注意哪些？

本集撰稿：中财讯编辑部

本集人物：

企业会计

税博士

税博士，您好！今天不聊税务，和您聊聊管理。会计大变革时代就要到来了，管理越来越重要。由于企业财务管理直接向管理层提供第一手的信息，所以企业财务管理实际上是一个隐性的管理部，同样也是评价企业财务活动是否合理的标准，那是不是企业管理的中心就应该是企业的财务管理？

财务管理固然重要，但绝对不是中心地位。要知道，许多人认为的企业管理应以财务管理为中心，不切实际地拔高企业财务管理的地位，甚至还把财务管理放到了至高无上的位置，这是不正确的。

他们的理由是，企业是以营利为目的的经济组织，实现企业盈利目标就必须建立在良好的财务状况基础上，就必须用财务管理观念统率企业的各项专业管理，使企业的各项专业管理都讲求经济效益，注意投入产出比。这种人为地把企业财务管理拔高的做法，极易陷入到“资金万能论”的旋涡，误导企业全面经营管理工作的开展，妨碍企业在不断变化的形势下进行管理理论和方法上的创新。

实际上，在当前管理目标多元化、管理领域逐步扩大和员工从经济人变为社会人的情况下，企业管理者既要维护所有者的利益也要兼顾各方面的利益；企业管理有比财务管理更为广泛、更为深刻的内容，除了对有形和无形的管理，更多地还是对人的管理，高度重视员工素质的培养。比如，日本企业就非常重视生产管理和员工管理；德国企业就视质量管理为神明，但他们都没有把财务管理放在至高无上的位置，而是强调做好各项企业管理，从而取得了很好的财务收益和投资回报。

哦，那我作为公司的CFO，要怎么定位企业财务管理的目标呢？是企业利润最大化吗？

企业财务管理目标是企业理财活动所要达到的目的，是企业系统良性循环的前景条件，也是评价企业财务活动是否合理的标准。但有些企业却把利润理解为企业财富，把企业财务管理目标不是定位为“企业价值最大化”，而是定位为“企业利润最大化”，以为利润越多，企业的财富增加就越多。这就会使一些企业管理者为了利润而赶潮流、追热点，为追求企业长期利润最大化而作出错误决策，从而忽视了企业的社会利益、员工利益、债权人利益、债务人利益、消费者利益和投资者利益，偏离了企业的总目标要求。

哦，我知道了，您的意思是企业的财务目标还必须紧密配合企业的战略目标吗？

是这样的。在企业管理中，战略的选择和实施是企业的根本利益所在，战略的需要高于一切。企业财务管理必须要根据企业总目标的要求，配合企业战略的实施，提出切合实际的企业财务战略目标，使企业财务管理在外部法律环境、经济环境变化时，不要作出错误的财务决策和财务计划，使企业步入目标陷阱的误区。

如果企业真的步入目标陷阱，其危害是很大的：其一是会使企业中相关部门无所适从，无法协调好各种财务关系，无法让人知道是否实现了财务目标，无法对员工产生激励与约束作用，无法开展有效的业绩评价；其二是由于企业财务战略目标不明确，极易导致企业投资决策失误，难以防范诸如收支性财务风险、现金流量财务风险、筹资性财务风险，最大限度地提高投资报酬率和资产利用率；其三是不明确的财务战略目标，会使企业各部门从各自的立场出发，忽视企业的整体战略，造成企业力量的分散，降低财务资源的利用效率和抗风险的整体能力。

嗯，税博士。您说得太有道理了。还有什么重要的注意事项吗？

一定要重视高素质财务管理人才的引进、培养和使用。

在我国加入WTO后如何留住企业优秀的财务管理人才，甚至吸引国外管理人才流入，将成为我国企业财务管理和人力资源管理的重要课题。但由于一些企业仍然在搞任人唯亲，从而堵塞了高素质人才的成长和现有人员潜能的发挥，更不要说吸引国外优秀企业财务管理人才了。

国内外的实践经验已经证明，无论企业谋求什么样的发展道路，采用什么样的理财模式，都必须拥有一批优秀的、适应外界环境变化的具有丰富理财经验的财务管理人员，无论是引进外部财务管理人才，还是培养内部财务管理人才，都必须把财务管理人才的个人利益与企业利益融为一体、个人信念与企业财务文化融为一体，使他们成为企业的生力军，企业财务管理才能有所起色。

嗯，这是必须的。

还有。财务管理必须创新应用。

这主要表现在，一是对涉及企业内外各种经济现象的财务预算管理，在许多企业并没有得到实际应用，普遍存在着对财务预算管理不甚了解，或财务预算管理流于形式，或只注重预算本身的计划、协调和控制的功能，不注重发挥预算管理在其他方面作用的现象，致使不能通过财务预算管理，正确处理与企业战略管理、企业绩效评价、企业资源分配、企业风险控制和提高企业经济效益的关系，把握好财务管理的正确目标和方向。

二是在财务成本管理方面，不能从“产品”为重心转向以作业为重心，致使财务成本控制的视角还没有从传统的降低成本的初级形态转移到成本计划、成本预算、优化配置资源、合理的成本、事前预防重于事后调整，以及重组生产流程方面来。

三是在企业绩效评价方面还仍停留在使用基于利润的业绩评价方法，评价企业业绩仍采用那些不能反映成本或资本费用，不能反映企业生产经营的最终盈利或价值的，诸如权益报酬率、总资产报酬率、销售利润率、每股收益等指标，在现有财务评价指标体系中缺少对技术创新能力的评估指标，特别是目前已被全球400多家公司用于业绩考核与评价的附加经济价值（EVA），更是很少进行深入的研究，从而制约了企业发展战略的实施，影响着企业的存续发展。

嗯，明白了。税博士，今天真是受益匪浅啊，下次有问题一定向您请教！

不客气，欢迎下次再来咨询！

第 63 集 研发费用优惠政策（一）

本集提示：居民企业是否可以享受研发费用加计扣除优惠政策？

烟草制造企业转型后是否可以享受这项优惠政策？

本集撰稿：中财讯编辑部

本集人物：

公司会计 

税博士 

税博士，您好！我公司属于居民企业，主营卷烟业务，兼营生产五金产品，想知道我们公司能不能享受研发费加计扣除优惠政策？

你们公司今年的销售收入总额是多少？其中主营业务收入、兼营业务收入以及投资收益分别是多少呢？有没有不征税收入？

我们公司 2015 年的销售收入总额是 20000 万元。其中主营业务卷烟制造销售收入是 15000 万元，兼营生产五金产品收入 5000 万元，投资收益 3000 万元，没有不征税收入。

新政规定，六大行业不适用税前加计扣除政策：烟草制造业；住宿和餐饮业；批发和零售业；房地产业；租赁和商务服务业；娱乐业。六大行业企业是指刚刚所说的行业业务为主营业务，其研发费用发生当年的主营业务收入占企业按税法第六条规定计算的收入总额减除不征税收入和投资收益的余额 50%（不含）以上的企业。而你们公司卷烟主营业务收入占比为 15000÷（20000－3000）×100%＝88%，大于 50%。所以不能享受研发费加计扣除优惠政策。

那以后我们公司如果不再主营卷烟业务，转型为生产五金产品呢？近来领导一直在强调企业转型的问题，转型后我们公司是不是就可以享受这项优惠了？

你们公司缴纳企业所得税的方式是实行核定征收还是查账征收？

我们公司企业所得税实行查账征收。

那就可以。只有会计核算健全并且缴纳企业所得税的方式是实行查账征收的企业，才可以根据规定条件享受研发费用加计扣除优惠政策。

对了，税博士，我们公司的研发活动是企业自行决定的，主要是对现有的产品进行改变和升级。听说对研发活动实行负面清单管理，明确七种活动不适用税前加计扣除政策，其中就包括了对现存产品、服务、技术、材料或工艺流程进行的重复或简单改变这一项，我们应该怎么办呢？

对于七种限制性研发活动，有一些是明确的，有一些比较模糊，很容易与税务机关发生争议的，你们公司的研发活动就是规定中比较模糊的，这就需要你们做好将研发项目能够证明不属于负面清单所列活动的依据。这样的证明需要从项目的开始就进行筹划，绝不能事中或者事后找证据进行补充。否则，一则证据原始材料容易丢失，二则容易造成事后补证的证据链不完整，难以形成有效证明。

那我们具体应该怎么做呢？

对于企业自行决定的研发活动，应该做到：

（1）成立研发部。要有明确的研发机构（可以不单设）和人员编制，制定研发的有关管理制度。如果没有研发部门，就很容易给人的感觉是没有研发能力的，遇到检查自然就会从严。

（2）有年度研发计划。最好提出具体的研发项目或者方向。

（3）立项申请。要注意立项名称，应该根据事实远离负面清单。比如说："对某流水线的技术改造""增加某产品强度的研发"等立项名称的项目很容易被判断为负面清单项目。要明确研发专业人员名单，特别是兼职人员需要说明。

（4）立项批准。通过企业总经理办公会或董事会就研发项目可行性研究报告论证和立项批准的决议文件或者会议纪要。

（5）研发结果的报告材料。对研发成果的成功报告或者研发失败的结论报告及终止研发的说明材料或者会议纪要。

哦，我知道了。如果我们公司只是为了获得创意性产品而进行创意设计活动而发生相关费用，能不能扣除呢？

企业为获得创新性、创意性、突破性的产品进行创意设计活动而发生的相关费用，也可以进行税前加计扣除。创意设计活动很大程度上有非物理化形态的特殊性，更需要有相关的材料来证明其真实性。

哦，这样呀，我懂了。今天真是谢谢您了！

不客气，欢迎下次再来咨询！

第 64 集 研发费用优惠政策（二）

本集提示：研发费用加计扣除实行备案管理需要准备什么材料？

公司需要留存备查资料吗？

本集撰稿：中财讯编辑部

本集人物：

公司会计

税博士

税博士，您好！今天特向您请教一个税务上的问题。我公司财务人员发现在2016年第一季度发生的技术研发项目符合研发费用加计扣除条件，但未申报享受，这可怎么办呀？

好的！根据《企业所得税优惠政策事项办理办法》附件三《汇总纳税企业分支机构已备案优惠事项清单》规定，研发费加计扣除只能在汇缴时享受，在年度中间所得税预缴时不得享受。

企业符合规定的研发费用加计扣除条件而在2016年1月1日以后未及时享受该项税收优惠的，可以追溯享受并履行备案手续，追溯期限最长为3年，以前不再追溯。你们公司未申报享受的活动发生在追溯期限之内，可以追溯享受并履行备案手续。

那我们怎么履行备案手续呢？要准备什么吗？

研发费用加计扣除实行备案管理。你们公司应当不迟于年度汇算清缴纳税申报时，按《国家税务总局关于发布〈企业所得税优惠事项办理办法〉的公告》及相关的规定向税务机关报送《企业所得税优惠事项备案表》和研发项目文件等备案资料完成备案手续。

如果我们已经享受税收优惠政策了，但是没有备案会有什么后果吗？

企业已经自行享受税收优惠政策，但在汇缴期间未按照规定备案的，应在发现后及时补办备案手续，并提交相关的留存备查资料。税务机关发现后，应当责令企业限期备案，并提交相关的留存备查资料。对于逾期补办备案手续并经审核符合条件的，对未及时备案行为应当按照税收征管法有关未按规定报送相关资料处罚。

那我们公司需要留存备查资料吗？

必须准确留存好备查资料。企业在申报享受优惠政策的同时，将规定的八类资料收集完整，留存备查。备查资料是企业证明符合税法规定优惠条件、标准的重要依据，企业一定要妥善保管，以免在税务机关核查时因为无法提供备查资料而被取消享受资格，并受到处罚。由于备查资料的保存期限为享受优惠事项后 10 年，建议企业对备查资料实行档案化管理，防止因会计流动而散失，造成损失。

哦，我明白了。对了，税博士，加计扣除政策中，涉及的研发人员是指研究人员和技术人员吗？对他们的聘用形式有什么要求吗？

研发人员分为研究人员、技术人员和辅助人员三类。研究开发人员的聘用形式，既可以是本企业的员工，也可以是外聘（包括劳务派遣）等形式。外聘研发人员包括与本企业签订劳务用工协议（合同）和临时聘用的研究开发人员、技术人员、辅助人员（不包括为研发活动从事后勤服务的人员）。

还有什么需要我们公司了解和注意的吗？

有一家公司 2014 年度所得税汇算清缴中，申报发生研发费用 158 万元，加计扣除 79 万元。2015 年 8 月份，税务人员对这家公司进行纳税评估，在研发人员名单和研发费用归集中发现有财务经理（有高级会计职称）、主办会计（有中级会计职称）、汽车驾驶员（有高级技工证书），所以对整个研发项目的真实性产生怀疑，后来经详细核查，证实仅仅是常规性的流水线改造，对申报加计扣除的 79 万元进行调整，补缴企业所得税 19.75 万元，并按规定进行了处罚。

这么严重啊，今后我们公司一定注意。

企业一定要注意：（1）研发人员必须是直接从事研发活动的。其体现形式就是研发项目费用中有研发人员的工资，否则就难以说明是直接从事的。（2）没有直接实质性参与研发的行政管理人员、财务人员和后勤人员不要列入研发费用加计扣除范围，否则容易被引起警觉。

嗯，我知道了。税博士，今天真是谢谢您，下次有问题还来请教您。

不客气，欢迎下次再来咨询！

政策链接

- 《国家税务总局关于发布〈企业所得税优惠政策事项办理办法〉的公告》（国家税务总局公告2015年第76号）

第 65 集 个人所得税如何合理避税?

本集提示：个人所得税有没有好的方法可以避税?

理财是否可以避税?

本集撰稿：周华洋

本集人物：

建筑施工企业会计

税博士

税博士，您好！根据《财政部　国家税务总局关于全面推开营业税改征增值税试点的通知》（财税〔2016〕36 号）规定，对于销售额，原则上是“以纳税人发生应税行为取得的全部价款和价外费用为销售额”，但“财政部和国家税务总局另有规定的除外”，这个除外包括哪些情形?

财政部和国家税务总局规定的除外是指销售项目可以差额计税的情况。

那么营改增后有多少销售项目可以差额计税?

我们作了简单归纳，有 14 种销售项目可以差额计税。

建筑施工企业有吗?

有的，一般纳税人跨县（市）提供建筑服务，适用一般计税方法计税的，应以取得的全部价款和价外费用为销售额计算应纳税额。纳税人应以取得的全部价款和价外费用扣除支付的分包款后的余额，按照 2% 的预征率在建筑服务发生地预缴税款后，向机构所在地主管税务机关进行纳税申报。

建筑施工企业采用简易计税方法可以差额计税吗?

可以，建筑施工企业采用简易计税方法的，以取得的全部价款和价外费用扣除支付的分包款后的余额为销售额，但分两种情况：

第一种情况是小规模纳税人跨县（市）提供建筑服务，应以取得的全部价款和价外费用扣除支付的分包款后的余额为销售额，按照3%的征收率计算应纳税额。

第二种情况是一般纳税人为建筑工程老项目提供的建筑服务，可以选择适用简易计税方法计税，应以取得的全部价款和价外费用扣除支付的分包款后的余额为销售额，按照3%的征收率计算应纳税额。

上述两种计税方法在建筑服务发生地预缴税款后，向机构所在地主管税务机关进行纳税申报。

房地产开发企业可以差额计税吗？

可以，房地产开发企业中的一般纳税人销售其开发的房地产项目（选择简易计税方法的房地产老项目除外），以取得的全部价款和价外费用，扣除受让土地时向政府部门支付的土地价款后的余额为销售额。

不是房地产企业卖房可以差额计税吗？

可以，要分五种情况：

第一种情况是一般纳税人销售其2016年4月30日前取得的不动产（不含自建），适用一般计税方法计税的，以取得的全部价款和价外费用为销售额计算应纳税额。上述纳税人应以取得的全部价款和价外费用减去该项不动产购置原价或者取得不动产时的作价后的余额，按照5%的预征率在不动产所在地预缴税款后，向机构所在地主管税务机关进行纳税申报。

第二种情况是一般纳税人销售其2016年4月30日前取得（不含自建）的不动产，可以选择适应简易计税方法，以全部收入减去该项不动产购置原价或者取得不动产时的作价后的余额，按照5%的征收率在不动产所在地主管税务机关预缴增值税，向机构所在地主管税务机关申报缴纳增值税。

第三种情况是一般纳税人销售其2016年5月1日后取得（不含自建）的不动产，应适用一般计税方法，以取得的全部价款和价外费用为销售额计算应纳税额。纳税人应以取得的全部价款和价外费用减去该项不动产购置原价或者取得不动产时的作价后的余额，按照5%的预征率在不动产所在地预缴税款后，向机构所在地主管税务机关进行纳税申报。

第四种情况是小规模纳税人销售其取得（不含自建）的不动产（不含个体工商户销售购买的住房和其他个人销售不动产），应以取得的全部价款和价外费用减去该项不动产购置原价或者取得不动产时的作价后的余额为销售额，按照5%的征收率计算应纳税额。纳税人应按照上述计税方法在不动产所在地预缴税款后，向机构所在地主管税务机关进行纳税申报。

第五种情况是其他个人销售其取得（不含自建）的不动产（不含其购买的住房），应以取得的全部价款和价外费用减去该项不动产购置原价或者取得不动产时的作价后的余额为销售额。

除了这三个大的方面可以差额计税外，还有其他的差额计税吗？

有，一共有六种：

第一种情况是金融商品转让，按照卖出价扣除买入价后的余额为销售额。

第二种情况是经纪代理服务，以取得的全部价款和价外费用，扣除向委托方收取并代为支付的政府性基金或者行政事业性收费后的余额为销售额。

第三种情况是纳税人提供旅游服务，以取得的全部价款和价外费用，扣除向旅游服务购买方收取并支付给其他单位或者个人的住宿费、餐饮费、交通费、签证费、门票费和支付给其他接团旅游企业的旅游费用后的余额为销售额。

第四种情况是融资租赁和融资性售后回租业务，融资租赁以收取的全部价款和价外费用，扣除支付的借款利息、发行债券利息和车辆购置税后的余额为销售额；而融资性售后回租以取得的全部价款和价外费用（不含本金），扣除对外支付的借款利息、发行债券利息后的余额作为销售额。

第五种情况是航空运输企业的销售额，不包括代收的机场建设费和代售其他航空运输企业客票而代收转付的价款。

第六种情况是一般纳税人提供客运场站服务，以其取得的全部价款和价外费用，扣除支付给承运方运费后的余额为销售额。

嗯，我知道了。谢谢您了，税博士。

不客气，欢迎有问题再来咨询！

政策链接

- 《财政部　国家税务总局关于全面推开营业税改征增值税试点的通知》（财税〔2016〕36号）

第 66 集 营改增新政策解析之营改增后的差额征税政策到底讲什么？

本集提示：营改增后有多少销售项目可以差额计税？

建筑施工企业是否可以差额计税？

本集撰稿：中财讯编辑部

本集人物：

上市公司会计

税博士

税博士，您好！我是一家上市公司的财务人员，上次听了您的税收筹划，很受启发。这次过来是想向您请教，个人所得税有没有好的方法可以避税？

利用税收优惠政策寻求合理、合法的避税途径，是经济社会中维护个人权利和义务，激励人奋发向上，实现理想追求的一个有利条件。在积极纳税的同时，寻求合理避税的途径对于广大的工薪阶层每个纳税人来说都非常现实，很有必要。个人所得税避税的途径还是有很多的。

是吗？那太好了，税博士，您给讲讲吧！

第一条途径也是最常见的就是巧用公积金避税。

哦。对了，上个月我通过国家政府相关机关，为教育机构捐了一笔款，这个有没有筹划的空间啊？

有的，利用捐赠进行税前抵减也可以实现避税。《中华人民共和国个人所得税法实施条例》规定：个人将其所得通过中国境内的社会团体、国家机关向教育和其他社会公益事业以及遭受严重自然灾害地区、贫困地区的捐赠，金额未超过纳税人申报的应纳税所得额 30% 的部分，可以从其应纳税所得额中扣除。这就是说，个人在捐赠时，必须在捐赠方式、捐赠款投向、捐赠额度上同时符合法规规定，才能使这部分捐赠款免缴个人所得税。计算公式为：捐赠限额 = 应纳税所得额 ×30%，允许扣除的捐赠额 = 实际捐赠额（≤捐赠限额）。

嗯，税博士还有什么别的途径吗？

还有一个工薪阶层最喜欢的途径。那就是理财时选择避税种类的产品。

理财也能避税？快说说！

随着金融市场的发展，不断推出了新的理财产品。其中很多理财产品不仅收益比储蓄高，而且不用纳税。比如投资基金、购买国债、买保险、教育储蓄等，不一而足。众多的理财产品无疑给工薪阶层提供了更多的选择。慎重思考再选择便可做到：不仅能避税，而且合理分散了资产，还增加了收益的稳定性和抗风险性，这是现代人理财的智慧之举。

那具体讲都有什么呢？

（一）选择免征个人所得税的债券投资：《中华人民共和国个人所得税法》第四条规定，国债利息和国家发行的金融债券利息免纳个人所得税。其中，国债利息是指个人持有我国财政部发行的债券而取得的利息所得，即国库券利息；国家发行的金融债券利息是指个人持有经国务院批准发行的金融债券而取得的利息所得。2007 年 12 月，1 年期记账式国债的票面年利率为 3.66%；10 年期记账式特别国债（八期）的票面年利率为 4.41%；3 月期的第十九期记账式国债的票面利率为 3.38%，均收益较好。选择投资免征 20% 个人所得税的国家发行的金融债券和国债既遵守了税法的条款，实现了避税，还从中赚取了部分好处，因此，购买国债对大部分工薪阶层实为一个很好的避税增收渠道。

（二）选择正确的保险项目获得税收优惠：我国相关法律规定，居民在购买保险时可享受三大税收优惠：1. 个人按照国家或地方政府规定的比例提取并向指定的金融机构缴付的住房公积金、医疗保险金，不计入个人当期的工资、薪金收入，免于缴纳个人所得税；2. 由于保险赔款是赔偿个人遭受意外不幸的损失，不属于个人收入，免缴个人所得税；3. 按照国家或省级地方政府规定的比例缴付的住房公积金、医疗保险金、基本养老保险金和失业保险基金存入银行个人账户所取得的利息收入，也免征个人所得税。

哦，那我知道了！税博士，我每个月通讯费等费用很高的，能不能从这方面做文章？

可以积极利用通讯费、交通费、差旅费、误餐费发票进行避税。我国税法规定：凡是以现金形式发放通讯补贴、交通费补贴、误餐补贴的，视为工资薪金所得，计入计税基础，计算缴纳个人所得税。凡是根据经济业务发生实质，并取得合法发票实报实销的，属于企业正常经营费用，不需缴纳个人所得税。所以，笔者建议纳税人在报销通讯费、交通费、差旅费、误餐费时，应以实际、合法、有效的发票据实列支实报实销，以免误认为补贴性质，在一定程度上收到了避税的效果。

嗯，我知道了。谢谢您了，税博士。下次有问题还来向您请教！

不客气，欢迎有问题再来咨询！

第 67 集 增值税发票的十个问题，你知道多少？

本集提示：增值税发票都有哪些类型呢？
纳税人该如何区分和使用这些发票呢？
专票和普票有什么区别呢？

本集撰稿：中财讯编辑部

本集人物：

公司会计

税博士

税博士，您好！已经营改增了，请问增值税发票都有哪些类型呢？

增值税发票分为税控发票和非税控发票。其中税控发票有增值税专用发票、增值税普通发票、增值税电子普通发票及机动车销售统一发票；非税控的发票主要有通用机打发票和通用定额发票、冠名发票。

纳税人该如何区分和使用这些发票呢？

一般纳税人销售货物、提供应税劳务和应税服务开具增值税专用发票、增值税普通发票、增值税电子普通发票；小规模纳税人销售货物、提供应税劳务和应税服务开具增值税普通发票和增值税电子普通发票；一般纳税人和小规模纳税人从事机动车（旧机动车除外）零售业务开具机动车销售统一发票；通用机打发票和通用定额发票，主要是供未达起征点的小规模纳税人使用；发票使用量大或者发票样式不能满足经营活动需要的，可使用冠名发票。

专票和普票有什么区别呢？

增值税专用发票具有抵扣功能，只有一般纳税人才能领用和开具，一般纳税人只有取得专用发票才能抵扣；增值税普通发票没有抵扣功能，纳税人的应税行为均可开具。特别注意，无论是开专票还是普票，交税是一样多的。

增值税专用发票如何开具？抵扣有期限吗？

根据国税函〔2009〕617号文件规定，增值税一般纳税人取得增值税专用发票、公路内河货物运输业统一发票和机动车销售统一发票，应在开具之日起180日内办理申报抵扣进项税额。

增值税税控发票怎么领用和开具呢？

增值税税控发票，需要使用增值税发票系统升级版开具发票，纳税人需要向符合资质的税控服务公司购买税控设备，经税务部门发行后，通过税控设备在线开具税控发票，所有发票信息通过网络自动上传至税务机关，进行全国联网。需要领用增值税发票的纳税人，持税务登记证件、经办人身份证明、按照国务院税务主管部门规定式样制作的发票专用章的印模，向主管税务机关办理发票领用手续。

哪些营改增纳税人应该推行使用增值税发票税控装置呢？

增值税纳税人推行增值税发票税控装置的范围是：增值税一般纳税人，以及销售货物、提供加工修理修配劳务月销售额超过3万元（按季纳税9万元），或者销售服务、无形资产月销售额超过3万元（按季纳税9万元）的小规模纳税人。

开发票前需要提前录入商品编码吗？

可以提前录入也可以在开票时手工输入。提前录入，填开发票时，“商品信息”可以从该商品编码库中选取。开票时手工输入，系统会提示对未赋税收分类编码的商品进行赋码。

税收分类编码是要打印到票面上还是要怎么样？

不打印到票面上，仅在添加商品行时要求商品必须带有税收分类编码。

增值税普通发票可以开具哪些税率？

系统支持填开税率为17%、13%、11%、6%、5%、4%、3%、1.5%、0%和“免税”的增值税普通发票，但企业应自觉根据当前的增值税政策填开发票，所选税率应符合国税局要求，以免造成开具的发票无效。

最后一个问题，发票作废后，可以取消吗？

点击“作废”按钮后，只有在弹出的对话框中选择“确认”才会真正作废，在执行这项操作后无法改变作废状态。

哦！我明白了，税博士。谢谢您了税博士，下次有问题还来向您请教！

不客气，欢迎有问题再来咨询！

政策链接

- 《国家税务总局关于调整增值税扣税凭证抵扣期限有关问题的通知》（国税函〔2009〕617 号）

第 68 集　营改增的三流问题，你注意到了吗？

本集提示：开具的专用发票是否符合“三流一致”的要求？
何谓“索取销售款项的凭据”？

本集撰稿：中财讯编辑部

本集人物：

公司会计

税博士

税博士，您好！有个棘手的问题，近期，我们公司从 A 公司购买了一批货物，并且与 A 公司、B 公司签订了一份《三方抵款协议》，约定我们公司把对 A 的债权转移给 B 以抵销 A 对 B 的一项债务，合同约定我们将货款直接支付给 C 企业，我们公司按约定付款后，B 公司向我公司开具了增值税专用发票，开具的专用发票是否符合“三流一致”的要求，能否抵扣进项税额？

不属于虚开发票，能够抵扣进项税。

为什么呢？资金的支付流向与发票的开票方和货物的销售方不符。根据国税发〔1995〕192 号文件规定：“纳税人……所支付款项的单位，必须与开具抵扣凭证的销货单位、提供劳务的单位一致，才能够申报抵扣进项税额，否则不予抵扣。”按照这一规定，我们企业取得的是“三流不一致”发票，即使有《三方抵款协议》证实开票方和最终收款方之间存在债权转移，也不得抵扣进项税额。

表面上看是你说的那样，但根据国家税务总局公告 2014 年第 39 号文件，同时符合以下三种情形的发票不属于虚开，受票人可以抵扣进项税额：“一、纳税人向受票方纳税人销售了货物，或者提供了增值税应税劳务、应税服务；二、纳税人向受票方纳税人收取了所销售货物、所提供应税劳务或者应税服务的款项，或者取得了索取销售款项的凭据；三、纳税人按规定向受票方纳税人开具的增值税专用发票相关内容，与所销售货物、所提供应税劳务或者应税服务相符，且该增值税专用发票是纳税人合法取得、并以自己名义开具的”。

这三种情形和我们公司的情况有什么密切的关系吗？

注意第二个必要条件，除“向受票方纳税人收取款项”之外，还包括了“取得索取销售款项的凭据”的情形。

何谓“索取销售款项的凭据”？

关于“索取销售款项的凭据”，国家税务总局公告 2014 年第 39 号文件没有列举，但可以参照以下两个规章和规范性文件的规定：

1.《增值税暂行条例实施细则》第 38 条中根据销售结算方式不同，对“取得索取销售款项的凭据”作出分别规定，诸如“（三）采取赊销和分期收款方式销售货物，为书面合同约定的收款日期的当天，无书面合同的或者书面合同没有约定收款日期的，为货物发出的当天”；“（四）……生产销售生产工期超过 12 个月的……货物，为收到预收款或者书面合同约定的收款日期的当天”等。

2. 财税〔2016〕36 号文件的附件 1《营业税改征增值税试点实施办法》第 45 条规定：“取得索取销售款项凭据的当天，是指书面合同确定的付款日期；未签订书面合同或者书面合同未确定付款日期的，为服务、无形资产转让完成的当天或者不动产权属变更的当天”。可见增值税法中“索取销售款项的凭据”不是特指某种凭证，而是指已到付款日期的书面合同，在未约定日期的情况下为所有权转让的当天。合同已到付款日期，或未约定付款日期时所有权转移，意味着销售方可以此为据向购买方主张到期债权。因此，只要能证明开票方对销售方享有到期债权，就满足 39 号公告中“取得索取销售款项的凭据”这一条件。

哦，原来要考虑这么多文件规定啊。

具体到本案，你们公司从 A 公司购买货物并签订《三方抵款协议》，该协议的内容是 A 向第三人 B 公司转移对你们公司的到期债权，因此足以证明开票方 A 对受票方也就是你们公司“取得了索取销售款项的凭据”，A 公司与你们公司之间债权债务关系的方向与发票的流向是一致的。在满足 39 号公告其他两项条件，即发票流、货物流一致的情况下，这一发票不属于虚开，你们公司可以抵扣进项税额。

但是这样的话，国税发〔1995〕192号和国家税务总局公告2014年第39号得出的结论存在矛盾呀。

目前这两个规范性文件同时有效，但显而易见，国税发〔1995〕192号文件仅根据形式上的“资金流”判断发票是否“三流一致”的做法欠妥，因为这一规定未考虑存在债权债务转移和抵销的情形，缺乏弹性和变通；而39号公告则从“发生债权债务关系的方向”与“发票流向”是否吻合的角度判断“三流”是否一致，显然更具有合理性，体现了“尽量减少税收对市场经济正常运行的干扰”的税收中性原则。

应当适用国家税务总局公告2014年第39号而非国税发〔1995〕192号文件衡量“三流一致”的另一个原因，是国家税务总局公告2014年第39号出台的时间晚于国税发〔1995〕192号文件。根据“新法优于旧法”的原则，新法、旧法对同一事项有不同规定时，新法的效力优于旧法，因此39号公告应当予以优先适用。

好的！我明白了，税博士。今天真是谢谢您了，下次有问题还来向您请教！

不客气，欢迎有问题再来咨询！

政策链接

- 《财政部　国家税务总局关于全面推开营业税改征增值税试点的通知》（财税〔2016〕36号）
- 《国家税务总局关于纳税人对外开具增值税专用发票有关问题的公告》（国家税务总局公告2014年第39号）
- 《国家税务总局关于加强增值税征收管理若干问题的通知》（国税发〔1995〕192号）

第 69 集 混合销售是如何界定和安排的?

本集提示：混合销售是如何界定的？

企业发生的混合销售行为如何计税呢？

混合销售行为如何进行合理税收规划？

本集撰稿：中财讯编辑部

本集人物：

公司会计

税博士

税博士，您好！今天想请教您几个混合销售的问题。营改增以后，财税〔2016〕36 号文件附件 1《营业税改征增值税试点实施办法》第四十条：“一项销售行为如果既涉及服务又涉及货物，为混合销售。从事货物的生产、批发或者零售的单位和个体工商户的混合销售行为，按照销售货物缴纳增值税；其他单位和个体工商户的混合销售行为，按照销售服务缴纳增值税。本条所称从事货物的生产、批发或者零售的单位和个体工商户，包括以从事货物的生产、批发或者零售为主，并兼营销售服务的单位和个体工商户在内。”这个混合销售怎么界定呢？

界定“混合销售”行为的标准有两点：

一是其销售行为必须是一项；

二是该项行为必须既涉及服务又涉及货物，其“货物”是指增值税条例中规定的有形动产，包括电力、热力和气体；服务是指属于全面营改增范围的交通运输服务、建筑服务、金融保险服务、邮政服务、电信服务、现代服务、生活服务等。

在界定“混合销售”行为是否成立时，其行为标准中的上述两点必须是同时存在，如果一项销售行为只涉及销售服务，不涉及货物，这种行为就不是混合销售行为；反之，如果涉及销售服务和涉及货物的行为，不是存在一项销售行为之中，这种行为也不是混合销售行为。

因此，混合销售行为是在一项销售行为中既涉及货物又涉及服务的行为。例如，既从事钢结构等的生产销售，又提供安装工程等建筑服务，判断其是否属于混合销售应该把握两个原则：一是其销售行为必须是一项，二是该项行为必须既涉及服务又涉及货物。

从国家政策规定的层面上，该如何理解和认定“以从事货物的生产、批发或者零售为主”呢？有没有具体的认定标准呢？

在税收征管实践中，基本上是以“企业经营的主业确定”。即企业经营的主业是货物销售的则按照17%税率计算增值税；企业经营的主业是服务销售的则按照服务业的增值税税率计算增值税。

因为我们公司是和建筑产业相关的企业，那么关于建筑领域的钢结构安装、机电安装、消防工程安装、智能系统集成安装工程和装修工程等企业发生的混合销售行为如何计税呢？

对于钢结构安装、机电安装、消防工程安装、智能系统集成安装工程和装修工程的建筑企业，由于其经营的主业是建筑安装业务，建筑安装企业外购钢构、设备和建筑材料进行施工应按照建筑服务11%税率计算缴纳增值税。

可以给你举个例子，假如某冶金公司与一家钢构公司（只有安装资质）签订包工包料的合同1000万元，其中材料600万元，劳务400万元，这家钢构公司从外购买钢结构并提供安装服务，则这家钢构公司发生混合销售行为，按照建筑劳务11%征税，计税依据为1000万元，而不能按照销售商品17%税率征税。

那如果是既有生产、销售，又有安装资质的生产制造企业呢？

具有生产、销售和安装资质的生产制造企业或销售企业，特别是既有钢结构生产资质又有钢结构销售和安装资质的钢结构生产企业或钢结构销售企业，如果在销售合同中分别注明销售材料价款和提供建筑服务价款，分别按照销售货物17%税率和提供建筑服务11%税率缴纳增值税。未分别注明的，混合销售的原则，应按照销售货物17%税率计算缴纳增值税。

当然，还有一种情况，那就是具有生产、销售和安装资质的建筑安装企业，特别是既有钢结构生产资质又有钢结构销售和安装资质的钢结构安装企业，施工合同中分别注明钢构价款和设计、施工价款的，而且财务上分别核算钢结构、设备、材料收入和安装收入的，则钢结构、设备、材料收入按照17%税率计算缴纳增值税，安装服务按照11%计算缴纳增值税。如果施工合同中未分别注明的，则钢结构、机电设备和材料在企业一年当中的收入比重超过50%的，按照17%税率计算缴纳增值税；在企业一年当中的收入比重未超过50%的，按照11%税率计算缴纳增值税。

那么钢结构企业的这种混合销售行为，有没有什么合理的税收规划呢？

税收筹划首先可以，将钢结构安装作为建筑企业集团的一个业务板块，不要将钢结构单独注册成一家钢结构的生产制造企业，实现钢结构销售收入在建筑集团整个一年收入中的比重低于50%，依照按11%税率计算缴纳增值税，即企业销售钢结构和提供钢结构安装服务全部按11%税率征收。

为了规避钢结构销售收入在企业一年收入中所占的比重超过50%，则将钢结构生产业务独立出来，单独成立一家专门生产销售钢结构的企业。形成一家是专门从事钢结构安装的建筑企业，另一家是生产钢结构的生产企业，两家企业是独立法人，都是增值税一般纳税人。然后让业主或发包方与钢结构安装企业签订钢结构安装的甲供材合同，同时，让业主或发包方与钢结构生产企业签订采购合同，根据财税〔2016〕36号文件的规定，钢结构安装公司可以选择简易计税，安装部分按3%征收率征税，钢结构销售按17%税率征收。

哦！我明白了，税博士。今天真是受益匪浅啊，谢谢您，下次有问题还来向您请教！

不客气，欢迎有问题再来咨询！

政策链接

- 《财政部　国家税务总局关于全面推开营业税改征增值税试点的通知》（财税〔2016〕36号）

第 70 集　业务招待费的“纷纷扰扰”，你知道吗？

本集提示：营改增后业务招待费可以抵扣吗？
公司发的部分奖励是否要计入业务招待费？
如何区分会议费与业务招待费呢？

本集撰稿：中财讯编辑部

本集人物：

公司会计 

税博士 

税博士，您好！前些天我们公司某业务员要谈一笔大单，宴请客户发生了一笔3000元的业务招待费用，我想知道营改增以后，这个业务招待费可以抵扣吗？

不可以的。业务招待费增值税发票不能作进项税抵扣。因为业务招待费与生产经营无直接关系，属于用于非增值税应税项目。而《增值税暂行条例》第十条规定，用于非增值税应税项目、免征增值税项目、集体福利或者个人消费的购进货物或者应税劳务的进项税额不得从销项税额中抵扣。

哦，那我们公司给员工发的职工奖励算业务招待费吗？因为他们长期出差宴请客户，谈业务比较辛苦，所以公司给发了一部分奖励，这部分计入业务招待费吗？

业务招待费仅限于与企业生产经营活动有关的招待支出，与企业生产经营活动无关的职工福利、职工奖励、企业销售产品而产生的佣金以及支付给个人的劳务支出都不得列支为业务招待费。

我知道业务招待费包括业务洽谈、产品推销、对外联络、公关交往、会议接待、来宾接待等所发生的费用。但是该怎么区分会议费与业务招待费呢？

会议费是为召开会议而发生的合理费用。对于会议费开支范围的界定，会计和税法仍然是没有明确规定，但是实务中一般参照《中央和国家机关会议费管理办法》（财行〔2013〕286 号）作为会议费开支的范围。根据该办法规定，会议费开支范围包括会议住宿费、伙食费、会议室租金、交通费、文件印刷费、医药费等。

国家税务总局曾经以《企业所得税税前扣除办法》（国税发〔2000〕84 号）规定，纳税人发生的与其经营活动有关的合理的差旅费、会议费、董事会费，主管税务机关要求提供证明资料的，应能够提供证明其真实性的合法凭证，否则，不得在税前扣除。会议费证明材料应包括：会议时间、地点、出席人员、内容、目的、费用标准、支付凭证等。在企业所得税法及其实施条例颁布后，国税发〔2000〕84 号文件失效，但是目前税务总局对于会议费没有相关规定。为避免税务风险，达到税法要求的真实性和相关性要求，企业仍然应该按照国税发〔2000〕84 号文件的要求备齐相关证明资料。企业应将业务招待费与会议费严格区分，不得将业务招待费挤入会议费内。

刚刚提到的礼品赠送，现在好像争议也比较大，有人说要计入业务招待费，也有人说要计入业务宣传费，到底计入哪里呢？

对于礼品赠送是计入业务招待费还是业务宣传费，确实目前争议比较大，因为税法与会计都无相关明确规定。

一般认为，业务宣传品是指在礼品上印制有企业 LOGO、企业介绍、产品介绍等，对企业形象或企业产品有宣传作用，同时金额不是太大。问题是，怎么去界定金额算大还是算小呢？实务中，企业自制、外购或委托加工的广告衫、广告扇、广告纸袋、小包装产品等用于各种展会或产品推广时的免费赠送，具有价值小而赠送对象多且赠送对象是随机的特点，无论是税务还是会计计入业务宣传费是没有问题的。

如果赠送的对象不是随机的，且赠送礼品较大，或者礼品没有企业 LOGO 等，一般都要计入业务招待费。比如中秋节，企业向经销商等赠送月饼。

因此对于二者的区分，企业财务人员还是谨慎为上，多与主管税务局沟通，避免带来税务风险。

看来还是要多跑税务局才能获得第一手的消息啊！

是这样的，有时候有些税法和会计上都没有明确的东西，为了避免税务风险，还是要和当地的税务局多进行询问和沟通，才能保证不涉险，不被罚款。

税博士，像生产车间发生的业务招待费，能否计入“制造费用”呢？然后再把它转入存货成本。

这个问题，税务上是明确不可以的。在会计上，有人以为这些费用的发生都是这些部门为这些资产而产生的，所以应该计入该资产成本。我认为这种理解是片面的，会计准则强调的是“必要支出”才是资产成本构成部分，请客吃饭喝酒应该不是“必要支出”。

哦！我明白了，税博士。今天真是谢谢您，下次有问题还来向您请教！

不客气，欢迎有问题再来咨询！

政策链接

- 《财政部　国家机关事务管理局　中共中央直属机关事务管理局关于印发〈中央和国家机关会议费管理办法〉的通知》（财行〔2013〕286号）

  注释：全文废止。自2016年7月1日起废止。参见：《财政部　国家机关事务管理局　中共中央直属机关事务管理局关于印发〈中央和国家机关会议费管理办法〉的通知》，财行〔2016〕214号。

- 《国家税务总局关于印发〈企业所得税税前扣除办法〉的通知》（国税发〔2000〕84号）

  注释：全文废止。参见：《税务部门现行有效、失效、废止规章目录》，国家税务总局令第23号。

第 71 集 营改增新政策解析之如何区分混合销售与兼营?

本集提示：混合销售中的货物和服务都是指什么呢?
界定“混合销售”行为时，有什么条件?

本集撰稿：中财讯编辑部

本集人物：

公司会计

税博士

税博士，您好！营改增以后，我们财务部忙得不可开交，很多新东西、新政策要学，最近涉及混合销售和兼营业务这方面的问题，我有些不太明白，想向您请教一下。

好的，具体是什么问题呢?

混合销售和兼营行为我不知道怎么区分，该怎么理解呢？根据财税〔2016〕36号文件附件1第四十条的规定，一项销售行为如果既涉及服务又涉及货物，为混合销售行为。可是根据财税〔2016〕36号文件附件1第三十九条规定：“纳税人兼营销售货物、劳务、服务、无形资产或者不动产，适用不同税率或者征收率的，应当分别核算适用不同税率或者征收率的销售额；未分别核算的，从高适用税率。”感觉两者差不多啊?

其实很简单，界定“混合销售”行为的标准有两点：一是其销售行为必须是一项；二是该项行为必须既涉及服务又涉及货物。

货物和服务都是指什么呢?

“货物”就是指增值税条例中规定的有形动产，包括电力、热力和气体这些；服务是指属于全面营改增范围的交通运输服务、建筑服务、金融保险服务、邮政服务、电信服务、现代服务、生活服务等等。

哦，那界定“混合销售”行为时，有什么条件？

有的，在界定“混合销售”行为是否成立时，其行为标准中的上述两点必须是同时存在，如果一项销售行为只涉及销售服务，不涉及货物，这种行为就不是混合销售行为；反之，如果涉及销售服务和涉及货物的行为，不是存在一项销售行为之中，这种行为也不是混合销售行为。

税博士，可以讲得再详细点吗？

也就是说，混合销售指的是一项销售活动中的两项销售行为之间必须从逻辑上有着紧密的从属关系。其逻辑关系是：因为有了 A，才有了 B，B 的发生以 A 的发生为前提，且两者之间有着密切关联，这是判断混合销售的关键。因为有了某项销售货物的业务在先，甲公司才同时提供了为其所销售货物进行安装或者其他服务的业务，两者之间有着密切关联，这两项业务才属于混合销售。

哦，那兼营呢？

兼营可以给你举个例子。A 公司是销售电梯的，同时提供电梯的安装服务。假如，A 公司本月销售给 B 公司电梯，但并未说要提供服务，合同里也没有写这方面内容。下个月 B 公司又来找 A 公司签订安装合同，安装 B 公司从别处购买的电梯，这时候就是兼营行为。

为什么呢？

因为 A 公司所安装的电梯不是自己所销售的产品，与自身销售产品无关，属于各自独立的销售业务，所以应该判定为兼营行为。

嗯！我明白了，哎？经您这么一说，兼营的时候税率不同可以分开核算，那如果提供两项不同税率的业务还可以筹划一下税收喽？

可以是可以，但是必须谨慎。当主营业务税率偏高时，有些企业很可能为了降低税负，将混合经营故意篡改为兼营行为，如将原本仅是销售货物兼提供安装劳务的一份合同改为销售货物和提供安装劳务两份不同的合同，同时将收款和入账时间故意错开。这种过度筹划很可能一时得逞，但实际上给企业自身潜伏了很大的涉税风险。所以，企业不仅要正确认识对混合经营和兼营行为的纳税筹划，不能故意混淆，而且还必须清晰、准确核算各自的业务收入，以防止不必要的涉税风险。

哦！我明白了，看来我们还是本本分分的，坚持会计信息质量的可靠性原则吧，真实可靠地提供会计信息。

是的，合理筹划可以，但一定要规避风险！

嗯！税博士，今天真是谢谢您，下次有问题还来向您请教！

不客气，欢迎有问题再来咨询！

第 72 集　财务怎样进行贴现？

本集提示：向银行借款利息有点儿高，要如何处理？
是否可以向银行申请贴现？
贴现要怎么申请，注意什么呢？

本集撰稿：中财讯编辑部

本集人物：

公司会计

税博士

税博士，您好！最近我们公司业绩不太好，有很多业务做成了但是还没回款，有两笔单子开的银行承兑汇票还没到期，这几天我们又要去进原材料，急需要资金周转，向银行借款利息有点儿高，我们该怎么办呢？

你们公司可以选择贴现啊。

贴现？

贴现分为三种情况：未到期、到期收回以及到期未收回。刚才你说你们收到了未到期的银行承兑汇票，完全可以去向银行申请贴现。你们的承兑汇票金额是多少？还有到期日是几月几日？

其中一张大金额的是 200 万元，这次我们需要资金 120 万元。到期日是 10 月 31 日。

那就可以贴现这张银行承兑汇票。

我们能收到多少钱呢？

汇票金额是 200 万元，贴现天数假如从今天开始算的话就是从 7 月 15 日到 10 月 31 日共计 108 天。月贴现率假设按照 2.5‰计算，那么你们公司贴现需支付利息就是：$2000000 \times 108 \times (2.5‰ \div 30) = 18000$（元），也就是最后你们公司能收到 2000000－18000＝1982000（元）。

哦，那还可以！比去银行借款划算多了，6 个月的短期借款银行的利息率是 6.48%，我们需要 120 万元的话，就得交 77760 元，差太多了。还是贴现合算。对了，税博士，贴现要怎么申请，注意什么呢？

向银行申请贴现时，记得一定要填写一式五联的贴现凭证。第一联贴现凭证有关栏填写贴现科目借方凭证；第二、三联活期存款和利息收入科目的贷方凭证；第四联加盖转讫章交给申请贴现的持票人作收账通知；第五联和票据按到期日顺序排列，专夹保管。

哦，我知道了。您之前讲，贴现分三种情况，还有到期收回的和到期未收回的情况，您可以详细再讲讲吗？

贴现到期回收其实没有什么，就是按照正常的流程去贴现就可以了，不涉及相关利息之类的计算。不过需要注意以下两点：（1）盖完章签完字之后注明“委托收款”字样；（2）第五联贴现凭证作第二联托收凭证的附件存放。

哦！那贴现到期未收回呢？

贴现到期但是未收回的话，就要看是什么情况了。如果贴现银行在收到付款人开户行或者承兑行退回托收凭证和票据以及拒绝付款理由书或者付款人未付款通知书后，追索票款时，申请贴现的持票人在本行开户的，对已贴现的金额从其账户收取。这种情况，要在填制二联特种转账借方凭证的“转账原因”栏注明“未收到 ×× 号汇票款，贴现款已从你账户收取”，一联作为借方凭证，另一联要加盖转讫章作直款通知随同票据和拒绝付款理由书或付款人未付款通知书交给申请贴现的持票人。第五联贴现凭证贴现科目贷方凭证。

如果申请贴现的持票人账户余额不足怎么办呢？

若是申请贴现的持票人账户余额不足，那么就会按照逾期贷款的规定处理。如果没有在本行开户，对已贴现金额的收取，要向申请贴现的持票人及其他前手进行追索。

嗯！我懂了，税博士。今天真是谢谢您，受益匪浅呀，下次有问题还来向您请教！

不客气，欢迎有问题再来咨询！

第 73 集 银行贴现如何进行税务处理？

本集提示：贴现利息如何做税务处理？

票据贴现利息费还有别的类型吗？

贴现费用可以在所得税税前扣除吗？

本集撰稿：中财讯编辑部

本集人物：

公司会计 

税博士 

税博士，您好！今天特来向您请教贴现的问题，我们公司前几天因为资金流出现了问题，把一张没有到期的汇票申请贴现，产生了贴现利息，我想知道这个贴现利息怎么做税务处理？

你们是向谁申请并进行贴现的呢，这个贴现利息费属于什么类型？

嗯？票据贴现利息费还有别的类型吗？

是的，在实践当中，票据贴现利息费主要有三种类型：

一是持票人把没有到期的汇票向银行申请贴现所产生的贴现利息；

二是销售方与采购方在销售合同中约定，采购方向销售方开具银行承兑汇票或商业承兑汇票，并承诺向销售方承担因销售方向银行申请票据贴现所产生的票据贴现利息；

三是持票人把没有到期的汇票向其他企业或社会中间机构进行贴现所产生的贴现利息。

特别是后两种票据贴现利息，它们的税务处理比较复杂，困扰了不少企业的财务人员、税务干部以及财税中介机构人员。

哦，我们应该是第一种类型，我们是向银行进行的贴现。

向银行申请票据贴现相对来说比较常见，税务处理上，按照《企业会计制度》的有关规定，企业将未到期的应收票据向银行贴现，贴现息应计入“财务费用”。

这个贴现费用可以在所得税税前扣除吗?

根据《中华人民共和国企业所得税法》（主席令第63号）第八条规定：“企业实际发生的与取得收入有关的、合理的支出，包括成本、费用、税金、损失和其他支出，准予在计算应纳税所得额时扣除。”当然这些费用支出是有明确规定的，根据《中华人民共和国企业所得税法实施条例》（国务院令第512号）第二十七条规定：“企业所得税法第八条所称有关的支出，是指与取得收入直接相关的支出。企业所得税法第八条所称合理的支出，是指符合生产经营活动常规，应当计入当期损益或者有关资产成本的必要和正常的支出。”

对了，税博士，我们这次办理贴现，费了好大的劲儿，要了很多资料呢，这些是必需的吗?

是的。商业汇票的持票人向银行办理贴现业务必须具备下列条件：（一）在银行开立存款账户的企业法人以及其他组织；（二）与出票人或者直接前手具有真实的商业交易关系；（三）提供与其直接前手之前的增值税发票和商品发运单据复印件。

要将这项“财务费用”在所得税前扣除，用不用具备什么条件呢?

这也是有条件的，企业将未到期的应收票据向银行贴现，计入“财务费用”的贴现利息在企业所得税前扣除必须具备以下条件：申请票据贴现的持票人与出票人或者直接前手具有真实的商业交易关系，否则不可以在企业所得税前进行扣除。

哦！我知道了，税博士。今天真是太感谢您了，这些实务问题就这么轻松解决了，下次有问题还来向您请教!

不客气，欢迎有问题再来咨询!

第 74 集　企业贴现如何做税务处理?

本集提示：向采购方收取的票据贴现利息需不需要缴纳增值税呢?
向银行申请票据贴现，贴现利息是否是一种价外费用?
价外费用要缴纳增值税吗?

本集撰稿：中财讯编辑部

本集人物：

公司会计

税博士

税博士，您好！有个问题想向您请教，事情是这样的：我们公司最近签了一笔新单子，采购方 A 因为资金紧张，给我们开了银行承兑汇票。然后我们公司把该汇票向其开户行申请贴现，其中产生的票据贴现利息，在采购合同中约定由采购方 A 承担的，而且我们公司必须把银行贴现的票据贴现凭证给予采购方 A 让他们进行做账。我们向采购方收取的票据贴现利息在税法上算不算价外费用，要不要缴纳增值税呢?

要的。

可是根据《中华人民共和国增值税暂行条例》（国务院令第 538 号）第六条规定："销售额为纳税人销售货物或者应税劳务向购买方收取的全部价款和价外费用，但是不包括收取的销项税额。"明文规定了，不包括收取的销项税额啊?

但是请注意，价外费用！《中华人民共和国增值税暂行条例实施细则》（财政部　国家税务总局令第 50 号）（以下简称《实施细则》）第十二条规定："条例第六条第一款所称价外费用，包括价外向购买方收取的手续费、补贴、基金、集资费、返还利润、奖励费、违约金、滞纳金、延期付款利息、赔偿金、代收款项、代垫款项、包装费、包装物租金、储备费、优质费、运输装卸费以及其他各种性质的价外收费。

您的意思是说，我们向银行申请票据贴现，贴现利息是一种价外费用？

没错，就是价外费用！

您刚说，价外费用包括代垫款项，之前我们公司收到过一笔代垫款运输费用。当时我们的运输费用发票开具给购买方，而且还将这项发票转交给了购买方。这个也算价外费用，要缴纳增值税吗？

这种情况除外。因为《实施细则》还规定了一些不包括在内的项目，具体规定如下：

（一）受托加工应征消费税的消费品所代收代缴的消费税；

（二）同时符合以下条件的代垫运输费用：

1. 承运部门的运输费用发票开具给购买方的；

2. 纳税人将该项发票转交给购买方的。

（三）同时符合以下条件代为收取的政府性基金或者行政事业性收费：

1. 由国务院或者财政部批准设立的政府性基金，由国务院或者省级人民政府及其财政、价格主管部门批准设立的行政事业性收费；

2. 收取时开具省级以上财政部门印制的财政票据；

3. 所收款项全额上缴财政。

（四）销售货物的同时代办保险等而向购买方收取的保险费，以及向购买方收取的代购买方缴纳的车辆购置税、车辆牌照费。

哦，这样啊！对了，购货方 A 要求我们开发票，难道票据贴现利息能在企业所得税前扣除？

票据没问题的话，采购方凭销售方开具的增值税专用发票或普通销售发票进成本就可以在企业所得税前进行扣除。

票据没问题是什么意思？

打个比方，开出商业汇票，并合同约定承担对方票据贴现息，虽然获得对方给予的银行票据贴现凭证，但贴现凭证上不是开出商业汇票人的名字而是持票人的名字，是不可以税前扣除的。

税博士，您说这么多有什么依据吗？

您放心绝不敢乱讲，有税收法律文件为据！国税发〔2008〕80 号文件规定：“企业取得的发票没有开具支付人全称的，不得扣除，也不得抵扣进项税额，也不得申请退税。”国税发〔2009〕114 号文件规定：“未按规定取得的合法有效凭据不得在税前扣除。”国税发〔2008〕88号文件规定：“不符合规定的发票不得作为税前扣除凭据。”

哦！那我明白了，在销售业务中，销售方收取采购方承担的销售方（持票人）向银行申请票据贴现利息是一种价外费用，应向采购方开具增值税专用发票或普通销售发票，依法缴纳增值税，采购方凭销售方开具的增值税专用发票或普通销售发票进成本就可以在企业所得税前进行扣除。

今天真是太感谢您了，受益匪浅呀，我要回去好好消化一下！税博士，再见！

不客气，欢迎有问题再来咨询！再见！

政策链接

- 《国家税务总局关于印发〈进一步加强税收征管若干具体措施〉的通知》（国税发〔2009〕114号）
- 《中华人民共和国增值税暂行条例实施细则》（财政部　国家税务总局令第50号）
- 《国家税务总局关于加强企业所得税管理的意见》（国税发〔2008〕88号）
- 《国家税务总局关于进一步加强普通发票管理工作的通知》（国税发〔2008〕80号）

第 75 集　非金融贴现如何进行税务处理?

本集提示：中介机构不给开发票，能否去税务局开发票？

贴现利息还能在税前扣除吗？

什么是一般违法行为？要承担法律责任吗？

本集撰稿：中财讯编辑部

本集人物：

公司会计

税博士

税博士，您好！上个星期我们公司实在是急需要资金使用，所以在没有真实交易的情况下，向一家私营的中介机构进行了贴现。非金融机构收取贴现利息，并向我们开具了收据，我们想要发票用来在所得税前扣除，但是中介机构不给开发票，能否去税务局开发票呢？

当然不行。根据《中华人民共和国企业所得税法》第八条规定：“企业实际发生的与取得收入有关的、合理的支出，包括成本、费用、税金、损失和其他支出，准予在计算应纳税所得额时扣除。”《中华人民共和国企业所得税法实施条例》（国务院令第 512 号）第二十七条规定：“企业所得税法第八条所称有关的支出，是指与取得收入直接相关的支出。企业所得税法第八条所称合理的支出，是指符合生产经营活动常规，应当计入当期损益或者有关资产成本的必要和正常的支出。”因此，向中介机构申请票据贴现是没有发票的，平常只开收据，当地税务局不会给申请票据贴现的人开发票。

我们的这个贴现利息还能在税前扣除吗？

你这属于违法行为，不能扣除。

什么？违法行为？

是的，根据《支付结算办法》（银发〔1997〕393号）第六条规定："银行是支付结算和资金清算的中介机构。未经中国人民银行批准的非银行金融机构和其他单位不得作为中介机构经营支付结算业务。但法律、行政法规另有规定的除外。"因此，作为未经过中国人民银行批准的主体从事支付结算业务属于一般违法行为。

什么是一般违法行为？要承担法律责任吗？

一般违法行为是指违法情节比较轻微，对社会危害性不大，还没有触犯刑法，只是违反刑法以外的法律法规。既然是违法当然要承担责任。

我们当时也是急需要资金，对这方面不是特别了解，都有哪些是属于非法金融业务活动？

根据《非法金融机构和非法金融业务活动取缔办法》（国务院令第247号）规定，非法金融业务活动，是指未经中国人民银行批准，擅自从事的下列活动：

（一）非法吸收公众存款或者变相吸收公众存款；

（二）未经依法批准，以任何名义向社会不特定对象进行的非法集资；

（三）非法发放贷款、办理结算、票据贴现、资金拆借、信托投资、金融租赁、融资担保、外汇买卖；

（四）中国人民银行认定的其他非法金融业务活动。

因此，向未经中国人民银行批准，擅自从事票据贴现的中介机构，从事票据贴现业务，是一种非法金融业务活动，所产生的贴息支出不允许税前扣除。

我们现在该怎么办呢？

我国是不允许向非金融机构贴现的，因为风险巨大。没有正规的发票肯定抵不了税的。你们公司既然已经贴现了，产生的贴现利息肯定是不是能扣除的，而且还要接受相应的罚款或者警告。

哦！我明白了，税博士。今天真是谢谢您，下次有问题还来向您请教！

不客气，欢迎有问题再来咨询！

政策链接

- 《中华人民共和国企业所得税法实施条例》（国务院令第 512 号）
- 《非法金融机构和非法金融业务活动取缔办法》（国务院令第 247 号）
- 《中国人民银行关于印发〈支付结算办法〉的通知》（银发〔1997〕393 号）

第 76 集 增值税专用发票的误区有哪些?

本集提示：增值税专用发票认证通过或者勾选认证是否属于合规？

取得增值税专用发票是否就可以抵扣进项税？

本集撰稿：中财讯编辑部

本集人物：

公司会计

税博士

税博士，您好！营改增了，据说增值税专用发票可以用来抵扣销项税，所以我们公司为了让人家单位开一张增值税专用发票，不惜牺牲了一部分价格优惠，结果说那种专票不能抵扣，你说恼火不恼火！

事实上是这样的，增值税专用发票只是抵扣进项税额的凭证之一，也是抵扣进项税额的条件之一，但不是全部条件，即使取得增值税专用发票，如果属于相关规定不得从销项税额中扣除的情形也不能抵扣进项税额。还有就是发票合不合规也是有影响的。

增值税专用发票认证通过或者勾选认证不就是合规了嘛？

没那么简单。实务操作中不加盖发票专用章、盖单位公章、盖财务专用章、发票内容压线及单位抬头不完整等一些不合规的增值税专用发票，都可以认证通过或者勾选认证。但按照相关文件规定，上述的这些增值税专用发票都属于不合规的发票，不能作为增值税进项税额抵扣、企业所得税税前扣除和土地增值税税前扣除凭证。也就是说增值税专用发票即使认证通过或者勾选认证通过，并不代表增值税专用发票就合规。

也就是说增值税专用发票即使认证通过或者勾选认证通过，并不代表增值税专用发票就合规！今天真是受教了，一直以来我都误以为取得增值税专用发票就可以抵扣进项税，原来不一定啊！

《增值税暂行条例》及其实施细则和财税〔2016〕36号文件规定，纳税人购进货物，或者接受应税劳务时，从销售方取得的增值税专用发票上注明的金额，准予从销项税额中抵扣，同时也规定了“用于简易计税方法的计税项目、免征增值税项目、集体福利或者个人消费的购进货物、加工修理修配劳务、服务、无形资产和不动产，其中涉及的固定资产、无形资产、不动产，仅指专用于上述项目的固定资产、无形资产、不动产”的进项税额不得从销项税额中抵扣等不得抵扣进项税额的情形。

有点儿乱，税博士您能举个例子吗？

可以。比如，企业租用一辆大客车用于职工上下班，租车的这个费用即使取得增值税专用发票也不能从进项税额中抵扣，因为它是属于用于职工福利购进应税服务不能抵扣进项税。还有，餐费的增值税专用发票也不能抵扣进项税额。

对了，刚听您说增值税专用发票还不能压线、错格？

国税发〔2006〕156号文件第十一条规定，对开具专用发票要求做了相关规定，其中就要求字迹清楚，不得压线、错格。对不符合要求的专用发票，购买方有权拒收！另外国税发〔1999〕221号文件第二十条也有相关规定，那就是防伪税控企业应按照《增值税专用发票使用规定》开具专用发票，打印压线或错格的，应作废重开。

哦！那也就是说，“压线、错格”的增值税专用发票不符合发票使用规定，不能作为抵扣进项税的凭证了。

也不能作为企业所得税税前扣除凭证和土地增值税清算扣除凭证，而且接受增值税专用发票的单位有权拒收。还有“压线、错格”不仅是转票中的密码区“压线、错格”，增值税专用发票内容“压线、错格”也属于不合规增值税专用发票。

我明白了，税博士。今天真是谢谢您，下次有问题还来向您请教！

不客气，欢迎有问题再来咨询！

政策链接

- 《财政部　国家税务总局关于全面推开营业税改征增值税试点的通知》（财税〔2016〕36号）
- 《国家税务总局关于修订〈增值税专用发票使用规定〉的通知》（国税发〔2006〕156号）
- 《国家税务总局关于印发〈增值税防伪税控系统管理办法〉的通知》（国税发〔1999〕221号）

第 77 集　股权代持如何避免重复纳税?

本集提示：如何争取实质课税?

被要求按照股权转让处理，是否属于重复征税?

本集撰稿：中财讯编辑部

本集人物：

出资人

税博士

税博士，您好！我之前和其他个人签署了股权代持协议，我是实际出资人，他是名义出资人。但是终止股权代持协议时，被要求按照股权转让处理，这样不就重复征税了么？您有没有什么好的建议吗?

恩，这种股权代持的案例确实很多。你可以尝试着争取实质课税。

争取实质课税?

对。实质课税原则是指税法上确立的应依据纳税人经营活动的实质而非表面形式予以征税的准则。根据《最高人民法院关于适用〈中华人民共和国公司法〉若干问题的规定（三）》规定，实际出资人与名义股东因投资权益的归属发生争议，实际出资人以其实际履行了出资义务为由向名义股东主张权利的，人民法院应予支持。名义股东以公司股东名册记载、公司登记机关登记为由否认实际出资人权利的，人民法院不予支持。所以，在股权代持的法律关系中，实际股东为投资收益的实际享有者，股权登记由名义股东变更为实际股东并未改变经济实质，依据实质课税原则，上述股权变更并不构成股权转让，也不存在任何股权转让所得，无须缴纳企业所得税或个人所得税。

这种方式恐怕没那么简单，有时候税务机关不相信这些，有争议。

在实际操作过程中，要积极加强与税务机关的交流和沟通，在发生税务争议时，必要时获取法院关于实际股东身份的确权判决等，以尽最大可能维护自身的合法涉税权益。

现在立法不尽完善，而且各地税务机关征管口径不一呀，根本不能实现“实质课税”，肯定还是被税务机关认定为“股权转让”行为的。

那如果能实现低价或平价转让，也可以实现股权的归位。

什么意思？

根据国家税务总局公告2014年第67号文件第十三条的规定，符合下列条件之一的股权转让收入明显偏低，视为有正当理由：（一）能出具有效文件，证明被投资企业因国家政策调整，生产经营受到重大影响，导致低价转让股权；……第四，股权转让双方能够提供有效证据证明其合理性的其他合理情形。投资者可以利用最后一条兜底条款，来证明名义股东和实际股东之间低价交易的合理性。如果你怕税务机关认定不统一，执行不一致，你就要多和税务机关去沟通，避免不必要的争议。

我明白了，税博士。

还有，对于你这种个人投资者，根据国家税务总局公告2014年第67号文件第十三条的规定，符合下列条件之一的股权转让收入明显偏低，视为有正当理由：……（二）继承或将股权转让给其能提供具有法律效力身份关系证明的配偶、父母、子女、祖父母、外祖父母、孙子女、外孙子女、兄弟姐妹以及对转让人承担直接抚养或者赡养义务的抚养人或者赡养人；当然，上述处理也可能会与设置名义股东的初衷相违背，你可以根据具体的情形去使用，来避免重复缴纳企业所得税或降低税负。

我明白，税博士。以后再想做类似的投资，一定要把能涉及的风险和解决办法都搞清楚。

总之要重新审视股权代持的法律风险，并尽可能减少股权代持的交易架构。如果股权代持的交易安排确有必要，则应当审慎选择代持主体，以减少未来解除代持协议时的潜在税务风险。如果股权代持的交易安排确已发生，则应当全面收集证据材料，争取通过实质课税原则等途径，避免重复纳税或降低税负！

我明白了，税博士。今天真是太感谢您了，下次有问题还来向您请教！

不客气，欢迎有问题再来咨询！

政策链接

- 《国家税务总局关于发布〈股权转让所得个人所得税管理办法（试行）〉的公告》（国家税务总局公告2014年第67号）
- 《最高人民法院关于适用〈中华人民共和国公司法〉若干问题的规定（三）》（法释〔2011〕3号）

第 78 集　折扣销售的纳税如何进行处理?

本集提示：折扣额和销售额该如何开票?

销售额和折扣额是否在同一张发票上分别注明?

折扣销售、现金折扣还有销售折让有什么区别?

本集撰稿：中财讯编辑部

本集人物：

企业会计 

税博士 

税博士，您好。我们是家电生产、批发企业，之前都是按照原价批发，但近日，有一家家电销售企业，来购买大批量货物，要求我们给予价格方面的优惠。那这个折扣额和销售额该怎么开票啊？开两张吗？

不要开两张，纳税人采取折扣方式销售货物，如果销售额和折扣额在同一张发票上分别注明，可以按折扣后的销售额征收增值税。

销售额和折扣额在同一张发票上分别注明？怎么分别注明啊？

销售额和折扣额在同一张发票上分别注明，就是说销售额和折扣额在同一张发票上的“金额”栏分别注明，未在同一张发票“金额”栏注明折扣额，而仅在发票的“备注”栏注明折扣额的，折扣额不得从销售额中减除。如果是像你刚才说的开两张发票，折扣额另开发票，那不管是在财务上如何处理，都不得从销售额中减除折扣额了。

哦，这样啊，如果开两张，那我们就得多交折扣额那部分的增值税了。对了，税博士，这折扣销售、现金折扣还有销售折让有什么区别呢？

税法中所指的折扣销售有别于现金折扣，现金折扣通常是为了鼓励购货方及时偿还货款而给予的折扣优待，现金折扣发生在销货之后，而折扣销售则是与实现销售同时发生的，销售折扣不得从销售额中减除；销售折扣与销售折让是不同的，销售折让通常是指由于货物的品种或者质量出现问题了，在没有退货的情况下，销货方给予购货方的价格折让。

销售折让能从销售额中减除吗？

销售折让可以通过开具红字专用发票从销售额中减除，未按规定开具红字增值税专用发票的，不得扣减销项税额或者销售额。

税博士，您说的有什么依据吗？

根据国税函〔2006〕1279 号文件规定，对于纳税人销售货物并向购买方开具增值税专用发票后，由于购货方在一定时期内累计购买货物达到一定数量，或者由于市场价格下降等原因，销货方给予购货方相应的价格优惠或者补偿等折扣折让行为，销货方可按现行增值税专用发票使用规定开具红字增值税专用发票。

对了，税博士。为什么非要把折扣额和销售额在同一张发票上注明啊？

税法中对纳税人采取折扣方式销售货物销售额的核定，之所以强调销售额与折扣额必须在同一张发票上注明，主要是从保证增值税征收管理的需要即征税、扣税相一致考虑的。如果允许对销售额开一张销货发票，对折扣额再开一张退款红字发票，那就可能造成销货方按减除折扣额后的销售额计算销项税额，而购货方却照着未减除折扣额的销售额及其进项税额进行抵扣，显然会造成增值税计算征收上的混乱。

购货方还采用以旧换新的方式销售家电，这种方式税法上有什么规定吗？

以旧换新是折价收回同类旧货物，并以折价款部分冲减货物价款的。税法规定：纳税人采取以旧换新方式销售货物的（除了金银首饰），应该按照新货物的同期销售价格确定销售额。

假如，某商场是小规模纳税人，采取以旧换新方式销售无氟电冰箱，开出普通发票 10 张，收到货款 5 万元，并注明已扣除旧货折价 2 万元，那么本月的计税销售额就是（50000+20000）÷（1+3%）=67961.17（元）。

嗯！我明白了，税博士，谢谢您了！

政策链接

- 《国家税务总局关于纳税人折扣折让行为开具红字增值税专用发票问题的通知》（国税函〔2006〕1279 号）

第 79 集　红字专用发票有哪些新规定?

本集提示：是否在销售退回时开具红字增值税专用发票?

红字专用发票如何开具?

填完信息表是否就可以直接开具红字专用发票?

本集撰稿：中财讯编辑部

本集人物：

企业会计

税博士

税博士，您好。我公司是一家直销企业，为增值税一般纳税人。经营模式主要就是直销员按照批发价向直销企业购买货物，再按照零售价向消费者销售货物。但是3月份的一批货物因为质量问题发生了销售退回。当时我们开具的是增值税专用发票，我想知道必须在退回时开具红字增值税专用发票吗?

纳税人发生营改增有关应税行为，开具增值税专用发票后，发生开票有误或者销售折让、中止、退回等情形的，应当按照规定开具红字增值税专用发票；未按照规定开具红字增值税专用发票的，不得扣减销项额或者销售额。

红字专用发票怎么开呢?

购买方取得的专用发票已经申报抵扣了吗?

打电话问他们的时候，说已经申报抵扣了，毕竟这么长时间了。

那你要和购买方沟通，让他们在增值税发票管理新系统中填开并上传《开具红字增值税专用发票信息表》，在填开信息表时不要填写相对应的蓝字专用发票信息，应暂依信息表所列增值税税额从当期进项税额中转出，等取得你们公司也就是销售方开具的红字专用发票后，与信息表一并作为记账凭证。

填完信息表我们就可以直接开具红字专用发票了吗？

不行，要接收校验通过信息。

什么意思？

主管税务机关通过网络接收纳税人上传的信息表，系统自动校验通过以后，生成带有“红字发票信息表编号”的信息表，并将信息同步至纳税人端系统中。

非得在网上校验吗？

当然不是，纳税人也可以凭电子信息或者带着纸质资料去税务机关进行系统校验。

校验通过以后，我们是不是就可以开具红字专用发票了？

销售方凭税务机关系统校验通过的信息表开具红字专用发票，在新系统中以销项负数开具。红字专用发票应与信息表一一对应。

我记得国家税务总局公告 2014 年第 73 号规定：已使用增值税税控系统的一般纳税人，在纳入升级版之前暂可继续使用《开具红字增值税专用发票申请单》。是这样吗？

2016 年 8 月 1 日起就是实行红字增值税发票新规定了。原来的国家税务总局公告 2014 年第 73 号第四条、附件 1、附件 2 和国家税务总局公告 2015 年第 19 号第五条、附件 1、附件 2 同时就废止了，以前没有处理的事项，也要按照现行最新的规定来执行。

税务机关为小规模纳税人代开专用发票需要开具红字专用发票的，还是按照一般纳税人开具红字专用发票的方法处理呢？

是的，这个没有变。税务机关为小规模纳税人代开专用发票需要开具红字专用发票的，按照一般纳税人开具红字专用发票的方法处理。还有纳税人需要开具红字增值税普通发票的，可以在所对应的蓝字发票金额范围内开具多份红字发票。红字机动车销售统一发票需与原蓝字机动车销售统一发票一一对应。按照国家税务总局公告 2015 年第 59 号文件规定，需要开具红字专用发票的，也要按照最新公告的规定执行。

哦！我知道了，税博士，谢谢您！

不客气，欢迎有问题再来咨询！

政策链接

- 《国家税务总局关于纳税人认定或登记为一般纳税人前进项税额抵扣问题的公告》（国家税务总局公告 2015 年第 59 号）
- 《国家税务总局关于推行增值税发票系统升级版有关问题的公告》（国家税务总局公告 2014 年第 73 号）
- 《国家税务总局关于简化增值税发票领用和使用程序有关问题的公告》（国家税务总局公告 2014 年第 19 号）

第 80 集　互联网广告涉税风险有哪些?

本集提示：互联网广告都包括哪些内容呢?

付费搜索是否也属于互联网广告?

营改增后，发生互联网广告业务时是否也要缴纳文化事业建设费?

本集撰稿：中财讯编辑部

本集人物：

广告公司会计

税博士

税博士，您好。我公司是一家广告公司，伴随着互联网的迅猛发展，互联网广告在广告行业和经济社会发展中，扮演着越来越重要的角色。所以我们也逐渐在开拓互联网广告业务。我想咨询一下，互联网广告都包括哪些内容呢?

《互联网广告管理暂行办法》第三条规定："互联网广告包括：（一）推销商品或者服务的含有链接的文字、图片或者视频等形式的广告；（二）推销商品或者服务的电子邮件广告；（三）推销商品或者服务的付费搜索广告；（四）推销商品或者服务的商业性展示中的广告，法律、法规和规章规定经营者应当向消费者提供的信息的展示依照其规定；（五）其他通过互联网媒介推销商品或者服务的商业广告。"

做广告肯定是为了赚钱，如果我们和用户或者会员收取费用，必须付费搜索，根据您刚才所说的第三点，推销商品或者服务的付费搜索广告，这种付费搜索也属于互联网广告喽?

是的。

开发票的时候，怎么开呢？别人在互联网上付费搜索主要是咨询的，开咨询服务吗？

不是，在《互联网广告管理暂行办法》公布前，因为互联网企业提供五类服务的性质判断不清，既有开具“广告服务”品名的，也有开具其他品名的，诸如“咨询服务”“技术服务”等。按照《发票管理办法》关于如实开票的规定，在《互联网广告管理暂行办法》公布后，发生刚刚所述的五类广告服务，应当开具体现“广告服务”内容的发票，否则属于开具品名与实际交易内容不符，需要承担法律责任。在2016年9月1日以后千万要小心注意这类风险。

为什么是2016年9月1日以后呢？

《互联网广告管理暂行办法》第二十九条规定：本办法自2016年9月1日起施行。

之前我们开广告费发票，客户都是按照一定的比例在所得税前扣除，现在这项新规定对购买方来讲有什么影响吗？

《企业所得税法实施条例》第四十四条规定：“企业发生的符合条件的广告费和业务宣传费支出，……不超过当年销售（营业）收入15%的部分，准予扣除；超过部分，准予在以后纳税年度结转扣除。”因此购买互联网广告服务的企业所得税纳税人需要注意按照限额扣除。互联网企业也需注意发票开具品名是否正确，如果发生的服务属于《互联网广告管理暂行办法》规定的五类情形，而开具品名不能体现为“广告服务”，则受票方有可能采取故意逃避广告费用限额扣除的规定，将相关支出在企业所得税前全额列支的偷税手段。这种情况下开票企业相当于为受票方偷税提供便利和创造条件，可能要承担行政责任甚至刑事责任。

哦，如果开票方没有开好票、开对票，除了受票方要承担可能被判定偷税的风险，就连我们自己也可能承担行政或刑事责任啊，看来不能小视发票这件事。

是这样的，所以开好票是防范风险的关键。

营改增后，我们平时提供广告服务要交的文化事业建设费，在发生互联网广告业务的时候也要交吗？

根据《财政部　国家税务总局关于营业税改征增值税试点有关文化事业建设费政策及征收管理问题的通知》（财税〔2016〕25号）有关规定，提供广告服务的广告媒介单位应按照提供广告服务取得的计费销售额和3%的费率计算缴纳文化事业建设费。对《互联网广告管理暂行办法》中列明的五类互联网广告，提供广告的互联网企业应当按照收取的全部价款和价外费用减除支付给其他广告公司或广告发布者的含税广告发布费后的余额为计税依据，在缴纳增值税的同时缴纳文化事业建设费。

哦！我知道了，税博士。谢谢您，今天真的是受益匪浅啊，下次有问题再来向您咨询！

不客气，欢迎有问题再来咨询！

政策链接

- 《财政部 国家税务总局关于营业税改征增值税试点有关文化事业建设费政策及征收管理问题的通知》（财税〔2016〕25号）

第 81 集 跨区施工的涉税风险包括什么？

本集提示：提供建筑服务如何缴纳增值税？
预缴税款要提交什么材料呢？
关于凭证扣除有哪些规定？

本集撰稿：中财讯编辑部

本集人物：

建筑公司会计 

税博士 

税博士，您好。我公司主要是提供建筑服务，为增值税一般纳税人，公司地点在大兴区，最近在怀柔区给某企业提供建筑服务，我们属不属于跨县（区）提供建筑服务呢，如何交增值税？

根据国家税务总局公告 2016 年第 17 号文件及现行增值税有关规定，纳税人在同一直辖市、计划单列市范围内跨县（区）提供建筑服务的，由直辖市、计划单列市国家税务局决定是否适用以下规定。

纳税人跨县（区）提供建筑服务，应按照财税〔2016〕36 号文件规定的纳税义务发生时间和计税方法，向建筑服务发生地主管国税机关预缴税款，向机构所在地主管国税机关申报纳税。

也就是我们要在怀柔主管国税机关预缴税款喽？缴纳多少呢？

是的。一般纳税人跨县（市、区）提供建筑服务适用一般计税方法的，以取得的全部价款和价外费用扣除支付的分包款后的余额，按照 2% 的预征率计算应预缴税款。计算公式也就是：

应预缴税款 =（全部价款 + 价外费用 − 支付的分包款）÷（1+11%）×2%

去哪里预缴税款，要提交什么材料呢？

跨县（市、区）提供建筑服务，在向建筑服务发生地主管国税机关预缴税款时，需要提交以下资料：

（1）《增值税预缴税款表》；（2）与发包方签订的建筑合同原件及复印件；（3）与分包方签订的分包合同原件及复印件；（4）从分包方取得的发票原件及复印件。

关于凭证扣除有什么规定吗？

纳税人按照规定从取得的全部价款和价外费用中扣除支付的分包款，应当取得符合法律、行政法规和国家税务总局规定的合法有效凭证，否则不得扣除。

凭证主要有以下几种：

1. 从分包方取得的2016年5月1日后开具的，备注栏注明建筑服务发生地所在县（市、区）、项目名称的增值税发票。

2. 国家税务总局规定的其他凭证。

对了，要是我们预缴的税款抵减不完，能结转到下期吗？

纳税人跨县（市、区）提供建筑服务，向建筑服务发生地主管国税机关预缴的增值税税款，可以在当期增值税应纳税额中抵减，抵减不完的，结转下期继续抵减。纳税人以预缴税款抵减应纳税额，应以完税凭证作为合法有效凭证。

哦，我明白了。

还应该注意，对跨县（市、区）提供建筑服务，纳税人应该自行建立预缴税款台账，区分不同（市、区）和项目逐笔登记全部收入、支付的分包款、已扣除的分包款、扣除分包款的发票号码、已预缴税款以及预缴税款的完税凭证号码等相关内容，留存备查。

如果我们超过6个月没有预缴税款怎么办？

纳税人跨县（市、区）提供建筑服务，应该按照规定向建筑服务发生地主管国税机关预缴税款。而自应当预缴之月起超过6个月没有预缴税款的，由机构所在地主管国税机关按照《税收征管法》及相关规定处理。

哦！我知道了，税博士。谢谢您，今天真的是受益匪浅啊，下次有问题再来向您咨询！

不客气，欢迎有问题再来咨询！

政策链接

- 《国家税务总局关于发布〈纳税人跨县（市、区）提供建筑服务增值税征收管理暂行办法〉的公告》（国家税务总局公告2016年第17号）
- 《财政部　国家税务总局关于全面推开营业税改征增值税试点的通知》（财税〔2016〕36号）

第 82 集　城市维护建设税和教育费附加如何进行异地扣缴？

本集提示：城市维护建设税和教育费附加以什么作为计税依据？

税率和征收率如何计算？

如何缴纳城市维护建设税和教育费附加？

本集撰稿：中财讯编辑部

本集人物：

公司会计

税博士

税博士，您好。我公司主要从事销售和出租不动产业务，为增值税一般纳税人，公司地点在北京市，但在天津市也有房产销售业务。最近在天津的一套房产销售出去了，在当地的国税机关预缴了增值税，但还听说要预缴城市维护建设税和教育费附加，是这样吗？

是的。这是《财政部　国家税务总局关于纳税人异地预缴增值税有关城市维护建设税和教育费附加政策问题的通知》（财税〔2016〕74 号）的规定。

怎么预缴？以什么作为计税依据呢？

根据财税〔2016〕74 号文件第一条规定：“纳税人跨地区提供建筑服务、销售和出租不动产的，应在建筑服务发生地、不动产所在地预缴增值税时，以预缴增值税税额为计税依据，计算缴纳城市维护建设税和教育费附加。”

税率和征收率怎么算？

就是按照不动产所在地的城市维护建设税税率和教育费附加征收率计算。

这个也是要在国税机关和增值税一起预缴吗？

不是。异地预缴城市维护建设税和教育费附加，主管税务机关是不动产所在地主管地税机关。

在我们公司所在地北京，申报缴纳增值税的时候，怎么缴纳城市维护建设税和教育费附加呢？

根据《财政部　国家税务总局关于纳税人异地预缴增值税有关城市维护建设税和教育费附加政策问题的通知》（财税〔2016〕74号）第二条规定："预缴增值税的纳税人在其机构所在地申报缴纳增值税时，以其实际缴纳的增值税税额为计税依据，并按机构所在地的城市维护建设税适用税率和教育费附加征收率就地计算缴纳城市维护建设税和教育费附加。"

也就是说和在异地预缴的时候不同，这次的计税依据是以实际缴纳的增值税税额为计税依据，按照我们公司所在地的城市维护建设税税率和教育费附加征收率计算，主管税务机关也是机构所在地主管地税机关。

是这样的。但是必须注意三点风险：

1. 增值税需要在项目所在地就地预缴，而城市维护建设税和教育费附加需要在项目所在地就地申报缴纳。

2. 增值税需要在机构所在地汇总申报，而城市维护建设税和教育费附加需要在机构所在地申报缴纳但不需要汇总申报。

3. 在机构所在地申报缴纳城市维护建设税时，其机构所在地和项目所在地的税率差，不需要补税。

哦，也就是说，在向北京市主管地税机关申报缴纳城市维护建设税时，计税依据是实际缴纳增值税额，而不是应当缴纳的增值税额。

是的。

好的，我知道了，税博士。谢谢您，今天真的是受益匪浅啊，下次有问题再来向您咨询！

不客气，欢迎有问题再来咨询！

政策链接

- 《财政部　国家税务总局关于纳税人异地预缴增值税有关城市维护建设税和教育费附加政策问题的通知》（财税〔2016〕74号）

第 83 集　收入确认的税务会计差异如何区分?

本集提示：是应该在发货时开票还是等到调试验收合格再开票?

销售的产品和提供的该产品的安装调试服务是否分开核算?

本集撰稿：中财讯编辑部

本集人物：

公司会计

税博士

税博士，您好。我想问下，公司在销售产品是需要安装调试的，而且一般我们都先收预收款。但关于发票开具的时点就出现了疑问，到底是应该在发货时开票还是等到调试验收合格再开呢?如果是发货时开，那必定与报表确定收入不相符啊?

纳税人提供建筑服务、租赁服务采取预收款方式的，其增值税纳税义务发生时间为收到预收款的当天。货物发出时，这只是确认销项税额；所得税确认收入或者说会计记收入可以在调试验收合格时，并且开具发票。

在预收款时开了发票，按您这样说，到调试验收合格时再开发票不就重复开票了吗?

不是这样理解的。这是缴纳增值税和确认收入的问题，税费要求的是根据业务来确认收入，开具发票。比如你们公司这种情况预收款时，提前开具了发票，只是缴纳增值税。账务上，是不能确认为收入的，因为设备还没有安装调试，成本就没有支出。增值税填报上，有未开票和开票的选项，这时就要调整这个问题了，像你们已经开票，但尚未安装调试，账上不确认收入，在填报上，报交增值税。

如果我们收到钱，没开发票呢?

有的收到钱，但未开具发票，相应的安装调试已经合格，确认了收入，在报的时候在未开票里面填，开票的时候就不用报了。就是账上确认收入和缴纳增值税的时间上的差异。

哦，我明白了。对了，税博士。我们这次销售的产品和提供的该产品的安装调试服务用不用分开核算呢？

纳税人销售货物、加工修理修配劳务、服务、无形资产或者不动产适用不同税率或者征收率的，应该分别核算。但是你们公司这一项销售行为是既涉及货物又涉及服务，属于混合销售行为。根据规定，从事货物的生产、批发或者零售的单位和个体工商户的混合销售行为，按照销售货物缴纳增值税；其他单位和个体工商户的混合销售行为，按照销售服务缴纳增值税。你们不用分开核算，直接按照销售服务或者货物缴纳增值税就行了。

我们公司有一项不动产发生了非正常损失，它所耗用的建筑服务，进项税额是否可以抵扣？

根据财税〔2016〕36 号文件规定，增值税一般纳税人购进服务、无形资产或者不动产，下列项目的进项税额不得从销项税额中抵扣：

（1）用于简易计税方法计税项目、免征增值税项目、集体福利或者个人消费。其中涉及的无形资产、不动产，仅指专用于上述项目的无形资产（不包括其他权益性无形资产）、不动产。纳税人的交际应酬消费属于个人消费。

……

（4）非正常损失的不动产，以及该不动产所耗用的购进货物、设计服务和建筑服务。

……

所以，这种情况是不能够抵扣的。

哦！我知道了，税博士。谢谢您，今天真的是受益匪浅啊，下次有问题再来向您咨询！

不客气，欢迎有问题再来咨询！

政策链接

- 《财政部　国家税务总局关于全面推开营业税改征增值税试点的通知》（财税〔2016〕36 号）

第 84 集 高新技术企业的税收优惠政策是什么？

本集提示：企业能否双重享受所得税优惠政策？

企业为何不能双重享受所得税优惠政策？

高新技术企业都有哪些优惠政策？

本集撰稿：中财讯编辑部

本集人物：

高新技术企业会计  税博士 

税博士，您好。我是一家高新技术企业的税务工作人员，想向您咨询几个问题，第一个就是上半年，我们公司发生了债务重组，这项重大事项调整，用在“高新技术企业认定管理工作网”上填报情况说明吗？

必须填报。高新技术企业发生更名或与认定条件有关的重大变化（如分立、合并、重组以及经营业务发生变化等），应在三个月内向认定机构报告。国科发火〔2008〕172 号文件（已全文废止）曾规定发生上述情况时，需于 15 日内向认定机构报告，国科发火〔2016〕32 号文件报告时限放宽，更有利于纳税人。而且国科发火〔2016〕32 号文件还新增这样一条：“未按期报告与认定条件有关重大变化情况，或累计两年未填报年度发展情况报表的，将被取消高新资格。”

哦，我知道了。我们明年打算搬迁，迁入的地址不在当初认定高新技术企业时认定机构管理区域了，那我们的高新资格还能延续吗？

高新技术企业跨认定机构管理区域搬迁时，高新资格的延续问题应该注意以下几点：

（1）企业于高新资格有效期内完成整体迁移的，资格继续有效；

（2）企业部分搬迁的，由迁入地认定机构重新认定；

（3）企业超过高新资格有效期进行整体迁移，国科发火〔2016〕32号文件对相关资格延续问题未予明确，实际操作中，应由迁入地认定机构重新进行高新资格认定。

哦，我明白了。还有个问题，关于所得税优惠的事项我们能否双重享受优惠，比如技术转让超500万元的部分减半征收，减半部分能按15%的税率执行吗？

不可以，减半要按25%的一半计算。

为什么啊？

高新技术企业技术转让收入超过500万元的，按25%税率而非15%税率减半缴纳企业所得税。根据国税函〔2010〕157号文件第一条第（三）项的规定，居民企业取得企业所得税法实施条例第八十六条、第八十七条、第八十八条和第九十条规定可减半征收企业所得税的所得，是指居民企业应就该部分所得单独核算并依照25%的法定税率减半缴纳企业所得税。这意味着，如果一家居民企业被认定为高新技术企业，同时企业发生可以享受优惠的技术转让所得，该部分转让所得超过500万元的部分应按照25%的税率减半缴纳企业所得税，而不能按15%的优惠税率减半缴纳。

税博士，公司为了稳定技术人员，决定给予技术人员股权奖励，他们要交个人所得税，这方面国家对我们高新技术企业有没有什么优惠政策呢？

自2016年1月1日起，全国范围内的高新技术企业转化科技成果，给予本企业相关技术人员的股权奖励，个人获得股权奖励时，参照所获股权的公允价值，按“工资薪金所得”项目缴纳个人所得税。对于个人一次缴纳税款有困难的，可在不超过5个公历年度内（含）分期缴纳，并向主管税务机关备案。

哦！我懂了，好几个困扰我很久的问题，今天全都弄明白了，真是谢谢您了，税博士。下次有问题再来向您咨询！

不客气，欢迎有问题再来咨询！

政策链接

- 《科技部　财政部　国家税务总局关于修订印发〈高新技术企业认定管理办法〉的通知》（国科发火〔2016〕32号）

- 《科技部　财政部　国家税务总局关于印发〈高新技术企业认定管理办法〉的通知》（国科发火〔2008〕172号）

注释：全文废止。自2016年1月1日起废止。参见：《科技部　财政部　国家税务总局关于修订印发〈高新技术企业认定管理办法〉的通知》，国科发火〔2016〕32号。

- 《国家税务总局关于进一步明确企业所得税过渡期优惠政策执行口径问题的通知》（国税函〔2010〕157号）

第 85 集 母子公司增资如何进行财税处理?

本集提示：用非货币性资产进行增资是否需要调整合并报表？

如何按照非货币性资产进行增资处理？

本集撰稿：中财讯编辑部

本集人物：

集团公司会计

税博士

税博士，您好。我公司有一家全资子公司，根据最新的规划，打算给这家全资子公司进行增资，初步想以货币形式投资，这种情况我们总公司的报表该怎么处理呢？

按照实际支付的增资金额增加长期股权投资的账面价值就可以，至于你们的分公司报表就按照实际收到的增资金额增加实收资本或资本公积的账面价值。

我们的合并报表需要调整吗？

合并报表不用对这项交易作出特别调整。

如果我们用非货币性资产进行增资是不是也不用调整合并报表？

不是，用非货币性资产进行增资的话，母公司适用于《企业会计准则第 7 号——非货币性资产交换》。合并报表上要将母公司用于增资的非货币性资产公允价值与原账面价值之间的差额形成的子公司所有者权益或者母公司未实现的内部利润进行抵销，具体抵销的处理参照“内部商品交易、内部固定资产交易或者内部无形资产交易”等合并抵销处理。

如果我们不用货币进行增资，而是用土地使用权对全资子公司进行增资，这个是不是按照非货币性资产进行增资处理呢？

判断商业实质的原则：非货币性资产交换导致企业未来现金流量（包括现金流量的风险、时间和金额）或者未来现金流量的现值发生变动的程度。只有当预期未来现金流量或者未来现金流量的现值发生变动的程度较大时，才表明非货币性资产交换具有商业实质。

虽然母公司以土地使用权对其全资子公司进行增资，但实质上母公司拥有和控制的各项经济资源在该交易前后未发生变化，因而该交易导致企业未来现金流量（包括现金流量的风险、时间和金额）或者未来现金流量的现值发生较大程度变动的可能性很小，该母公司以土地使用权对其全资子公司进行增资的交易不具有商业实质。

对了，税博士，我还听说如果用房产增资可以免征契税，是吗？

按最新文件《财政部　国家税务总局关于企业事业单位改制重组契税政策的通知》（财税〔2012〕4号）第八条的规定：同一投资主体内部所属企业之间土地、房屋权属的划转，包括母公司与其全资子公司之间，同一公司所属全资子公司之间的土地、房屋权属的划转，免征契税。所以在改制重组过程中，母公司用房地产对全资子公司增资应适用财税〔2012〕4号文件第八条的规定，免征契税。

哦！我明白了，税博士。真是谢谢您了，下次有问题再来向您咨询！

不客气，欢迎有问题再来咨询！

政策链接

- 《财政部　国家税务总局关于企业事业单位改制重组契税政策的通知》（财税〔2012〕4号）

注释：全文废止。参见：《财政部关于公布废止和失效的财政规章和规范性文件目录（第十二批）的决定》，财政部令第83号。

第 86 集 发票的使用有哪些新难题？

本集提示：电子发票是否需要加盖发票专用章？

增值税专用发票是否有认证期限的限制？

企业发放的职工食堂餐费补贴能否税前扣除？

本集撰稿：中财讯编辑部

本集人物：

公司会计 

税博士 

税博士，您好。我有几个发票上的问题想问您，我们公司有一些发票已经保管满 5 年了，以后这些发票该怎么处理呢？

销毁就可以。根据《国务院关于修改〈中华人民共和国发票管理办法〉的决定》（国务院令第 587 号）第二十九条的规定："开具发票的单位和个人应当按照税务机关的规定存放和保管发票，不得擅自损毁。已经开具的发票存根联和发票登记簿，应当保存 5 年。保存期满，报经税务机关查验后销毁。"

还有，现在很多企业都开电子发票，这种电子发票不需要加盖发票专用章吗？

根据《国家税务总局关于推行通过增值税电子发票系统开具的增值税电子普通发票有关问题的公告》（国家税务总局公告 2015 年第 84 号）的规定："三、增值税电子普通发票的开票方和受票方需要纸质发票的，可以自行打印增值税电子普通发票的版式文件，其法律效力、基本用途、基本使用规定等与税务机关监制的增值税普通发票相同。"

消费者从企业购买商品或服务后，在企业的 ERP 系统中产生交易信息，交易信息经电子发票前置系统生成相关税控信息，发送到升级版税务端及电子底账系统，并将税控后的数据返回电子发票服务平台。电子发票服务平台对税控数据处理后进行电子签章，最终生成该笔发票数据的凭证（PDF）文件传给企业 ERP 系统。企业 ERP 系统收到电子发票信息后，可经短信、邮件、APP 等推送至用户手机，消费者可以查看、下载电子发票信息。

因此，电子发票上有税控签名和企业电子签章，不需要另外再加盖发票专用章。

哦，这样呀。我们公司前些天开的一张增值税专用发票还没有交付给购买方，但我们在增值税发票新系统中已经填开并且上传了《信息表》，是否有认证期限的限制呢？

根据《国家税务总局关于红字增值税发票开具有关问题的公告》（国家税务总局公告 2016 年第 47 号）规定：“一、增值税一般纳税人开具增值税专用发票（以下简称“专用发票”）后，发生销货退回、开票有误、应税服务中止等情形但不符合发票作废条件，或者因销货部分退回及发生销售折让，需要开具红字专用发票的，按以下方法处理：

（一）……购买方取得专用发票未用于申报抵扣、但发票联或抵扣联无法退回的，购买方填开《信息表》时应填写相对应的蓝字专用发票信息。

销售方开具专用发票尚未交付购买方，以及购买方未用于申报抵扣并将发票联及抵扣联退回的，销售方可在新系统中填开并上传《信息表》。销售方填开《信息表》时应填写相对应的蓝字专用发票信息。

……

五、本公告自 2016 年 8 月 1 日起施行，……此前未处理的事项，按照本公告规定执行。”

因此，2016 年 8 月 1 日起专用发票尚未交付购买方或者购买方拒收的，销售方在增值税发票系统升级版中填开并上传《信息表》没有认证期限的限制。

哦，我明白了。对了，我们公司有员工食堂，我想知道企业发放的职工食堂餐费补贴能否在税前扣除呢？

可以，但是有标准。根据《国家税务总局关于企业工资薪金及职工福利费扣除问题的通知》（国税函〔2009〕3 号）第三条的规定：“关于职工福利费扣除问题，《实施条例》第四十条规定的企业职工福利费，包括以下内容：

……

（二）为职工卫生保健、生活、住房、交通等所发放的各项补贴和非货币性福利，包括企业向职工发放的因公外地就医费用、未实行医疗统筹企业职工医疗费用、职工供养直系亲属医疗补贴、供暖费补贴、职工防暑降温费、职工困难补贴、救济费、职工食堂经费补贴、职工交通补贴等。”

因此，企业发放的职工食堂餐费补贴可以作为职工福利费按照不超过工资、薪金总额14%的部分，准予扣除。

嗯，谢谢您，税博士。今天没有白来，这几个问题都清晰解决了，下次有问题还来咨询！

不客气，欢迎有问题再来咨询！

政策链接

- 《国家税务总局关于红字增值税发票开具有关问题的公告》（国家税务总局公告2016年第47号）
- 《国家税务总局关于推行通过增值税电子发票系统开具的增值税电子普通发票有关问题的公告》（国家税务总局公告2015年第84号）
- 《国务院关于修改〈中华人民共和国发票管理办法〉的决定》（国务院令第587号）
- 《国家税务总局关于企业工资薪金及职工福利费扣除问题的通知》（国税函〔2009〕3号）

第 87 集　差旅费纳税处理有何技巧?

本集提示：交通费和餐费补贴是否并入当月工资薪金计征个人所得税?
通讯费补贴是否并入当月工资薪金计征个人所得税?
差旅费内容有哪些是能抵扣的?

本集撰稿：中财讯编辑部

本集人物：

公司会计

税博士

税博士，您好。我公司主要是从事链条进口及其在国内的销售，很多业务员都需要出差去跑业务，单位给出差人员发的交通费和餐费补贴是否并入当月工资薪金计征个人所得税呢?

根据现行《国家税务总局关于印发征收个人所得税若干问题的规定的通知》（国税发〔1994〕89 号）的有关政策规定，单位以出差人员的"差旅费报销单"给予的差旅费津贴、误餐补助，符合国家有关标准，用现金方式予以报销，不作为个人所得征收个人所得税。

还有每个月通讯费补贴是否并入当月工资薪金计征个人所得税?

关于通讯费补贴，如果所在省、市地方税务局报经省级人民政府批准后，规定了通讯费免税标准的，可以不征收个人所得税。如果所在省市未规定通讯费免税标准，单位发放此项津贴，应予以征收个人所得税。

有时候我们公司会根据约定，来承担外单位人员的差旅费，这部分差旅费能税前扣除吗?

视情况而定。

第一种情况：外单位有偿提供劳务，合同约定了差旅费由本单位承担或报销，而自己企业承担或报销差旅费属于劳务费支付的一种形式。因此，企业应就承担或报销外单位人员的差旅费可以税前扣除。

第二种情况：外单位人员提供无偿劳务，或虽是有偿劳务但是合同并未约定差旅费，而是企业自愿承担或报销了住宿、交通费的，可以视为业务招待费进行税前扣除。

哦，还有其他情况吗？

第三种情况：只要是与生产经营相关的合理支出，可以税前扣除。

第四种情况：外单位人员差旅费，不在本单位支出，不能税前扣除。

还有一种办法就是在报销外单位人员差旅费时，最好由本单位人员报销，这是一种万不得已的办法，应慎重采用。

差旅费内容有哪些是能抵扣的呢？

差旅费进项税额抵扣涉及很多。

1. 行旅托运费和订票手续费，取得专票，可以按规定抵扣进项税额，一般情况下行旅托运费很难取得专票；

2. 车辆使用费（公车）：油费（专票）、过路过桥费（普票）、停车费（专票，基本上不可能）、保险费（专票）、修理费（专票），可以按规定抵扣；

3. 车辆使用费（私车，建议签合同和代开发票）：私车租赁费（不能代开专票，不能抵扣）、保险费不能抵扣，其他油费（专票）、过路过桥费（普票）、停车费（专票，基本上不可能）、保险费（专票）、租赁过程中修理费（专票），可以按规定抵扣；

4. 住宿费，取得专票，可以按规定抵扣进项税额；

5. 租车的费用，分两种情况：第一种是从租车公司租赁载客汽车一辆，自己驾驶，但并未“购进”旅客运输服务，且未用于不得抵扣项目，其相关进项税可以抵扣。第二种是从汽车租赁公司租赁小汽车一辆、驾驶员一名，租赁公司负责一路全部费用，不得抵扣进项税。

差旅费怎么入账，如何进行账务处理呢？

对于差旅费账务处理，实务中主要计入两个会计科目：

1. 管理费用——差旅费：主要用于核算管理部门或后勤部门人员出差发生的费用。

2. 销售费用——差旅费：主要用于核算销售或营销部门为销售产品、市场推广等发生的差旅费。

如果公司为了维护客户关系而承担了客户到我们单位的差旅费，该怎么入账呢？

企业为了维护客户关系而承担客户到企业的差旅费的，就可能计入业务招待费。

企业产品受托加工过程中，安排本企业生产技术人员到受托方进行技术指导和质量控制，这就计入“制造费用”。

企业基建部门为施工建设而发生的差旅费就计入“在建工程”。

差旅费怎么进行分类核算呢？

（1）用于简易计税方法计税项目、免征增值税项目、集体福利或者个人消费的差旅费不能抵扣；

（2）直接用于一般计税方法的差旅费，按照上述“差旅费内容是否能抵扣”分类，按规定抵扣进项；

（3）兼营简易计税方法计税项目、免征增值税项目而无法划分不得抵扣的进项税额（指按照上述“差旅费内容是否能抵扣”分类后能抵扣的），按照下列公式计算不得抵扣的进项税额：

不得抵扣的进项税额＝当期无法划分的全部进项税额×（当期简易计税方法计税项目销售额＋免征增值税项目销售额）÷当期全部销售额

主管税务机关可以按照上述公式依据年度数据对不得抵扣的进项税额进行清算。

哦，我知道了，税博士。今天真的是太感谢您了，下次有问题再来向您咨询！

不客气，欢迎有问题再来咨询！

第 88 集　资源综合利用有哪些税收新政策？

本集提示：享受规定的增值税即征即退政策时需要满足什么条件？

经营废旧轮胎的翻新和再生橡胶等有哪些优惠政策？

本集撰稿：中财讯编辑部

本集人物：

公司会计

税博士

税博士，您好。我们公司是搞废旧轮胎的翻新和再生橡胶的，想了解一些这方面的税收优惠政策都有哪些？

“胶粉、翻新轮胎、再生橡胶”确实是《资源综合利用产品和劳务增值税优惠目录》里的一个项目，纳税人销售自产的资源综合利用产品和提供资源综合利用劳务，可以享受增值税即征即退政策。

哦，享受规定的增值税即征即退政策的时候，需要满足什么条件吗？还是我们公司做这个业务就可以享受。

当然是有条件的。第一，你们公司必须是增值税一般纳税人；第二，销售综合利用产品和劳务，为非禁止类、限制类项目；第三，销售综合利用产品和劳务，为非“高污染、高环境风险”产品或者重污染工艺；第四，如果做的是危险废物利用，就必须取得省级以上环境保护部门颁发的《危险废物经营许可证》，而该危险废物的利用在许可经营范围内；第五，资料必须齐全。纳税人在办理退税事宜时，应向主管税务机关提供其符合规定的上述条件以及《资源综合利用产品和劳务增值税优惠目录》规定的相关技术标准和相关条件的书面声明材料，未提供书面声明材料或者提供虚假材料的，税务机关不会给予退税的。

怎么知道我们的劳务是非禁止类、非限制类和非“高污染、高环境风险”啊？

查找国家发展改革委的文件《产业结构调整指导目录》看是否为禁止类、限制类项目，查环境保护部《环境保护综合名录》看是否为“高污染、高环境风险”产品或者重污染工艺。

哦，您刚说要满足技术标准，什么技术标准啊？还有退税有比例限制吗？

你们公司做废旧轮胎的翻新和再生橡胶生产，技术标准和相关条件为：

1. 产品原料 95% 以上来自所列资源；

2. 胶粉符合 GB/T19208—2008 规定的技术要求；翻新轮胎符合 GB7037—2007、GB14646—2007 或 HG/T3979—2007 规定的技术要求；再生橡胶符合 GB/T13460—2008 规定的技术要求；

3. 纳税人必须通过 ISO9000、ISO14000 认证。

你们公司的退税比例为 50%。

太好了，我们达到标准，提供材料就能享受优惠了。

但是如果你们公司以后不符合规定条件以及目录规定的技术标准和相关条件不满足了，从次月起就不能再享受规定的增值税即征即退政策了。

嗯，这个我明白，我们会注意的。

还有，如果期间你们公司违反税收、环境保护的法律法规受到处罚，那自处罚决定下达的次月算起，3 年内不得再享受增值税即征即退优惠政策！

处罚有标准吗？什么处罚都不行吗？

警告或者单次 1 万元以下罚款没关系，超过这个标准，就不能再享受税收优惠。最后，就是应当单独核算适用增值税即征即退政策的综合利用产品和劳务的销售额和应纳税额。未单独核算的，不得享受增值税即征即退政策。

除了增值税优惠，还有别的税收优惠吗？

还有企业所得税优惠。企业自 2008 年 1 月 1 日起以《资源综合利用企业所得税优惠目录（2008 年版）》规定的资源作为主要原材料，生产国家非限制和非禁止并符合国家及行业相关标准的产品取得的收入，减按 90% 计入企业当年收入总额。经资源综合利用主管部门按《资源综合利用企业所得税优惠目录（2008 年版）》规定认定的生产资源综合利用产品的企业（不包括仅对资源综合利用工艺和技术进行认定的企业），取得《资源综合利用认定证书》，可按规定申请享受资源综合利用企业所得税优惠。

哦！我知道了，税博士。谢谢您，今天真的是受益匪浅啊，下次有问题再来向您咨询！

不客气，欢迎有问题再来咨询！

第 89 集　软件企业税收有何新政策?

本集提示：软件企业退税有哪些条件?

自主研发高科技软件可以享受哪些所得税优惠?

软件产品和嵌入式软件产品该如何区分和界定呢?

本集撰稿：中财讯编辑部

本集人物：

软件销售企业会计

税博士

税博士，您好。我们是一家软件产品销售企业，在软件和信息服务业中，国税局只批准可开 17% 的硬件增值税专用发票和 6% 的软件服务费，现在拿到了软件专利资质，并销售了产品给客户，现客户要求我公司要开 17% 的软件专用发票，可以吗?

可以开具专票。增值税一般纳税人销售其自行开发生产的软件产品，按 17% 税率征收增值税后，对其增值税实际税负超过 3% 的部分实行即征即退政策。

哦，还可以退税呀，退税有什么条件吗?

退税的前提条件是：

① 退税企业必须是增值税一般纳税人，小规模纳税人不得享受即征即退的税收优惠政策。

② 软件产品必须是企业自行开发生产的，外购软件（视同硬件）不得享受即征即退的税收优惠政策。

③ 取得省级软件产业主管部门认可的软件检测机构出具的检测证明材料。

④ 自行开发的软件产品必须取得软件产业主管部门颁发的《软件产品登记证书》或著作权行政管理部门颁发的《计算机软件著作权登记证书》。

像我们公司自主研发的这种高科技软件，是不是应该算成高新技术享受所得税优惠啊？

认定（复审）合格的高新技术企业，自认定（复审）批准的有效期当年开始，可申请享受企业所得税优惠。企业取得省、自治区、直辖市、计划单列市高新技术企业认定管理机构颁发的高新技术企业证书后，可持“高新技术企业证书”及其复印件和有关资料，向主管税务机关申请办理减免税手续。手续办理完毕后，高新技术企业可按 15% 的税率进行所得税预缴申报或享受过渡性税收优惠。

对了，软件产品和嵌入式软件产品该如何区分和界定呢？

软件产品，是指信息处理程序及相关文档和数据。软件产品包括计算机软件产品、信息系统和嵌入式软件产品。嵌入式软件产品是指嵌入在计算机硬件、机器设备中并随其一并销售，构成计算机硬件、机器设备组成部分的软件产品。

太好了，我们有这两种税收优惠，负担减轻不少！

但是需要注意：未取得高新技术企业资格或虽取得高新技术企业资格但不符合企业所得税法及其实施条例以及有关规定条件的企业，不得享受高新技术企业的优惠；已享受优惠的，应追缴其已减免的企业所得税税款。

哦，我知道了，这点一定记住。还有个问题，我们除了销售软件产品，在交付使用时还会一并收取安装费、培训费，后期还会有维护费，这些要交增值税吗？

纳税人销售软件产品并随同销售一并收取的软件安装费、维护费、培训费等收入，应按照增值税混合销售的有关规定征收增值税，并可享受软件产品增值税即征即退政策。对软件产品交付使用后，按期或按次收取的维护、技术服务费、培训费等不征收增值税。

在享受即征即退的时候，我们企业应该如何进行核算呢？

必须分开核算。软件产品销售额：原则上应按照从合同签订、发票开具、账务处理到申报纳税“四分开”原则进行核算。对增值税一般纳税人随同计算机硬件、机器设备一并销售嵌入式软件产品，如果适用有关规定按照组成计税价格计算确定计算机硬件、机器设备销售额的，应当分别核算嵌入式软件产品与计算机硬件、机器设备部分的成本。凡未分别核算或者核算不清的，不得享受有关规定的增值税政策。

销售额该如何确定?

软件产品销售额的确定要从两个方面来考虑:

第一，对于软件产品，按照从合同签订、发票开具、账务处理到申报纳税“四分开”原则，分别核算软、硬件销售额，即在订立合同时应注明软件产品的名称、内容、价格，实际销售时在发票上分别开具软、硬件销售金额，账务上按产品类别分开核算，在纳税申报时，软件作为即征即退货物在增值税纳税申报表上的“即征即退货物”栏目单独反映，单独申报纳税，则根据发票上所列软件销售金额，确定为软件产品销售额。

第二，当期嵌入式软件产品销售额的计算

当期嵌入式软件产品销售额 = 当期嵌入式软件产品与计算机硬件、机器设备销售额合计 − 当期计算机硬件、机器设备销售额

计算机硬件、机器设备销售额按照下列顺序确定:

① 按纳税人最近同期同类货物的平均销售价格计算确定;

② 按其他纳税人最近同期同类货物的平均销售价格计算确定;

③ 按计算机硬件、机器设备组成计税价格计算确定。

计算机硬件、机器设备组成计税价格 = 计算机硬件、机器设备成本 ×（1+10%）

我们公司在销售软件产品的同时还销售其他货物，对于那些无法划分的进项税额，该如何进行分摊呢?

纳税人在销售软件产品的同时销售其他货物或者应税劳务的，对于无法划分的进项税额，应按照实际成本或销售收入比例确定软件产品应分摊的进项税额。

计算公式:

如按销售收入比例分摊，软件产品应分摊的共同耗用部分的进项税额 = 当期无法准确核算的共同耗用部分的进项税额 × 当期软件产品应税销售额 ÷ 当期全部应税销售额

对专用于软件产品开发生产设备及工具的进项税额，不得进行分摊。专用于软件产品开发生产的设备及工具，包括但不限于用于软件设计的计算机设备、读写打印器具设备、工具软件、软件平台和测试设备。纳税人应将选定的分摊方式报主管税务机关备案，并自备案之日起一年内不得

变更。

哦！我明白了，今天真是谢谢您了，税博士。下次有问题还来向您咨询！

不客气，欢迎有问题再来咨询！

第 90 集　年底会计结账时应注意哪些问题?

本集提示：内销企业增值税税负率如何计算？

会计年终结账的时候，应注意哪些？

本集撰稿：中财讯编辑部

本集人物：

销售企业会计

税博士

税博士，您好。这马上就要到年底了，结账的日子也快来了，准备工作得进行了，但该从哪一项开始呢？

第一项当然是检查今年的税费缴纳情况。对全年的各项税费做一个总的分析，再计算一下税负情况，与当地税务机关规定的税负作一个比较，根据税务机关规定的税务进行适当调整。这是因为税务机关的稽查选案，往往从年度税负率异常的企业中甄选，所以企业要在年终总体计算一下自己的税负情况。

内销企业增值税税负率怎么算呢？

内销企业某时期增值税“税负率”＝当期各月“应纳税额”累计数 ÷ 当期“应税销售额”累计数。

1. 月“应纳税额”即为每月《增值税纳税申报表》应纳税额合计数。

2. 月“应税销售额”＝每月《增值税纳税申报表》中按适用税率征税货物及劳务销售额＋按简易征收办法征税货物销售额。

检查完税费缴纳情况之后呢？

检查企业当年的账务处理：新会计准则颁布后，对很多会计事项进行了调整，比如存货的核算、固定资产的管理与认定、生物资产的处理、收入的确认与计量等等，企业会计同行针对会计准则的规定重点检查一下自身的会计处理情况，是否有不符合会计准则规定的处理事项。还有核准会计估计：对企业在年中做的会计估计，再根据年末的情况，重新估计，看一下当时的估计是否合理。

发票是不是也要查验核对一下啊？

是的，必须检查发票的使用情况。没有发票，税局检查时难免大眼瞪小眼，谁让税法上写着没有发票费用不能列支呢，但是多数情况下发票又不能及时到位，时间长了就忘了，所以发票的问题虽老生常谈，但年底的时候大家还是要检查一下，有没有当期应发生的费用还没有取得发票的情况。

发票的准备工作都查什么，从哪里入手呢？

从以下三个方面入手：

一是基于行政管理活动收付款项的收付款凭证。主要有行政性收费收款收据，如执法机关的罚没款项、司法机关的诉讼费用、某些行政机关颁发执照、许可证等收取的登记费、许可费等；

二是基于单位内部经营管理和财务管理的需要，划分单位内部和个人经济责任的收付款凭证（内部结算凭证）；

三是“专业发票”。《发票管理办法实施细则》规定：对国有金融、保险企业的存贷、汇兑、转账凭证、保险凭证；国有邮政、电信企业的邮票、邮单、话务、电报收据；国有铁路、民用航空企业和交通部门国有公路、水上运输企业的客票、货票等，经国家税务总局或省、自治区、直辖市税务局批准，可由国务院或省、自治区、直辖市的有关主管部门自行管理，包括专业发票的印制和使用，但不套印税务局的发票监制章。

我明白了。对了，税博士，会计年终结账的时候，应注意些什么呢？

第一，要明确国家政策对企业财务年终结账的规定：企业应当依照有关法律、行政法规和本条例规定的结账日进行结账，不得提前或者延迟。年度结账日为公历年度每年的 12 月 31 日。

第二，企业在编制年度财务会计报告前，应当按照规定，全面清查资产、核实债务；企业通过规定的清查、核实，查明财产物资的实存数量与账面数量是否一致、各项结算款项的拖欠情况及其原因、材料物资的实际储备情况、各项投资是否达到预期目的、固定资产的使用情况及其完好程度等。企业清查、核实后，应当将清查、核实的结果及其处理办法向企业的董事会或者相应机构报告，并根据国家统一的会计制度的规定进行相应的会计处理。

第三，企业编制年度和半年度财务会计报告时，对经查实后的资产、负债有变动的，应当按照资产、负债的确认和计量标准进行确认和计量，并按照国家统一的会计制度的规定进行相应的会计处理。

税博士，今天真是谢谢您了，下次有问题再来向您咨询！

不客气，欢迎有问题再来咨询！

第 91 集 公共基础设施的“三三”新优惠到底是什么？

本集提示：关于公共基础设施所得税三免三减半存在哪些问题？
管理费用及财务费用分摊，依据什么作为分摊标准呢？
什么情况下不能享受上述企业所得税优惠呢？

本集撰稿：中财讯编辑部

本集人物：

企业会计 

税博士 

税博士，您好。我们公司为节能减排技术改造企业，想了解一些关于公共基础设施所得税三免三减半的问题。

“节能减排技术改造”属于公共基础设施项目。企业经有关部门批准，从事符合《公共基础设施项目企业所得税优惠目录》（财税〔2008〕46 号）（以下简称《目录》）规定范围、条件和标准的公共基础设施项目的投资经营所得，自该项目取得第一笔生产经营收入所属纳税年度起，第一年至第三年免征企业所得税，第四年至第六年减半征收企业所得税。

关于管理费用及财务费用分摊的问题，依据什么作为分摊标准呢？

国税发〔2009〕80 号文件规定，期间共同费用的合理分摊比例可以按照投资额、销售收入、资产额、人员工资等参数确定。上述比例一经确定，不得随意变更。凡特殊情况需要改变的，需报主管税务机关核准。

我公司应该在什么时间出具哪些材料呢？

国税发〔2009〕80 号文件规定，从事《目录》范围项目投资的居民企业应于从该项目取得的第一笔生产经营收入后 15 日内向主管税务机关备案并报送如下材料后，方可享受有关企业所得税优惠：

（一）有关部门批准该项目文件复印件；

（二）该项目完工验收报告复印件；

（三）该项目投资额验资报告复印件；

（四）税务机关要求提供的其他资料。

除此之外你要注意：

1. 企业因生产经营发生变化或因《目录》调整，不再符合有关规定减免税条件的，企业应当自发生变化15日内向主管税务机关提交书面报告并停止享受优惠，依法缴纳企业所得税。

2. 企业在减免税期限内转让所享受减免税优惠的项目，受让方承续经营该项目的，可自受让之日起，在剩余优惠期限内享受规定的减免税优惠；减免税期限届满后转让的，受让方不得就该项目重复享受减免税优惠。

如果发生已超过备案期限，但是备案资料有误，是否可以重新备案以便纠正，有无什么处罚？

这种情况下可以重新备案，如果不符合免税条件则按规定补税；如果条件没发生变化，那么只需要补充资料就可以了。

什么情况下不能享受上述企业所得税优惠呢？

1. 企业从事承包经营、承包建设和内部自建自用《目录》规定项目的所得，不得享受前款规定的企业所得税优惠。

2. 企业同时从事不在《目录》范围的生产经营项目取得的所得，应与享受优惠的公共基础设施项目经营所得分开核算，并合理分摊企业的期间共同费用；没有单独核算的，不得享受上述企业所得税优惠。

哦！我知道了，税博士。谢谢您，今天真的是受益匪浅啊！下次有问题再来向您咨询！

不客气，欢迎有问题再来咨询！

政策链接

- 《国家税务总局关于实施国家重点扶持的公共基础设施项目企业所得税优惠问题的通知》（国税发〔2009〕80号）
- 《财政部　国家税务总局关于执行公共基础设施项目企业所得税优惠目录有关问题的通知》（财税〔2008〕46号）

第 92 集　应收账款长期挂账有哪些风险？

本集提示：应收账款没有收回，如何处理？

既然是应收账款，为何不受法律保护？

应收账款只收回一部分，如何做会计分录？

本集撰稿：中财讯编辑部

本集人物：

公司会计

税博士

税博士，您好。马上年底了，我们公司有好几笔应收账款还没收回来，我现在还在犯愁，怎么样才能做平它，您有何高见？

应收账款长期挂账是有风险的。因为应收账款逾期超过两年以上，可能无法收回，即使起诉，法院也不予以支持。

为什么呀，欠债还钱，天经地义，为什么法律不保护我们的合法权益？

《民法通则》规定：向人民法院请求保护民事权利的诉讼时效期间为两年，法律另有规定的除外。诉讼时效期间从知道或者应当知道权利被侵害时起计算。诉讼时效因提起诉讼当事人一方提出要求或者同意履行义务而中断。从中断时起诉讼时效期间重新计算。超过诉讼期间，当事人自愿履行的，不受诉讼时效的限制。

这和应收账款有什么关系？

应收账款，当约定的还款期限过了以后，必须在两年以内起诉，法律才可保护其合法权益；若超过了两年的诉讼时效期限，尽管其仍享有并可以行使起诉权，但失去了胜诉权，法院将以诉讼请求已超过诉讼时效为由驳回起诉。丧失胜诉权后原债务转化为自然债务，法律不再予以强制力保护，只能靠欠款单位的信用以及道德来约束。

光靠信用和道德来约束，那怎么能行呢，我们该怎么做啊，税博士？

企业在日常财务管理中，应随时对应收账款的账龄进行检查，对没有经济往来，且账龄超过一年以上的应收账款应进行账务处理，对这类应收账款应通过书面催收。让对方签字盖章确认，一定要表明是催收。只要对方重新承诺还款日，诉讼时效即可重新起算。

哦，我知道了，回去我赶紧看看，有没有账龄快到期的，赶紧书面催收，不然麻烦就大了！

嗯，是的，一定要好好进行检查。

对了，税博士，如果应收账款收回的时候，因为他们公司效益实在是不好，本来 10000 元的款项，只收回了 9000 元，那我们怎么做会计分录啊？

像这种少收，直接按照实际收回的冲减，少收部分计入“管理费用——坏账损失”就可以了，也就是：

借：银行存款	9000	
贷：应收账款		9000

少收的 1000 元，视为坏账。

借：管理费用——坏账损失	1000	
贷：应收账款		1000

如果我们多收了 1000 元呢？

多收好办，直接计入营业外收入了，会计分录是：

借：库存现金或者银行存款	11000	
贷：应收账款——A 公司		10000
营业外收入		1000

假如，我们有一笔应付款项，别人也是给我们发来催收函，想着直接付款得了，免得麻烦，对方也想早点收回款项，经过协商后，我们少付给对方 1000 元，只支付应付账款的 90%，也就是 9000 元，这样的话该怎么进行账务处理呢？

实际上少付，也是计入营业外收入的。会计分录就是：

借：应付账款	10000	
贷：银行存款		9000
营业外收入		1000

哦！我明白了，今天真是谢谢您了，税博士。下次有问题还来向您咨询！

不客气，欢迎有问题再来咨询！

第 93 集　佣金和手续费如何在税前扣除?

本集提示：企业发生的佣金及手续费支出是否都记在“销售费用”科目?

发生的佣金和手续费税前扣除标准是否按企业当年全部总收入的 5% 计算限额扣除?

是不是无论哪种形式支付佣金与手续费都能税前扣除?

本集撰稿：中财讯编辑部

本集人物：

公司会计 

税博士 

税博士，您好。今天想向您请教几个关于企业在税前扣除手续费及佣金的问题。

好的。企业在税前扣除手续费及佣金，主要依据《财政部　国家税务总局关于企业手续费及佣金支出税前扣除政策的通知》（财税〔2009〕29 号）。现在确实有很多企业对通知的理解不准确，容易出现问题。你的具体问题是什么呢?

我想知道，企业发生的佣金及手续费支出是不是都记在“销售费用”科目？是不是都必须进行纳税调整啊?

这要具体情况具体分析。企业会计制度规定：企业发生的手续费及佣金支出，在销售（营业）费用中据实列支；购买固定资产、无形资产等长期资产过程中发生的佣金及手续费作为资本性支出，通过折旧、摊销等方式进行分期扣除；购买存货可准确归于特定存货对象的，计入存货采购成本，反之计入当期损益；企业发行权益性证券手续费及佣金支出借记“资本公积—股本溢价”等科目，贷记“银行存款”等科目，发行失败，则相应的支出直接记入当期损益；企业发行债权性证券而发生的手续费及佣金支出作为借款费用处理，属于资本性质支出的，应予以资本化，反之则直接计入当期损益；《企业会计准则第25号——原保险合同》第十七条规定，保险人在取得原保险合同过程中发生的手续费、佣金，应当在发生时计入当期损益。

以上是会计制度上对手续费及佣金支出的会计处理规定，是否需要进行纳税调整，还应根据税法相关规定进行判断。财税〔2009〕29号文件对手续费及佣金支出的扣除比例进行了规定，并应同时具备至少包括五个方面的条件：

（1）企业实际发生的；

（2）与企业的生产经营相关的；

（3）需要签订书面合同或协议；

（4）签订合同或协议的单位或个人应该具有“中介服务”的经营范围以及中介服务资格证书；

（5）签订合同或协议的单位或个人，不包括交易双方及其雇员、代理人和代表人等。

因此超过比例的，以及不能同时满足上述五个方面条件的手续费及佣金支出不能在税前扣除，需进行纳税调整。

企业发生的佣金和手续费的税前扣除标准都按企业当年全部总收入的5%计算限额扣除吗？

财税〔2009〕29号文件规定，财产保险企业按当年全部保费收入扣除退保金额后余额的15%计算限额；人身保险企业按当年全部保费收入扣除退保金等后的余额10%计算限额。国家税务总局公告2012年第15号文件第四条规定，电信企业在发展客户、拓展业务等过程中，需向经纪人、代办商支付手续费及佣金的，其实际发生的相关手续费及佣金支出，不超过企业当年收入总额5%的部分，准予在企业所得税前据实扣除。除上述规定之外的其他企业按与具有合法经营资格中介服务机构或个人（不含交易双方及其雇员、代理人和代表人等）所签订服务协议或合同确定的收入金额的5%计算扣除限额，强调扣除标准仅限于企业与具有合法经营资格中介服务机构或个人所签订单笔服务协议或合同确定的收入金额计算税前扣除限额，而不是按企业当年的全部收入总额计算。

是不是无论哪种形式支付佣金与手续费都能税前扣除呢？

财税〔2009〕29号文件对手续费及佣金支付方式进行了明确规定，除委托个人代理外，企业以现金等非转账方式支付的手续费及佣金不得在税前扣除。财税〔2009〕29号文件杜绝了现金佣金，从某种程度上防止了企业避税。所以企业支付手续费及佣金时一定要符合规定，否则真实发生的佣金与手续费支出也不能在税前进行扣除。

手续费、佣金支出可否与代理费、销售折扣和销售回扣等名目转换呢？

根据民法规定，代理人和代表人只能根据授权人授权，在授权范围内行使代理或者代表工作，本身不能超出授权活动，因此不属于中介性质，其所发生代理费不受此文件限制。“回扣”根据《反不正当竞争法》第八条规定属于商业贿赂性质支出，自然不得在税前扣除。“销售折扣”“返利”属于交易双方也即销售方给予购买方所达成的让价让利行为，是一种促销激励手段，与手续费及佣金不能等同，其所发生的折扣及让利按照其他相关规定处理。“业务提成”一般是企业内部员工或销售人员根据达成的业务量，企业给予一定比例的劳务报酬，一般会计核算直接计入“销售费用”科目或工资薪酬范畴。“进场费”是商业企业凭借其渠道优势而向供应商收取的一次性的“入门费”，是一种商业活动行为，与销售对方商品数量和金额及服务无关，支付方可凭合法有效凭证据实在税前扣除。

财税〔2009〕29号文件强调不得将手续费及佣金支出变通为进场费等费用处理，意在防范企业将存在税前扣除限额的项目混为据实扣除的项目。

嗯，我知道啦，税博士。今天真是谢谢您了，很多问题经过您的指点都瞬间清晰啦，下次有问题再来向您咨询！

不客气，欢迎有问题再来咨询！

政策链接

- 《财政部　国家税务总局关于企业手续费及佣金支出税前扣除政策的通知》（财税〔2009〕29号）

第 94 集　劳务派遣可否选择差额征税?

本集提示：根据最新文件规定，是否可以选择差额纳税?

差额征税的账务应该如何进行处理?

选择差额征收，会计上如何处理?

本集撰稿：中财讯编辑部

本集人物：

劳务派遣公司会计

税博士

税博士，您好。我公司是一家劳务派遣公司，为增值税一般纳税人，根据最新的法律文件规定，是不是我们可以选择差额纳税啊?

嗯，可以。根据《财政部　国家税务总局关于进一步明确全面推开营改增试点有关劳务派遣服务、收费公路通行费抵扣等政策的通知》(财税〔2016〕47号)规定：一般纳税人提供劳务派遣服务，可以选择差额纳税，以取得的全部价款和价外费用，扣除代用工单位支付给劳务派遣员工的工资、福利和为其办理社会保险及住房公积金后的余额为销售额，按照简易计税方法依5%的征收率计算缴纳增值税。

差额征税的账务应该如何进行处理呢?

根据《财政部关于印发〈增值税会计处理规定〉的通知》(财会〔2016〕22号)规定，企业发生相关成本费用允许扣减销售额的，应当按减少的销项税额，借记"应交税费——应交增值税(销项税额抵减)"科目(小规模纳税人应借记"应交税费——应交增值税"科目)，按应付或实际支付的金额与上述增值税额的差额，借记"主营业务成本"等科目，按应付或实际支付的金额，贷记"应付账款""应付票据""银行存款"等科目。

税博士，有个问题，在实务中给派遣人员发放工资有两种情况，一种是我们劳务派遣公司发放，另一种情况是由用工方发放，那我们劳务派遣公司选择差额征税，会计上应该怎么处理呢？

在实务中，无论是哪种工资发放形式，如果劳务公司选择差额征税，其会计处理基本一致。

我们公司2016年10月3日收到用工方支付的劳务派遣费用共计100万元，其中需要代发劳务派遣工资75万元、支付五险一金21万元，共计96万元。我们公司当然是选择差额征收。这种情况会计上如何处理呢？

第一步：全额确认收入与销项税额

借：银行存款　　1000000.00

　贷：主营业务收入　　952380.95

　　应交税费——应交增值税（销项税额）　　47619.05 ①

第二步：确认可扣减的成本费用及“销项税额抵减”

借：主营业务成本　　914285.71

　应交税费——应交增值税（销项税额抵减）　　45714.29 ②

　贷：应付职工薪酬——应付工资　　750000.00

　　应付职工薪酬——五险一金　　210000.00

第三步：月底结转未交增值税

借：应交税费——应交增值税（转出未交增值税）1904.76（① - ②）

　贷：应交税费——未交增值税　　1904.76

（实际缴纳数）

如果是这样，2016年11月2日收到用工方支付的劳务派遣费用共计25万元，其中需要支付五险一金21万元，工资由用工方直接支付给劳务派遣人员，我们公司当然还是选择差额征收。会计上如何处理呢？

第一步：全额确认收入与销项税额

借：银行存款　　250000.00

　贷：主营业务收入　　238095.24

　　应交税费——应交增值税（销项税额）　　11904.76 ①

第二步：确认可扣减的成本费用及“销项税额抵减”

借：主营业务成本　　200000.00

　应交税费——应交增值税（销项税额抵减）　　10000.00 ②

贷：应付职工薪酬——五险一金　　210000.00

第三步：月底结转未交增值税

借：应交税费——应交增值税（转出未交增值税）　1904.76（① - ②）

贷：应交税费——未交增值税　　1904.76

（实际缴纳数）

哦！我明白了，今天真是谢谢您了，税博士。下次有问题还来向您咨询！

不客气，欢迎有问题再来咨询！

政策链接

- 《财政部　国家税务总局关于进一步明确全面推开营改增试点有关劳务派遣服务、收费公路通行费抵扣等政策的通知》（财税〔2016〕47 号）
- 《财政部关于印发〈增值税会计处理规定〉的通知》（财会〔2016〕22 号）

第 95 集 创投企业是否享受所得税优惠？

本集提示：在享受规定的优惠政策时需要满足什么条件？

如何判断是否能够享受投资抵免？

投资期限和执行时间有什么特殊规定吗？

本集撰稿：中财讯编辑部

本集人物：

合伙企业会计 

税博士 

税博士，您好，我公司是有限合伙创业投资企业，想了解一些关于企业所得税的优惠政策。

我国鼓励创业投资企业发展并引导其增加对中小企业特别是中小高新技术企业的投资。《财政部　国家税务总局关于将国家自主创新示范区有关税收试点政策推广到全国范围实施的通知》（财税〔2015〕116 号）、《国家税务总局关于有限合伙制创业投资企业法人合伙人企业所得税有关问题的公告》（国家税务总局公告 2015 年第 81 号）、《企业所得税优惠政策事项办理办法》（国家税务总局公告 2015 年第 76 号）、《国家税务总局关于实施创业投资企业所得税优惠问题的通知》（国税发〔2009〕87 号）等文件，对创业投资企业所得税抵免政策的操作要领做了简要分析。

在享受规定的优惠政策的时候，需要满足什么条件呢？如何才能享受呢？

财税〔2015〕116 号文件，关于有限合伙制创业投资企业法人合伙人企业所得税政策规定："自 2015 年 10 月 1 日起，全国范围内的有限合伙制创业投资企业采取股权投资方式投资于未上市的中小高新技术企业满 2 年（24 个月，下同）的，该合伙企业的法人合伙人可按照其对未上市中小高新技术企业投资额的70%抵扣该法人合伙人从该有限合伙制创业投资企业分得的应纳税所得额。当年不足抵扣的，可以在以后纳税年度结转抵扣。”

如何判断是否能够享受投资抵免呢？

享受投资抵免企业所得税优惠的主体是合伙企业的法人合伙人，且必须为实行查账征收的居民企业。

投资期限还有执行时间有什么特殊的规定吗？

中小高新技术企业及投资期限的确定主要注意：中小高新技术企业的标准及投资期限的确定，按公司制创业投资企业有关口径执行。投资“满2年”是指从2015年10月1日起，合伙企业投资于未上市中小高新技术企业的实缴期满2年，同时，法人合伙人对该合伙企业的实缴出资也应满2年。

执行时间的话，从2015年10月1日起执行，是指法人合伙人、合伙企业、中小高新技术企业均符合税法规定，且投资“满2年”的第24个月在2015年10月（含）以后。此处满2年需自被投资企业同时符合高新技术企业与中小企业标准之时点开始起算，持续持股满2年。投资当年，被投资企业已经取得高新技术企业证书，但超过中小高新技术企业标准，不能享受投资抵免。中小企业接受创业投资之后，经认定符合高新技术企业标准的，应自其被认定为高新技术企业的年度起计算创业投资企业的投资期限。该期限内中小企业接受创业投资后，企业规模超过中小企业标准，但仍符合高新技术企业标准的，不影响创业投资企业享受有关税收优惠。

关于“投资额”和“应纳税所得额”如何计算呢？

第一，法人合伙人“投资额”的计算：

法人合伙人间接投资于未上市中小高新技术企业的投资额 = 合伙企业对中小高新技术企业的实缴出资额 ×（法人合伙人对合伙企业的实缴出资额 ÷ 该合伙企业的全部实缴出资额）

第二，“应纳税所得额”的确定：

合伙企业应纳税所得额的计算按照《个体工商户个人所得税计税办法》（国家税务总局令第35号）的有关规定执行。其中，合伙企业从被投资方取得的股息，自然人合伙人直接按照“利息、股息、红利所得”计征个人所得税；法人合伙人因不符合《企业所得税法》第二十六条关于直接投资的规定，不能享受免税优惠。法人合伙人自合伙企业取得的应纳税所得额，根据《财政部 国家税务总局关于合伙企业合伙人所得税问题的通知》（财税〔2008〕159号），按下列顺序确定：（1）按该合伙企业合伙协议约定的分配比例确定；（2）合伙协议未约定或约定不明的，由合伙人协商确定；（3）协商不成，由各合伙人按实缴出资比例确定；（4）出资比例难以确定时，就生产经营所得和其他所得按合伙人人数平均计算分摊。

第三，投资于多个合伙企业的合并计算方法：

为使创业投资企业所得税抵免优惠政策充分发挥，不因被投资项目长期亏损而减弱政策效用，国家税务总局公告2015年第81号文件明确："法人合伙人投资于多个符合条件的合伙企业，可合并计算其可抵扣的投资额和应分得的应纳税所得额。当年不足抵扣的，可结转以后纳税年度继续抵扣；当年抵扣后有结余的，应按照企业所得税法的规定计算缴纳企业所得税。"即投资多个项目的法人合伙人，其所投项目的可抵扣投资额与应纳税所得额之间不需一一对应，可以合并计算，但只有符合上述"满2年"条件的投资，才可以纳入合并计算范畴。

哦！我知道了，税博士。谢谢您，今天真的是受益匪浅啊！下次有问题再来向您咨询！

不客气，欢迎有问题再来咨询！

政策链接

- 《财政部　国家税务总局关于将国家自主创新示范区有关税收试点政策推广到全国范围实施的通知》（财税〔2015〕116号）
- 《国家税务总局关于有限合伙制创业投资企业法人合伙人企业所得税有关问题的公告》（国家税务总局公告2015年第81号）
- 《国家税务总局关于发布〈企业所得税优惠政策事项办理办法〉的公告》（国家税务总局公告2015年第76号）
- 《个体工商户个人所得税计税办法》（国家税务总局令第35号）
- 《国家税务总局关于实施创业投资企业所得税优惠问题的通知》（国税发〔2009〕87号）
- 《财政部　国家税务总局关于合伙企业合伙人所得税问题的通知》（财税〔2008〕159号）

第 96 集 增值税申报有哪些新要点？

本集提示：一般纳税人申报流程是什么？

进行纳税申报的时候需要报送什么材料？

在网上申报的时候，出现尾差如何处理？

本集撰稿：中财讯编辑部

本集人物：

公司会计 

税博士 

税博士，您好，我公司刚升级为一般纳税人，想了解一下一般纳税人申报流程是什么？

一般纳税人在征期内进行申报，申报具体流程为：

（1）抄报税：纳税人在征期内登录开票软件抄税，并通过网上抄报或办税厅抄报，向税务机关上传上月开票数据。

（2）纳税申报：纳税人登录网上申报软件进行网上申报。网上申报成功并通过税银联网实时扣缴税款。

（3）清零解锁：申报成功后，纳税人返回开票系统对税控设备进行清零解锁。

但是我们公司没有税控设备啊？怎么申报？

一般纳税人无税控设备的只需进行第二步申报操作，纳税人登录网上申报软件进行网上申报。网上申报成功并通过税银联网实时扣缴税款。

哦，我们进行纳税申报的时候需要报送什么材料呢？

首先填写《增值税纳税申报表（一般纳税人适用）》及附列资料。同时还需要提供一些其他资料：

1. 已开具的税控机动车销售普通发票和普通发票的存根联；

2. 符合抵扣条件且在本期申报抵扣的增值税专用发票（含税控机动车销售统一发票）的抵扣联；

3. 符合抵扣条件且在本期申报抵扣的海关进口增值税专用缴款书，购进农产品取得的普通发票的复印件；

4. 符合抵扣条件且在本期申报抵扣的税收完税凭证及其清单，书面合同、付款证明和境外单位的对账单或者发票；

5. 已开具的农产品收购凭证存根联或者报查联；

6. 纳税人销售服务、不动产和无形资产，在确定服务、不动产和无形资产销售额时，按规定从取得的全部价款和价外费用中扣除价款的合法凭证及其清单；

7. 主管税务机关规定的其他资料。

要这么多资料啊，如果我们从网上申报呢？

纳税人通过网上申报的，不需再向税务机关报送纸质资料，但需要自行将相关资料留存备查。纳税人根据自己经营业务实际选择需要申报提交的资料，并在报表上加盖公章。

对了，税博士，万一我们在网上申报的时候，出现尾差该怎么办啊？

纳税人在进行网上申报时，由于销项税额汇总数据四舍五入的原因，会造成附表一销项税额与企业实际抄报税销项税额存在误差。误差在 1 元以内（含 1 元）的，允许纳税人正常申报。对由于四舍五入问题产生的误差与实际的数据不符问题，纳税人可以通过调整《增值税纳税申报表附列资料（一）》的 1 ~ 8 列对应销项税额解决，但调整了前面，第 14 列的税额也要记得修改。

一般纳税人的应纳税额如何计算，请您详细讲解一下？

根据《财政部　国家税务总局关于全面推开营业税改征增值税试点的通知》（财税〔2016〕36 号）规定，一般纳税人发生应税行为适用一般计税方法计税。一般计税方法的应纳税额，是指当期销项税额抵扣当期进项税额后的余额。

应纳税额计算公式：

应纳税额 = 当期销项税额 − 当期进项税额

当期销项税额小于当期进项税额不足抵扣时，其不足部分可以结转下期继续抵扣。

举个例子：某市A企业为增值税一般纳税人，2016年5月销售形成销项税额10万元，当月共计取得并认证进项发票税额合计6万元，按照应纳税款计算公式，该纳税人本月应纳税额10-6=4（万元）。

哦！我知道了，税博士，谢谢您！

不客气，欢迎有问题再来咨询！

第 97 集 处置固定资产有哪些新做法？

本集提示：固定资产清理的净损益该如何处理？
影响固定资产清理净收益的因素都有哪些？
处置固定资产，如何匹配税率开具发票？

本集撰稿：中财讯编辑部

本集人物：

公司会计 

税博士 

税博士，您好。我公司打算处置一项固定资产，销售一台 2008 年以前购入的设备，想知道账务上应该如何处理？

账务上就是固定资产转入清理，按照固定资产账面价值，借记“固定资产清理”科目；按已经计提的累计折旧，借记“累计折旧”科目；按已计提的减值准备，借记“固定资产减值准备”科目；按固定资产账面余额，贷记“固定资产”科目。

固定资产清理的净损益该如何处理呢？

属于生产经营期间正常的处理损失

借：营业外支出——处置非流动资产损失

　　贷：固定资产清理

属于生产经营期间由于自然灾害等非正常原因造成的

借：营业外支出——非常损失

　　贷：固定资产清理

固定资产清理完成后的净收益

借：固定资产清理

贷：营业外收入

对了，税博士，影响固定资产清理净收益的因素都有哪些呢？

出售、转让、报废等减少固定资产属于固定资产清理范畴，出售固定资产的价款、转让不动产应缴纳的增值税、毁损固定资产取得的赔款、报废固定资产的原价、转让不动产应缴纳的土地增值税，这些因素都影响固定资产清理的净损益。

处置固定资产，如何匹配税率开具发票呢？

这就要看你企业的具体情况，2008 年 12 月 31 日以前未纳入扩大增值税抵扣范围试点的一般纳税人销售自己使用过的 2008 年 12 月 31 日以前购进或者自制的固定资产，可以按简易办法依 3% 的征收率，减按 2% 征收增值税，开具 3% 的增值税普通发票，不得开具专用发票。

2008 年 12 月 31 日以前已纳入扩大增值税抵扣范围试点的纳税人，销售自己使用过的在本地区扩大增值税抵扣范围试点以前购进或者自制的固定资产，按照简易办法依 3% 征收率，减按 2% 征收增值税，开具 3% 的增值税普通发票，不得开具专用发票。

最后一个问题，我们公司还有很多自行建造的固定资产，自行建造的固定资产的处理应该注意哪些问题？

对于自行建造固定资产的处理应注意：

（1）盘盈、盘亏、报废、毁损的工程物资，减去保险公司、过失人赔偿部分后的差额，工程项目尚未完工的，计入或冲减所建工程项目的成本；工程已经完工的，计入当期营业外收支。

（2）工程达到预定可使用状态前因进行试运转所发生的净支出，计入工程成本。企业的在建工程项目在达到预定可使用状态前所取得的试运转过程中形成的、能够对外销售的产品，其发生的成本，计入在建工程成本，销售或转为库存商品时，按实际销售收入或按预计售价冲减工程成本。

（3）由于正常原因造成的单项工程或单位工程报废或毁损，减去残料价值和过失人或保险公司等赔款后的净损失，如果工程项目尚未达到预定可使用状态的，计入继续施工的工程成本；如果工程项目已经达到预定可使用状态的，属于筹建期间的，计入长期待摊费用（筹建费用）；不属于筹建期间的，直接计入当期营业外支出。

（4）如为非正常原因造成的单项工程或单位工程报废或毁损，或在建工程项目全部报废或毁损，减去残料价值和过失人或保险公司等赔款后的净损失，属于筹建期间的，计入长期待摊费用（筹建费用）；不属于筹建期间的，直接计入当期营业外支出。

（5）由于正常原因造成的单项工程或单位工程报废或毁损，减去残料价值和过失人或保险公司等赔款后的净收益，如果工程项目尚未达到预定可使用状态的，冲减继续施工的工程成本；如果工程项目已经达到预定可使用状态的，属于筹建期间的，冲减长期待摊费用（筹建费用）；不属于筹建期间的，直接计入当期营业外收入。

（6）如为非正常原因造成的单项工程或单位工程报废或毁损，或在建工程项目全部报废或毁损，减去残料价值和过失人或保险公司等赔款后的净收益，属于筹建期间的，冲减长期待摊费用（筹建费用）；不属于筹建期间的，直接计入当期营业外收入。

（7）所建造的固定资产已达到预定可使用状态，但尚未办理竣工决算的，应当自达到预定可使用状态之日起，根据工程预算、造价或者工程实际成本等，按估计的价值转入固定资产，并按会计制度关于计提固定资产折旧的规定，计提固定资产的折旧。待办理了竣工决算手续后再作调整。

哦！我知道了，今天真是谢谢您了，税博士。下次有问题还来向您咨询！

不客气，欢迎有问题再来咨询！

第 98 集 餐饮企业如何缴纳增值税？

本集提示：“外卖食品”如何定义？

餐饮服务如何缴纳增值税？

餐饮企业收到的农产品收购发票能否抵扣？

本集撰稿：中财讯编辑部

本集人物：

餐饮企业会计

税博士

税博士，您好。我公司是一家餐饮企业，是增值税一般纳税人。近日财政部税政司、国家税务总局货物和劳务税司发布了《关于财税〔2016〕140 号文件部分条款的政策解读》，详解《财政部　国家税务总局关于明确金融　房地产开发　教育辅助服务等增值税政策的通知》（财税〔2016〕140 号）中，餐饮企业销售的外卖食品，与堂食适用同样的增值税政策，统一按照提供餐饮服务缴纳增值税。外卖食品包括饮料和酒水吗？

“外卖食品”，仅指该餐饮企业参与了生产、加工过程的食品。对于餐饮企业将外购的酒水、农产品等货物，未进行后续加工而直接与外卖食品一同销售的，应根据该货物的适用税率，按照兼营的有关规定计算缴纳增值税。

如果在店里卖外购的酒水呢？

餐饮企业销售堂食时，同时销售外购的酒水、农产品等货物，应按照混合销售的有关规定计算缴纳增值税，餐饮企业应按照提供餐饮服务缴纳增值税。比如，有客人在你们饭店吃饭时点的酒水，就是按照餐饮服务开具的发票，这和外卖是有区别的。

我们提供餐饮服务如何缴纳增值税呢？

你们是增值税一般纳税人，餐饮企业一般纳税人提供餐饮服务，按照6%的税率计算销项税额，抵扣进项税额后缴纳增值税。

我们公司买的农产品，收到的发票可以抵扣进项税额吗？

餐饮行业增值税一般纳税人购进农业生产者自产农产品，可以使用国税机关监制的农产品收购发票，按照现行规定计算抵扣进项税额。有条件的地区，应积极在餐饮行业推行农产品进项税额核定扣除办法，按照《财政部　国家税务总局关于在部分行业试行农产品增值税进项税额核定扣除办法的通知》（财税〔2012〕38号）有关规定计算抵扣进项税额。

还有一个问题，我看很多的酒店为了吸引顾客，提供免费的餐饮服务，他们应该怎么缴纳增值税呢？

酒店提供住宿的同时，免费提供餐饮服务（以早餐居多）、矿泉水、水果、洗漱用品等，作为酒店的一种营销模式，消费者统一支付对价，不列为视同销售范围，不需另外组价征收，酒店按照提供住宿服务缴纳增值税；对于酒店明码标价提供的餐饮服务、橱窗内销售物品、房间内餐饮迷你吧等，应分别核算销售额，按适用税率计算缴纳增值税。

刚您很多次提到了兼营和混合销售，它们在税务处理上有什么区别吗？

纳税人兼营销售货物、劳务、服务、无形资产或者不动产，适用不同税率或者征收率的，应当分别核算适用不同税率或者征收率的销售额；未分别核算的，从高适用税率；

一项销售行为如果既涉及服务又涉及货物，为混合销售。从事货物的生产、批发或者零售的单位和个体工商户的混合销售行为，按照销售货物缴纳增值税；其他单位和个体工商户的混合销售行为，按照销售服务缴纳增值税。

哦！我明白了，今天真是谢谢您了，税博士。下次有问题还来向您咨询！

政策链接

- 《财政部　国家税务总局关于明确金融　房地产开发　教育辅助服务等增值税政策的通知》（财税〔2016〕140号）
- 《财政部　国家税务总局关于在部分行业试行农产品增值税进项税额核定扣除办法的通知》（财税〔2012〕38号）

第 99 集　印花税涉及的方方面面，你明白吗？

本集提示：专利技术转让过程中涉及印花税吗？
印花税如何征收，何时征收？

本集撰稿：中财讯编辑部

本集人物：

研发公司会计

税博士

税博士，您好，近日我公司研发的一项专利技术，打算卖给某个兄弟公司，过程中涉及产权转移书据，这需要缴纳印花税吗？

印花税的征收范围为税目税率表中列举的凭证和经财政部确定征税的其他凭证，具体征税范围包括以下五大类：

（一）合同或具有合同性质的凭证。包括购销、加工承揽、建设工程承包、财产租赁、货物运输、仓储保管、借款、财产保险、技术合同或具有合同性质的凭证。

（二）产权转移书据。是指单位和个人产权的买卖、继承、赠与、交换、分割等所立的书据。

（三）营业账簿。是指单位或者个人记载生产经营活动的财务会计核算账簿。营业账簿按其反映内容的不同，可分别为记载资金的账簿和其他营业账簿。

（四）权利许可证照。包括政府部门发给的房屋产权证、工商营业执照、商标注册证、专利证、土地使用证等证照。

（五）经财政部确定征税的其他凭证。

你公司的情形正好属于第二种，需要缴纳印花税。

产权转移书据的印花税计税依据和税率是多少啊？

产权转移书据，以所载金额作为计税依据。包括财产所有权和版权、商标专用权、专利权、专有技术使用权等转移书据，土地使用权出让、转让合同和商品房销售合同也按此税目征税，按所载金额万分之五贴花。

印花税如何征收，什么时候征收呢？

印花税的征收由纳税人根据印花税的有关规定，自行计算应纳税额，自行购买印花税票，自行完成纳税义务。纳税义务发生时间为应税凭证书立或领受当时；即纳税人的合同签订时；产权转移书据立据时；营业账簿启用时；权利许可证照领受时；另外纳税人在国外签订的应税合同，在国内使用时纳税。

还有一个问题，房地产及建筑业有没有印花税的优惠政策？因为我们公司最近打算投资这一块儿。

有，根据《财政部　国家税务总局关于调整房地产交易环节税收政策的通知》（财税〔2008〕137号）规定：对个人销售或购买住房暂免征收印花税。

根据《财政部　国家税务总局关于廉租住房、经济适用住房和住房租赁有关税收政策的通知》（财税〔2008〕24号）规定："对经济适用住房经营管理单位与经济适用住房相关的印花税以及经济适用住房购买人涉及的印花税予以免征。

开发商在商品住房项目中配套建造经济适用住房，如能提供政府部门出具的相关材料，可按经济适用住房建筑面积占总建筑面积的比例免征开发商应缴纳的印花税。"

根据《财政部　国家税务总局关于廉租住房、经济适用住房和住房租赁有关税收政策的通知》（财税〔2008〕24号）规定：对个人出租、承租住房签订的租赁合同，免征印花税。

作为购销合同、借款合同等的担保人、鉴定人、见证人而签订的三方合同，三方合同中的担保人、鉴定人等非合同当事人要不要缴纳印花税呢？

虽然购销合同、借款合同属于印花税应税凭证，但参与签订合同的担保人、鉴定人、见证人不是印花税纳税义务人，作为购销合同、借款合同等的担保人、鉴定人、见证人而签订的三方合同，无须就所参与签订的合同贴花。根据《印花税暂行条例》第八条规定，同一凭证，由两方或者两方以上当事人签订并各执一份的，应当由各方就所执的一份各自全额贴花。根据《印花税暂行条例实施细则》第十五条规定，所说的当事人，是指对凭证有直接权利义务关系的单位和个人，不包括担保人、证人、鉴定人。

印花税票能重复使用吗？

印花税票不能重复使用。以前有过类似的情况，某企业一份价值500万元的商品销售合同上的印花税票有重新贴过的痕迹，基层税务机关通过对该单位印花税申报和应税情况的核对，发现存在少缴税款行为，后来纳税人主动承认因忘记申报，又怕税务机关检查发现合同未贴花，就自作聪明把另一份合同上贴的印花税票揭下来贴上去了，税务机关依法对其进行了处理。《国家税务总局关于印花税违章处罚有关问题的通知》（国税发〔2004〕15号）中明确，对印花税纳税人已贴用的印花税票揭下重用造成未缴或少缴印花税的，依照《税收征管法》第六十三条的处罚规定，由税务机关追缴其不缴或者少缴的税款、滞纳金，并处不缴或者少缴的税款50%以上5倍以下的罚款。

哦！我知道了，税博士。谢谢您，今天真的是受益匪浅啊！下次有问题再来向您咨询！

不客气，欢迎有问题再来咨询！

政策链接

- 《财政部　国家税务总局关于调整房地产交易环节税收政策的通知》（财税〔2008〕137号）
- 《财政部　国家税务总局关于廉租住房、经济适用住房和住房租赁有关税收政策的通知》（财税〔2008〕24号）
- 《国家税务总局关于印花税违章处罚有关问题的通知》（国税发〔2004〕15号）

注释：全文废止。参见：《国家税务总局关于公布全文失效废止和部分条款废止的税收规范性文件目录的公告》，国家税务总局公告2016年第34号。

第 100 集　投资理财的税事都有哪些？

本集提示：保本理财产品收益是否要缴纳增值税？

金融商品转让的销售额有什么特殊规定吗？

转让金融产品如何进行会计处理？

本集撰稿：中财讯编辑部

本集人物：

公司会计

税博士

税博士，您好。我们公司近期发生了几笔投资理财业务，在缴纳增值税问题上还不确定，想向您咨询一下。首先就是理财产品问题，合同承诺的是到期本金可全部收回，属于保本收益，这部分收益要缴纳增值税吗？

根据《财政部　国家税务总局关于全面推开营业税改征增值税试点的通知》（财税〔2016〕36 号）附件 1 营业税改增值税试点实施办法的规定：

"……

（五）金融服务。

金融服务，是指经营金融保险的业务活动。包括贷款服务、直接收费金融服务、保险服务和金融商品转让。

1. 贷款服务。

贷款，是指将资金贷与他人使用而取得利息收入的业务活动。

各种占用、拆借资金取得的收入，包括金融商品持有期间（含到期）利息（保本收益、报酬、资金占用费、补偿金等）收入、信用卡透支利息收入、买入返售金融商品利息收入、融资融券收取的利息收入，以及融资性售后回租、押汇、罚息、票据贴现、转贷等业务取得的利息及利息性质的收入，按照贷款服务缴纳增值税。”

所以你公司购买的这种保本理财产品获得的利息收入是要按照贷款服务缴纳增值税的。

关于金融商品转让销售额有什么特殊规定吗？

（1）金融商品转让，按照卖出价扣除买入价后的余额为销售额。

（2）转让金融商品的正负差，按盈亏相抵后的余额为销售额，若相抵后出现负差，可结转下一纳税期与下期转让金融商品销售额相抵，但年末时仍出现负差的，不得转入下一个会计年度。

（3）纳税人 2016 年 1 月至 4 月转让金融商品出现的负差，可结转下一纳税期，与 2016 年 5 月至 12 月转让金融商品销售额相抵。

我公司还购买过一家非上市公司股权，要进行股权转让，转让非上市公司股权要不要缴纳增值税呢？

不需要。非上市公司未公开发行股票，其股权不属于有价证券，转让非上市公司股权不属于增值税征税范围。

对了，税博士。我听说转让非上市公司股权有个人所得税优惠，是真的吗？

根据《财政部　国家税务总局关于完善股权激励和技术入股有关所得税政策的通知》（财税〔2016〕101 号）规定：

“一、对符合条件的非上市公司股票期权、股权期权、限制性股票和股权奖励实行递延纳税政策。

（一）非上市公司授予本公司员工的股票期权、股权期权、限制性股票和股权奖励，符合规定条件的，经向主管税务机关备案，可实行递延纳税政策，即员工在取得股权激励时可暂不纳税，递延至转让该股权时纳税；股权转让时，按照股权转让收入减除股权取得成本以及合理税费后的差额，适用“财产转让所得”项目，按照 20% 的税率计算缴纳个人所得税。

股权转让时，股票（权）期权取得成本按行权价确定，限制性股票取得成本按实际出资额确定，股权奖励取得成本为零。”

你们公司是自行购买的非上市公司股权，不适用这项优惠。

税博士，转让金融产品，如何进行会计处理啊？

根据《财政部关于印发〈增值税会计处理规定〉的通知》（财会〔2016〕22 号）规定，金融商品转让按规定以盈亏相抵后的余额作为销售额的账务处理。金融商品实际转让月末，如产生转让收益，则按应纳税额借记“投资收益”等科目，贷记“应交税费——转让金融商品应交增值税”科目；如产生转让损失，则按可结转下月抵扣税额，借记“应交税费——转让金融商品应交增值税”科目，贷记“投资收益”等科目。缴纳增值税时，应借记“应交税费——转让金融商品应交增值税”科目，贷记“银行存款”科目。年末，本科目如有借方余额，则借记“投资收益”等科目，贷记“应交税费——转让金融商品应交增值税”科目。

哦！我知道了，税博士。谢谢您，今天真的是受益匪浅啊！下次有问题再来向您咨询！

不客气，欢迎有问题再来咨询！

政策链接

- 《财政部　国家税务总局关于完善股权激励和技术入股有关所得税政策的通知》（财税〔2016〕101号）
- 《财政部　国家税务总局关于全面推开营业税改征增值税试点的通知》（财税〔2016〕36号）
- 《财政部关于印发〈增值税会计处理规定〉的通知》（财会〔2016〕22号）